乡村振兴背景下新乡贤文化培育研究

XIANGCUN ZHENXING
BEIJING XIA
XIN XIANGXIAN WENHUA
PEIYU YANJIU

徐学庆 黄 辉 著

·郑州·

图书在版编目（CIP）数据

乡村振兴背景下新乡贤文化培育研究 / 徐学庆，黄辉著 . -- 郑州：河南大学出版社，2023.12
　　ISBN 978-7-5649-5075-0

Ⅰ.①乡… Ⅱ.①徐… ②黄… Ⅲ.①农村文化－建设－研究－中国 Ⅳ.① G12

中国国家版本馆 CIP 数据核字 (2023) 第255635号

责任编辑　谌洪波
责任校对　范国东
封面设计　高枫叶

出版发行　河南大学出版社
　　　　　地址：郑州市郑东新区商务外环中华大厦2401号
　　　　　邮编：450046
　　　　　电话：0371-86059701（营销部）
　　　　　网址：hupress.henu.edu.cn
印　　刷　郑州最美印务有限公司
版　　次　2023年12月第1版　　　　　　　　印　次　2023年12月第1次印刷
开　　本　710 mm×1000 mm　1/16　　　　　印　张　13.25
字　　数　220千字　　　　　　　　　　　　定　价　60.00 元

（本书如有印装质量问题，请与河南大学出版社联系调换。）

前　言

党的十九大首次提出实施乡村振兴战略，党的二十大进一步提出"全面推进乡村振兴"。文化振兴既是乡村振兴的重要组成部分，又能为乡村全面振兴提供精神动力。新乡贤文化既是农村文化的重要组成部分，又是作为我国优秀传统文化瑰宝的传统乡贤文化在新时代的批判性继承、创造性转化和创新性发展，更是当今农村的榜样文化和先进文化。新乡贤文化是近些年才兴起的农村文化研究的新领域，是新兴起的文化"新苗"，发展处于起步阶段，属于"星星之火"，尚未形成"燎原之势"，亟须大力培育。但截至目前，学术界对乡村振兴背景下新乡贤文化培育的系统研究及成果极少，本课题则对这一问题进行了全面系统的研究，并把研究重点放在新乡贤文化"培育"上，使得本书不仅研究内容富有新意，而且研究角度格外新颖。本书由四个部分组成：第一部分，比较全面深入系统地阐述了乡贤、新乡贤、乡贤文化、新乡贤文化等概念，并对新乡贤文化培育与乡村振兴之间的内在关联进行了说明。第二部分，从理论与实践相结合上论证了乡村振兴战略背景下新乡贤文化培育的重要性、迫切性和可能性，阐明了乡村振兴战略背景下新乡贤文化培育的重要意义。第三部分，介绍了新乡贤文化培育取得的成绩、剖析了面临的障碍及其成因，并强调"问题意识"，着重分析了新乡贤文化培育面临的障碍因素及其成因，指出，从目前状况看，新乡贤文化培育还面临着种种障碍，这些障碍可以从人、环境和制度三个方面来分析。从人的因素看：新乡贤队伍建设滞后、村民对新乡贤认识不到位、村干部对新乡贤存在矛盾心态、农村基层干部不重视新乡贤文化培育；从环境因素看：农村经济、政治、文化环境存在的问题制约了新乡贤文化培育；从制度因素看：新乡贤遭遇合法性困境、新乡贤文化培育保障制度不完善、新乡贤队伍组织运行机制不完善。第四部分，提出了乡村振兴背景下新乡贤文化培育应坚持的原则和应采取的措施。首先要解决思想认识问题，走出认识误区，为新乡贤文化培育奠定心理认知基础；其次需要各级党委政府高度重视，积极探索新乡贤文化培育的有效路径和切实可行的实施方案，并创新新乡贤文化培育载体；再次需要社会各界的广泛关注和支持，为新乡贤文化培育创造良好环境；还要加强教育培训，提高新乡贤素质；最后要建立健全新乡贤文化培育机制，通过赋予新乡贤合法身份，建立新乡贤组织和新乡贤组织管理机构，建立健全新乡贤文化培育的激励机制、保障机制和评价机制来保障新乡贤文化培育顺利进行。

本书为国家社科基金项目"乡村振兴背景下新乡贤文化培育研究"（项目批准号20BKS082）的最终成果，结项证书号20232525，结项等级为优秀。本书第一章和第二章由徐学庆撰写，约9万字；第三章和第四章由黄辉撰写，约12万字。

目 录

第一章 乡村振兴背景下新乡贤文化相关概念界说 / 001
    一、乡贤 / 003
    二、新乡贤 / 011
    三、乡贤文化 / 023
    四、新乡贤文化 / 031
    五、新乡贤文化培育与乡村振兴的内在关联 / 042

第二章 乡村振兴背景下新乡贤文化培育的重要意义 / 047
    一、乡村振兴背景下新乡贤文化培育的重要性 / 049
    二、乡村振兴背景下新乡贤文化培育的迫切性 / 069
    三、乡村振兴背景下新乡贤文化培育的可能性 / 077

第三章 乡村振兴背景下新乡贤文化培育取得的成就、面临的障碍及其成因 / 083
    一、乡村振兴背景下新乡贤文化培育取得的成就 / 085
    二、乡村振兴背景下新乡贤文化培育面临的障碍及其成因 / 090

第四章 乡村振兴背景下新乡贤文化培育的原则和措施 / 145
    一、乡村振兴背景下新乡贤文化培育的原则 / 147
    二、乡村振兴背景下新乡贤文化培育的措施 / 158

参考文献 / 196

第一章 乡村振兴背景下新乡贤文化相关概念界说

随着市场化、工业化和城镇化的快速推进，我国传统乡村的社会结构、社会秩序被打破，城乡关系发生严重失衡。在城市"虹吸效应"作用下，包括农村精英人才在内的乡村资源单向度流向城市，农村日益"空心化""凋敝化"。面对农村百年未有之大变局和世界百年未有之大变局加速演进的形势，以习近平同志为核心的党中央高度重视"三农"问题，指出："全面建设社会主义现代化国家，最艰巨最繁重的任务仍然在农村。"[1]必须坚持不懈把解决好"三农"问题作为全党工作重中之重，举全党全社会之力全面推进乡村振兴，并从党和国家事业发展全局出发，在党的十九大报告中首次提出实施乡村振兴战略。乡村振兴战略是重大国家战略，是解决"三农问题"的总抓手。乡村振兴是包括产业振兴、人才振兴、文化振兴、生态振兴和组织振兴的全面振兴。党的二十大进一步提出"全面推进乡村振兴"。作为21世纪以来第20个指导"三农"工作的中央一号文件，即2023年中央一号文件——《中共中央 国务院关于做好2023年全面推进乡村振兴重点工作的意见》则是对党的二十大提出的"全面推进乡村振兴"的贯彻落实。文化振兴既是乡村全面振兴的重要组成部分，又能为乡村全面振兴提供精神动力。新乡贤文化既是农村文化的重要组成部分，又是作为我国优秀传统文化瑰宝的传统乡贤文化在新时代的批判性继承、创造性转化和创新性发展，更是当今农村的榜样文化和先进文化。新乡贤文化是近些年才兴起的"新文化"，新乡贤文化发展处于起步阶段，属于"星星之火"，尚未形成"燎原之势"，亟须大力培育。但从目前状况看，新乡贤文化培育还面临种种障碍，必须采取切实措施清除这些障碍，培育新乡贤文化，使之形成"燎原之势"，为乡村振兴提供坚实的精神文化支撑。

---

[1] 本书编写组编著《党的二十大报告学习辅导百问》，党建读物出版社，2022，第23页。

新乡贤文化是新时代对传统乡贤文化在批判继承基础上的创造性转化和创新性发展，是新时代的优秀乡村文化；而传统乡贤文化是中华优秀传统文化的重要组成部分，是具有中国特色并扎根于中国乡村的母土文化，是由乡贤衍生而出的榜样文化；乡贤文化的形成和发展与乡贤密不可分，乡贤文化是以乡贤为核心的地方文化，是乡贤创造的文化和研究乡贤的文化，乡贤既是乡贤文化的创造主体，又是乡贤文化的构成部分，更是乡贤文化的研究对象。而对相关概念的界定，是研究"新乡贤文化培育"问题的前提。因此，本章将对"乡贤""新乡贤""乡贤文化""新乡贤文化"等概念进行界定和阐释，以期为研究新乡贤文化培育问题打下坚实基础。

一、乡贤

在我国，"乡贤"一词古已有之，而"新乡贤"则是近些年才出现的新词汇，是相对于乡贤（传统乡贤）而言的一个新概念，是从传统乡贤演化而来的。但是学术界对"乡贤"概念的界定，尚无统一的说法。

（一）乡贤的内涵

"乡贤"一词最早出现于东汉，在日常生活中，"乡贤"常常与"乡老""乡绅""士绅"等概念相混用。乡贤是我国传统文化中独有的概念，极具中国特色，其原意是指品德、才学为乡人推崇敬重的人，是我国古代统治者对乡村社会中有品行、有作为的官员或者有崇高威望、为社会做出重大贡献的社会贤达去世后予以表彰的荣誉称号，体现了对其人生价值的褒奖和肯定。可见，"乡贤"是个褒义词，是对已经去世的威望高、贡献大的社会贤达人士的尊称。目前，学术界对乡贤概念的理解还不完全一致，观点众多。为了便于比较和理解，笔者择其不同观点列表如下（见表1）。

表1 学术界对乡贤概念的不同界定

作者姓名	论文题目	论文观点	论文来源
邹小站	乡贤文化应在当今有所作为	乡贤，狭义地讲，是指通过一定程序入祀乡贤祠的本地先贤；广义地讲，除入祀乡贤祠者以外，乡贤还可包括其功德为本地方社会所推崇，其事迹在地方志、碑刻乃至地方父老口耳相传的地方人士。	决策探索（下半月），2015（3）
陈秋强	乡贤：乡村治理现代化的重要力量	"立德、立功、立言"是乡贤的"三不朽"标准。	社会治理，2016（2）
钱念孙	乡贤文化为什么与我们渐行渐远	乡贤，旧时又称乡绅，是指在本乡本土知书达理、才能出众、办事公道、德高望重之人。	学术界，2016（3）
林美辰	转型期乡贤引领文明乡风的塑造研究——以福建为例	无论是新乡贤还是传统乡贤，皆应满足地域性的身份要素、品德要素、能力要素和声望要素。	福建农林大学，2017，硕士论文
王泉根	中国乡贤文化研究的当代形态与上虞经验	乡贤系指在民间基层本乡本土有德行、有才能、有声望，而深为当地民众所尊重的人。	中国文化研究，2011（4）
卢利萍	乡村振兴战略背景下新乡贤文化建设研究	乡贤是指中国传统社会的本乡本土中，有才能、有能力、有德行、有威望，并为乡人所推崇敬重的人。	河南理工大学，2019，硕士论文

客观地说，我国古代对乡贤的要求是非常严格的，违德之事禁做，死后还要经过三十年的考验才可能进入乡贤祠，才能被尊崇为"乡贤"。正是由于标准特别高，因而乡贤数量特别少，如浙江上虞区两千多年历史中总共才推出了67位乡贤。从表1可以发现，学术界关于乡贤概念的界定观点不一，不同学者从不同角度，如乡贤标准角度、传统文化角度和乡贤构成要素角度等，分别阐明了乡贤的含义。当然，即使从同一角度研究问题，观点也不尽相同，如钱念孙把"乡贤"同"乡绅"两个概念融合起来，认为"乡贤，旧时又称乡绅"，但也有学者认为，乡贤与

乡绅既有联系又有区别，乡贤不能完全等同于乡绅，因为，一是乡绅是一个中性的概念，有优劣好坏之分；二是乡贤并不都是由乡绅组成的，还有许多普通乡贤，乡绅之中有乡贤，乡贤之中也有乡绅，二者并不完全重合，乡贤主要强调贤能，对道德品行要求很高，乡绅则更看重其是否具有经济实力。

望文生义地说，"乡贤"是相对于"乡愚"（我国古代有"乡愚"一说，认为农民大多没有文化，实属愚笨而不讲理，至今还有人在用"乡巴佬"这样的贬义词来嘲讽农民）和"城贤"而言的。"乡"的意思是乡土、本土，表示范围限定在乡村，表明乡贤是乡村的人；"贤"是贤能的简称，指品德高尚，德高望重，受人尊敬，包含德行突出与能力过人两个因素。因此可以说，乡贤就是"乡村中的贤达之人"。《汉语大辞典》也是这样解释乡贤概念的："乡贤是乡里中德行高尚的人"。百度百科对乡贤的解释是这样的：一是指有才德的人；人才。二是指贤圣（圣贤）：前贤（有才德的前辈）；先贤（已去世的有才德的人）；圣贤（圣人和贤人）。三是指人的贤能。笔者认为，虽然由于地域文化不同、历史进程各异，因而对乡贤认定的标准会有所差异、资质也不完全相同，但是乡贤一定是乡里品德高尚，并对乡里公共事业有所贡献的人。因此，从广义上说，乡贤是指与特定的乡村有一定关联的贤达之士。

（二）乡贤的起源

"乡贤"自古有之，但不同时代称谓不一，关于乡贤的起源，众所纷纭，目前尚无统一的说法。

有人认为，"追溯历史，舜应该是史料记载中最早的乡贤"[1]。《史记·五帝本纪》载舜"顺事父及后母与弟，日以笃谨，匪有解"。舜服侍父亲和后母及弟弟，每天都很恭敬认真，没有半点懈怠。其父与弟多次加害其身，舜不仅不记恨，反而依旧待之如初，年纪二十即以孝闻于世。因舜道德高尚、孝亲之诚，而乡人皆愿追随，"一年而所居成聚，二年成邑，三年成都"，这突出了乡贤道德感染力及崇高人格魅力对民

---

[1] 边春慧：《新乡贤文化研究》，硕士学位论文，温州大学，2018，第7页。

众的吸引力。上古时代的"舜会百官"既是文化名人的联谊，又是乡贤的聚会。在浙江上虞建有大舜庙和舜耕群雕。可见，乡贤及乡贤文化世代相传、源远流长，在今天仍发挥着春风化雨般的作用。

有人认为，乡贤起源于春秋战国时期。对乡贤内涵的解释可以参考春秋战国时期鲁国的叔孙豹同范宣子就"死而不朽"讨论得出的"三不朽"的标准。《左传·襄公二十四年》中写道："豹闻之：'大上有立德，其次有立功，其次有立言。'虽久不废，此之谓三不朽。"[1]叔孙豹提出，一个人只有做到"立德、立功、立言"这三个方面的不朽，才能称之为具有真正永恒的价值。立德是指为人道德高尚，品行端正；立功是指为国家建立功绩；立言是指研究学问提出真知灼见，著书立说。这样"三不朽"逐渐成为乡贤的标准和要求。

大多数学者认为，"乡贤"一词最早始于东汉。东汉时期，"乡"与"贤"二字合并成为"乡贤"一词，有文献记载"乡贤"一词的出现，是国家对有作为的官员或有崇高威望、为社会做出重大贡献的社会贤达去世后予以表彰的荣誉称号。东汉范晔《后汉书》记载，孔融为北海相，"郡人甄子然、临孝存知名早卒，融恨不及之，乃命配食县社"[2]。由此可见，东汉时已经开始祭祀乡贤。唐朝刘知幾《史通·杂述》记载"郡书者，矜其乡贤，美其邦族"[3]，对乡贤的价值予以充分肯定。《宁夏志》列举乡贤人物时也指出，东汉开始建乡贤祠。

（三）乡贤的构成要素

乡贤是个极高的荣誉称号，具有较高的声望和社会地位，但要成为乡贤必须具备一定的要素或条件，达到一定的标准。鉴于乡贤概念界定的视角不同，因而乡贤的构成要素及标准也不完全相同。楼宇烈在《"乡贤文化"漫谈》中提出乡贤的四个标准，即第一条"所谓贤人者，行中规绳"，第二条"言足法于天下而不伤于身"，第三条"富有天下而无怨

---

[1] 杨伯峻编著《春秋左传注》，中华书局，1981，第1088页。
[2] 范晔撰：《后汉书》，中华书局，1965，第2263页。
[3] 刘知幾：《史通》，白云译注，中华书局，2014，第466页。

财",第四条"布施天下而不病贫"[1]。文学平在《关于新乡贤文化建设的若干思考》中提出,要想成为乡贤必须满足四个要素,即地域性的身份要素、品德要素、能力要素和声望要素。张会会在《明代乡贤祭祀与儒学正统》中写到,乡贤是"生于其地而德业、学行著于世者",强调的是乡贤的地域归属、德行高低、学识多少。赵浩在《"乡贤"的伦理精神及向当代"新乡贤"的转变轨迹》中强调"乡"即"在地","贤"即"贤达",提出,地域性、知名度和道德价值呈现是乡贤必须具备的三个基本要素。由此可见,地域性、贤德性、学识度、知名度都是乡贤必不可少的构成要素。

(四)乡贤的特征

对乡贤特征的探讨有助于加深对乡贤概念的理解。乡贤的特征实际上就是乡贤构成要素的外在反映,虽然目前学界对乡贤基本特征的概括各有不同,但却大同小异。马小红认为,乡绅有三个特征,即都扎根于基层社会,是自发形成的、是乡民公认而官方也认可的,有文化。[2] 张兆成把传统乡贤的基本特征概括为五个方面:"一是明显的地域性""二是有较高的社会地位与政治影响力""三是拥有较高的声望与知名度""四是弘扬时代价值观""五是有良好的教育背景"。[3] 刘社瑞认为,乡贤有三个基本特征,即乡贤地域性明显,乡贤素质涵养出众,乡贤知名度与声望较高。[4]

根据学术界对乡贤的研究,我们认为,乡贤应该具有如下基本特征:

第一,明显的地域性。地域性是传统乡贤最显著的特征。对于乡贤的这一特征,学者们已达成共识。顾名思义,乡贤就是乡里的贤人,具有明显的地域色彩,"乡"是"贤"的"籍贯",表明其在乡村的经济基

---

[1] 楼宇烈:《"乡贤文化"漫谈》,《中国文化研究》2017年第2期。

[2] 马小红:《"乡贤"的过去与未来》,《法制日报》2015年11月14日。

[3] 张兆成:《论传统乡贤与现代新乡贤的内涵界定与社会功能》,《江苏师范大学学报(哲学社会科学版)》2016年第4期。

[4] 刘社瑞:《乡村振兴战略中新乡贤文化建构研究》,湖南大学出版社,2020,第30页。

础、社会根基和文化认同。数千年来，我国传统乡村社会的显著特征就是具有极强的区域性和封闭性，这就决定了传统乡贤具有明显的地域性。乡贤出生于、成长于、生活于、工作于一定地域，这一地域就是乡村或小城镇，而不是大城市。有学者指出："乡绅是与城绅相对应的，是绅士的重要组成部分，专指我国封建时代居乡的退职官员和取得生员以上功名或一定职衔而未为官的居乡绅士。"[1] 传统乡贤工作生活在相对固定的地域范围内，相应地，产生的社会影响也在相对固定的地域范围内，只在这一固定地域获得名声和威望，因而只是某一特定乡村的社会贤达，乡贤的社会影响力有一定的地域范围界限，超出一定的区域边界，就不会产生影响力。乡贤大多出生或居住于某一乡村，同乡民朝夕相处，对乡村和乡民具有较深的感情，因而能够对乡村自觉产生责任感，对乡村产生强烈的心理认同。受落叶归根乡土情怀的影响，多数乡贤在退休后依然回到家乡，为家乡建设做出贡献。同时，由于乡贤具有地缘的亲近性，因而能使乡民倍感亲切，在塑造乡村权威形象和发挥示范作用时，乡民们不会产生疏离反感心理，更容易获得乡民们的认可和支持，从而激发乡民们的向贤心理。

第二，拥有较高的声望与知名度。传统乡贤往往阅历丰富，具有良好的人脉关系，在品德、功绩和学说等方面拥有卓著成就，是乡里的翘楚，是各行各业的佼佼者。他们教化乡民、调解纠纷、周济乡里，所作所为能在乡村产生较为广泛的影响，能为乡民所崇敬和信服，进而产生较高的声望和知名度。王先明指出："乡贤在家世方面得有一个值得乡人景仰羡慕的经历，清白而没有劣迹。有一份丰厚的财产，属于耕读之家。其家族对地方社会有所贡献，尤其在维持地方风习，主持节令庙会，救助孤寡贫弱，推动地方公益事业方面赢得乡里声望。"[2]

第三，具有较高的素质与涵养。乡贤具有较高的素质与涵养是综合

---

[1] 阳信生：《现代"新乡绅"研究三题》，《文史博览（理论）》2013年第10期。
[2] 王先明：《乡贤：维系古代基层社会运转的主导力量》，《北京日报》2014年11月24日。

概括乡贤在各个领域的表现而得出的结论，也是学者们的共识。素质与涵养不仅体现在"贤"字所包含的道德素质方面，要求德行出众，还体现在学识、技能等方面，要求乡贤具有良好的家庭教育、社会教育和文化素养。不管是科举落第生员，还是通过科举选拔成为官吏；不管是出自名门望族，还是书香门第，乡贤都受过良好的家庭教育和社会教育，因而具有较高的素质和涵养。可见，具有较高的教育文化素养既是传统乡贤的构成要素，又是传统乡贤的基本特征。

第四，具有较高的社会地位和政治影响力。瞿同祖认为，"（乡绅）是唯一能合法地代表当地社群与官吏共商地方事务、参与政治过程的集团，而这一特权从未扩展到其他任何社群和组织"[1]。在中国传统社会里皇权不下县，县下皆自治，自治靠乡贤。乡贤介于官民之间，先天具有乡民身份，后天通过科举考试获得政府承认的官僚士大夫身份，因而同时兼具官民双重身份。历史上多数乡贤都与政治权力有着广泛而紧密的联系，具有政治身份，同时，乡贤又是他们的社会身份，因而乡贤具有双重身份和角色，既是国家权力的代理人，又是乡村事务的主导者；既要贯彻统治者的各项政策措施，又要维护乡民的切身利益，成为国家和地方之间沟通的桥梁，起到上传下达的重要作用。一方面主导着乡村各种事务，为地方谋利益，充当乡土社会的保护人和代言人；另一方面又充当政府在地方的代理人和经纪人。可见，乡贤是基层政权和乡土社会的中介，发挥着连接国家权力与乡村社会的桥梁作用。官方无论要做什么，都要同乡绅商量，并通过乡绅来完成。因而，乡贤在地方社会治理中一般都享有较高的社会地位、拥有较强的政治影响力。乡贤的这种社会影响力来自多个方面。一是乡贤自身的客观影响力。这种客观影响力又来源于他们对乡民的贡献。二是乡民的主观认可。能否成为乡贤关键因素在于能否得到乡民的认可、信服和尊敬。三是官方的认证。能否成为乡贤，品德、才能、声望很重要，更关键的是能否得到官方的"资格认证"。这一"资格认证"有着特殊的象征意义，既表明官方对乡贤所

---

[1] 瞿同祖：《清代地方政府》，范忠信、何鹏、晏锋译，法律出版社，2011，第282页。

具有的德、能、名等社会资本的认可，并且是官方可以接受的，具有积极的意义，又标志着官方行政权力（正式权力）对乡贤文化权力（非正式权力）的授予。

（五）乡贤精神

在传统中国社会中，"皇权不下县"的治理结构造就了乡贤的不可或缺性，正是"皇权不下县"才为乡贤反哺家乡提供契机，形成乡土社会独特的乡贤精神。乡贤精神是精神文化的特殊组成部分，"乡贤精神的实质是通过本地区历代乡贤名流的德行贡献，凝聚成民众共同意识的精神情绪"[1]。由于"生于斯，长于斯"，乡贤便与家乡形成一种永久性的联系，从而造就了对家乡的情感归属，从内心深处生发出一种无法抹去的故土情结。因此，乡贤便会在力所能及的范围内尽力为生育养育自己的家乡做出贡献，乡贤的反哺行为展现出乡贤精神。

关于乡贤精神的概括，至今尚无统一的说法。陈明胜等认为，就传统乡贤的构成来看，与其说乡贤是一种身份，倒不如说是一种"兼济天下"的精神。陈明胜指出："经过几千年的积淀，最终凝练出的中国士绅精神的内核是'兼济天下'。这种精神也是乡贤精神的底蕴，只不过针对乡贤而言，'兼济天下'应该更恰当地解释为强烈的社会责任感、德高望重、贡献乡里等优良品质。"[2] 能否入选乡贤主要标准是其是否具备兼济天下的精神。黄彦弘则把乡贤精神概括为三个方面。[3] 一是正义精神。孔子认为，任何社会都应当有正义，不然的话，整个社会就要乱套了，就会陷入混乱状态，人性就会被扭曲。因此，作为孔孟之徒的乡贤就义不容辞地去维持社会的正义原则。二是公益精神。乡贤热心公益事业，在本地的各种公益活动中，都能看到乡贤的身影。大凡修路、建学、赈灾等，乡贤不仅要倡导筹办，而且要带头捐资，还要负责监督，因此，

---

[1] 王国平:《既要传颂"古贤"更要重视"今贤"——北京师范大学文学院教授王根泉谈乡贤文化》，《光明日报》2014年8月12日。

[2] 陈明胜、庞超:《传统乡贤文化断层与新时代乡贤文化培育刍议》，《理论与评论》2019年第2期。

[3] 黄彦弘:《乡贤精神的继替》，《文史知识》2016年第6期。

官府充分认可乡贤的重要地位和作用。三是服务精神。乡贤非常关注乡民的日常生活,不仅对乡民们的艰难生活深表同情,而且还将这种同情心转化为实际行动,千方百计为他们排忧解难,尽心尽力帮助他们。而对乡民内部的矛盾纠纷,乡贤也积极参与调停,最终得以解决。这不仅表现出乡民对乡贤的无比信赖,而且也体现出乡贤真心实意为乡民排忧解难的服务精神。

乡贤反哺家乡的崇高精神大大强化了乡民对乡贤的认可和敬重。如今,费孝通描述的"双轨体制"不复存在,作为实体的传统乡贤也已消亡,但乡贤的精神是永存的。虽说是时代早已发生了很大变化,可是乡贤反哺家乡的情结还是依旧存在的,乡贤精神依然具有强劲的生命力,并且历久弥坚。

二、新乡贤

(一)新乡贤的内涵

"新乡贤"是近些年来才出现的"新概念","新乡贤"一词最早出现在2008年《绍兴晚报》对上虞区乡贤研究会进行的专题报道中。新乡贤(也叫现代乡贤)是相对于旧乡贤(传统乡贤)而言的,是从旧乡贤的基础上演化而来的,发轫于传统乡贤,是传统乡贤精神的现代映照,是传统乡贤的重塑与再造。

关于新乡贤概念的界定,学术界尚未有统一而明确的定义。为了便于比较和理解,笔者择其不同观点列表如下(见表2)。

表2 学术界对新乡贤概念的不同界定

作者姓名	论文题目	论文观点	论文来源
王先明	"新乡贤"的历史传承与当代建构	新乡贤是一批有奉献精神的现代精英,从乡村走出去的他们回归乡土,以自己的经验、学识、专长、技艺、财富以及文化修养和道德力量参与新农村建设和治理。	光明日报,2014-8-20

续表

作者姓名	论文题目	论文观点	论文来源
吴晓杰	新农村呼唤新乡贤——代表委员畅谈新乡贤文化	一般而言，有德行、有才华，成长于乡土，奉献于乡里，在乡民邻里间威望高、口碑好的人，可谓之新乡贤……再宽泛一点说，只要有才能，有善念，有行动，愿意为农村建设出力的人，都可称作新乡贤。	光明日报，2016-3-13
胡鹏辉 高继波	新乡贤：内涵、作用与偏误规避	新乡贤是指在新的时代背景下，有资财、有知识、有道德、有情怀，能影响农村政治经济社会生态并愿意为之做出贡献的贤能人士。	南京农业大学学报（社会科学版），2017（1）
萧子扬 黄 超	新乡贤：后乡土中国农村脱贫与乡村振兴的社会知觉表征	新乡贤是指基于自我知觉和社会知觉，在后乡土中国背景下一切愿意为农村脱贫和农业振兴贡献自己力量，积极投身乡村治理和乡村事业的人。	农业经济，2018（1）
璩甜甜	新乡贤参与乡村振兴实践研究——基于安徽省潜山县源潭镇的个案分析	新乡贤是现代化进程中，有文化、品行高尚并为乡村发展贡献力量的体制外精英。	西华师范大学，2019，硕士论文
卢利萍	乡村振兴战略背景下新乡贤文化建设研究	新乡贤是指本乡本土中的有文化、有能力、有德行、有影响力且具有奉献精神，愿意为乡村建设做贡献的精英群体。	河南理工大学，2019，硕士论文
徐学庆	新乡贤的特征及其在乡村振兴中的作用	从最广义上讲，所谓新乡贤，是指在社会主义现代化建设新时期，与特定的乡村有一定关联，积极践行和弘扬社会主义核心价值观，支持农业农村现代化建设的贤达之士。	中州学刊，2021（6）

（二）新乡贤的构成要素

诚然，无论是传统乡贤还是新乡贤，他们的构成要素在不同时代都会有差异，本质是不同的，无不打上时代的烙印，但是，新乡贤脱胎于传统乡贤，与传统乡贤有着很大相似性，有着与传统乡贤基本相同的核心特质，有着基本相同的要素构成，并且，通常情况下，人们更多的是看重两者的相似部分，否则就没有必要用"乡贤"这个传统词汇来概括了。

中国特色社会主义进入新时代，要成为新乡贤需要具备五个要素性条件。一是地域性的身份要素。一般情况下，新乡贤要么是本乡本土之人，要么与特定乡村有特定的关联，即身份上具有一定的本土性，具有乡土情结、乡土气息、乡土本色、乡土本真。二是品德要素。新乡贤必须具备较高的品德要素，并且新乡贤所拥有的德行一定要与新时代主流价值观念相符合，新乡贤应该是社会主义核心价值观的积极弘扬者和践行者，能够以自身的嘉言懿行垂范乡里，涵育文明乡风，助力社会主义核心价值观在乡村落地生根。三是能力要素。新乡贤必须具备能办事、会办事、办成事的能力，新乡贤大多事业有成，或有资本，或善管理，或懂市场，或善协调，或有一技之长，或有丰富知识。四是声望要素，即影响力。新乡贤必须受到民众的认可、信服和尊重，口碑好、威望高、知名度高，同时又得到地方政府的认可和支持。五是贡献要素。新乡贤往往为特定乡村的公益事业、文化进步或社会建设做出过突出贡献。在实践层面，对地方经济社会文化发展的贡献大小，是衡量一个人能力和品德的重要标准，也是一个人能否获得社会声誉的主要依据。

（三）新乡贤的"新"特点

诚然，新乡贤是在传统乡贤的基础上产生的，新乡贤继承了传统乡贤的衣钵，但是，就本质而言，中国特色社会主义社会是新乡贤产生发展的根本社会基础。因此，与传统乡贤相比，新乡贤的内涵已经发生了质的变化，具有与以往任何时代的乡贤都不同的"新"特点。

第一，新的时代背景。不管在哪个历史时期，乡贤的产生都与这个具体的历史时期有着密切的关联，"无论是传统乡贤还是新乡贤都是一定历史条件下的产物，无不与特定的社会环境相联系，无不打上时代的烙印。传统乡贤产生和发展于自给自足的小农经济社会，封建土地所有制是传统乡贤赖以生存的经济基础，封建社会的家族本位和伦理本位是传统乡贤的根本文化认同，以父系血缘和亲缘关系为基本纽带、以家族或宗族为基本认同单元的乡村自治组织是传统乡贤的社会根基。"[1] 因此，在封建社会，传统乡贤实质上是封建统治阶级在乡村基层社会的代言人，他们虽对乡村社会发展发挥了重要作用，但不可避免地有其历史局限性，集中体现一种道德属性。单从文化结构看，传统乡贤是乡土伦理精神塑造下的产物，其文化结构单一，从他们身上能够窥见儒家的礼治传统和做派。传统乡贤"以孝、悌、忠、信、礼、义、廉、耻等普遍人伦规范为主，也遵循着亲亲尊尊、远近亲疏的纲常伦理"，[2] 使其披上了一层权威主义和等级主义的神圣外衣。而在新时代，中国特色社会主义经济、政治和文化制度是孕育新乡贤的根本制度基础。就新的经济环境看，新乡贤新在社会主义市场经济；就新的政治环境看，新乡贤新在中国共产党的领导、新在中国特色社会主义、新在坚持人民立场；就新的文化环境看，新乡贤深受现代文明的感召，其文化支撑更加多元，新乡贤身上不仅凝聚着中华传统文化的美德，还展现着社会主义核心价值观的时代面貌，更体现着建设社会主义现代化国家特别是促进乡村振兴的时代追求，具有明显的时代进步性。新乡贤不仅是社会道德方面的典范，更应该在乡村政治、经济、文化、生态的某一方面有着突出成绩，能够成为乡村振兴的积极推动者。

第二，新的人员构成。传统乡贤是在宗族制、贵族制、察举制、科举制等封建制度背景下产生的，大多是由科举及第未仕或落第士子、当地较有文化的中小地主、退休回乡或长期赋闲居乡养病的中小官吏、宗族元老等一批在乡村社会有影响的人物构成。显然，传统乡贤的主体主要由以功名身份为核心的乡绅阶层构成，也就是官贤与学贤两大类。局限于封建地主阶级，乡贤来源渠道单一，数量也不多。在"皇权不下县，县下皆自治"的传统乡村治理模式下，传统乡贤居于乡村，具有官民双重身份，享有地方政府默许的一些特权，拥有一定的政治、经济和文化

---

[1] 徐学庆:《新乡贤的特征及其在乡村振兴中的作用》，《中州学刊》2021年第6期。

[2] 孙邦金、边春慧:《新乡贤参与乡村治理的功能再生与制度探索》，《广西师范大学学报（哲学社会科学版）》2019年第6期。

资源，对乡村社会具有隐形且重要的影响力，是乡村宗族社会重要的自治领导力量，在所辖区域内有着至高无上的地位，是宗族社会权力的绝对象征。"产生于中国特色社会主义制度背景下的新乡贤在人员构成方面完全不同于传统乡贤，其来源范围更加广泛，表现出鲜明的社会主义制度特色和时代特点。"[1] 一是身份广泛性。与传统乡贤注重家族背景、地位等级不同，新乡贤来源于最广大的人民群众，是一个开放的群体，主体趋向平民化、多元化、大众化，群众性、亲民性特征非常明显。只要有德行、有才学、有贡献、口碑好、威望高，都能成为新乡贤。"'财富'和'权势'不再是新乡贤的必备基础，'德性'和'公心'才是。"[2] 二是职业构成多元化。与传统乡贤的身份多局限于拥有科举功名的文化人不同，新乡贤已扩展到各行各业。"新乡贤的职业构成相对较为复杂，学识范围多元而广泛，包括体制精英、非体制精英，涉及政治、经济、文化、社会等领域的职业精英。"[3] 只要是德才兼备、对家乡建设做出贡献的人，无论何种职业，都可以成为新乡贤。三是地位平等化。新乡贤参与乡村治理并不意味着自上而下的统治，而是与乡民地位平等的带头治理，作为乡村治理的协助者，新乡贤与乡民的地位是平等的。四是理念现代化。人的思想观念总是随着时代的发展而发展的。新乡贤一方面同传统乡贤一样接受中华优秀传统文化的熏陶，传承乡贤精神；另一方面深受现代文明尤其是社会主义先进文化的洗礼，秉承主流价值观，思想观念现代化，是中国特色社会主义伟大事业的积极拥护者和社会主义核心价值观的坚定践行者，具有现代道德观念和民主法治精神，道德素质普遍更高，民主法治意识更强。

第三，新的地域属性。"乡贤，顾名思义，就是乡里的贤人，具有

---

[1] 徐学庆：《新乡贤的特征及其在乡村振兴中的作用》，《中州学刊》2021年第6期。

[2] 高万芹：《新乡贤在乡村振兴中的角色和参与路径研究》，《贵州大学学报（社会科学版）》2018年第3期。

[3] 龚丽兰、郑永君：《培育"新乡贤"：乡村振兴内生主体基础的构建机制》，《中国农村观察》2019年第6期。

明显的地域色彩,'乡'是'贤'的'籍贯',表明其经济基础、社会根基和文化认同都在乡村。"[1] 无论是传统乡贤还是新乡贤,他们发挥作用的场域都是在具有一定范围界限的乡村,他们是某一特定乡村的社会贤达,其影响力有着一定的地域范围界限。对于传统乡贤而言,尤为强调"乡"的籍贯性和居住地属性,只要乡贤离开他土生土长的地方,就难以产生影响地方民众的权威。[2] 同时,封建时代乡村社会具有很强的封闭性,传统乡贤活动范围比较固定,基本上一辈子居住在乡村,扎根乡土,安身立命本乡本土,与外界联系较少。随着城镇化的快速发展,"乡土中国"逐渐转变为"城镇中国",连接"乡—土—人"的纽带逐渐松散,"出现人离开土、乡离开土或人离开乡的现象"[3],新乡贤居住空间离土化特点非常显著,活动范围更加广泛。鉴于此,有学者将新乡贤划分为两类:一是"在土"乡贤,即"在场"的乡贤,"指具有一定文化基础、人品较好、威望较高、扎根乡土发展事业的乡贤"[4]。二是"离土乡贤",即"不在场"的乡贤,"指那些虽然不定居农村但生于农村、依然热爱农村的各行各业精英"[5]。况且,离土乡贤已成为新乡贤的主体,他们大都并不生活在农村。还有学者干脆回避新乡贤的地域性,认为不论"在土"还是"离土","一切愿意为乡村振兴贡献自己力量、积极投身乡村治理和乡村建设的人都是新乡贤"[6]。传统乡贤的"地域性"强调在乡村社会的发展中乡贤始终"在场",与传统乡贤相比,最大的区别就是新乡贤既可以"在场",也可以"不在场"(缺场),新乡贤虽有地域性特征,

---

[1] 徐学庆:《新乡贤的特征及其在乡村振兴中的作用》,《中州学刊》2021年第6期。

[2] 胡庆钧:《论绅权》,载费孝通、吴晗等:《皇权与绅权》,生活·读书·新知三联书店,2013,第149-161页。

[3] 童小溪:《离土中国:空间、生产与认同》,《探索与争鸣》2014年第5期。

[4] 朱康有:《新乡贤文化建设切忌功利化》,《人民论坛》2017年第23期。

[5] 孙迪亮、宋晓蓓:《乡村振兴视野下新乡贤助力乡风文明建设的机理分析》,《广西师范学院学报(哲学社会科学版)》2019年第1期。

[6] 萧子扬、黄超:《新乡贤:后乡土中国农村脱贫与乡村振兴的社会知觉表征》,《农村经济》2018年第1期。

但已不拘泥于地域性。"新乡贤之'乡'超出了籍贯的局限,具有更为广泛的空间范围,具有较强的动态性,可以指生于此地、长于此地或从外地到此地工作生活的人,也包括那些虽外出发展但仍与家乡保持着密切联系并为家乡贡献力量的人,也就是曾经生活在乡土社会现在身体上远离乡土社会而精神上始终在乡的人,还包括非本地之人。"[1] 在新时代的语境下,新乡贤本人在不在场并不重要,但情感在乡很重要,只要是与特定的乡村具有一定联系并被当地乡民认可的贤达之士都可称为新乡贤。

第四,新的权威来源。通常情况下,传统乡贤具有半官方身份,他们本身要么是封建地主阶级,要么是封建地主阶级的附庸,从本质上说,乡贤代表着封建地主阶级的利益,主要通过自身及家族势力发挥着维系乡村社会秩序平衡的作用并成为传统乡村社会的大家长和实际领导者[2],成为维护乡村社会秩序的重要支柱。与传统乡贤基于封建社会的家族本位和伦理本位并依赖其所具有的功名及其为族人提供庇护的能力而具有的权威不同,新乡贤主要依靠其道德水平与政治、经济地位的结合而获得权威。新乡贤主要在农村基层党组织的领导下,依靠自身道德、文化、技能、资源等综合能力而获得村民的信任与地方政府的认可。新乡贤是人民群众的重要组成部分,代表广大村民利益,是助力乡村振兴的重要主体,主要在基层党组织领导下,通过乡贤理事会、乡贤工作室等载体发挥建设乡村的积极作用。

(四)新乡贤的优势

优势具有相对性,只有比较才能显示出优势。在比较语境下,与传统乡贤、普通农民和乡村精英相比,新乡贤呈现出得天独厚的比较优势。只有找准新乡贤的优势,才能更好地培育新乡贤并发挥出新乡贤在乡村振兴中的重要作用。

第一,同传统乡贤相比,新乡贤具有新优势。"新乡贤是传统乡贤

---

[1] 徐学庆:《新乡贤的特征及其在乡村振兴中的作用》,《中州学刊》2021年第6期。
[2] 张静:《基层政权——乡村制度诸问题》,浙江人民出版社,2000,第18-43页。

的延续与发展,更是对传统乡贤的辩证否定与扬弃。"[1]新乡贤是对传统乡贤的重塑,站在传统乡贤的"肩膀上",新乡贤具有新优势。一是主体多元优势。传统乡贤概念中"贤"有两个评判标准,即德行和学行,也就是具有良好的道德品质和渊博的学识。按照这两个标准,够得上传统乡贤的大多是乡村的名门望族、宗族长老、告老还乡的官员以及入仕未遂的读书人。可见,传统乡贤来源渠道狭窄,主体构成单一,传统乡贤并不包含普通乡民。新乡贤的新优势则体现在"乡"的范围日渐扩大,新乡贤主体来源多元而又广泛。新乡贤的"地域性"色彩逐渐淡化,不仅仅局限于"生于斯、长于斯、生活于斯"的"贤",只要与"乡"有一定关联的"贤"都算"新乡贤"。在人口快速自由流动的当代中国社会,受城镇化浪潮的洗礼,传统中国的封闭性和地域性早已被打破,除了"在场"的乡贤外,城镇中新乡贤生成的可能性日益增多,且日益成为新乡贤的主体,一个新乡贤并不一定就是本地人,并且活动范围更大。新乡贤不再受出身和地域限制,也不拘泥于身份和职业,只要自身具有高尚的道德品质,知识渊博、能力超群、威望颇高,并愿意为乡村振兴做贡献的人,都符合新乡贤的条件要求。二是思想先进优势。传统乡贤深受农耕文明和封建政治制度影响,其思想理念必然打上时代烙印,突出表现在将儒家思想作为唯一的精神导向,文化构成单一,并凸显出等级森严与尊卑有别的观念和人治理念。在中国特色社会主义进入新时代的今天,新乡贤深受现代文明感召,摒弃传统乡贤思想观念上的糟粕,倡导民主、法治、文明、和谐的现代价值理念,体现出新的思想观念,文化支撑更加多元,在批判继承的基础上重塑新乡贤文化,在助力乡村振兴中自觉践行社会主义核心价值观。

第二,同普通农民群众相比,新乡贤具有显著优势。新乡贤的构成要件中有一项就是在乡民中的影响力。良好的影响力得益于新乡贤在乡村中享有较高的声望和良好的口碑,而声望和口碑的形成通常来源于新

---

[1] 张兆成:《论传统乡贤与现代新乡贤的内涵界定与社会功能》,《江苏师范大学学报(哲学社会科学版)》2016年第4期。

乡贤个人的综合能力优势。个人的主观能力优势外显为个人具有较高的品德修养、学识专长、技能经验和资源条件，这些正是新乡贤区别于普通乡民的独特优势。一是才能优势。"才能"是个合成词，"才"是指人所具备的知识和经验，"能"是指能力。无论是传统乡贤还是新乡贤，具备良好的才能都是乡贤必备的特质。在城乡二元结构体制影响下，乡村教育文化发展明显落后于城市，广大农民文化知识水平普遍较低。新乡贤则大多具有较高的文化知识水平，他们在各自领域有自己的"学行"，有的有知识优势、有的有技能优势、有的有信息优势，这些都是普通乡民无法比拟的。二是资源优势。资源对乡村经济、文化和生态等能产生积极作用。乡贤拥有的资源主要是人脉资源和物质资源。我国自古就是人情社会，因而人脉资源显得很重要。新乡贤在外打拼，不仅积累了丰富的工作经验，而且还积累了广泛的人脉资源。这些人脉资源好像潜在的无形资产，能给乡村发展带来巨大效益。新乡贤利用自身的人脉资源优势，能使更多企业、人才和资金向乡村流动，促进乡村发展，从而获得乡民的支持与认可，进而树立自己在乡民中的权威。除了人脉资源优势外，新乡贤还拥有物质资源优势。物质资源是有形资产，主要是指实业乡贤、经营性乡贤自愿通过物质形式投资乡村发展，推动乡村经济、公共服务设施和生态文明设施更新，实现乡村可持续发展。

第三，同乡村精英相比，新乡贤具有独特优势。乡村精英与新乡贤具有较高的相似度，与普通乡民相比，这两者都具备才能、资源等方面的优势，因而新乡贤被不少学者等同为乡村精英，但也有学者认为两者不能等同，两者在本质上是不同的。与乡村精英相比，新乡贤具有独特优势，表现在以下两个方面：一是情感在乡优势。"在乡性"是乡贤群体的重要特质[1]。所谓"在乡性"是指新乡贤在身体的客观条件及情感的主观条件上都与乡村有紧密联系，它包括情感在乡、责任在乡和奉献在乡，展现的是其与故乡之间的深厚情感联系，也就是费孝通先生所说的

---

[1] 胡鹏辉、高继波：《新乡贤：内涵、作用与偏误规避》，《南京农业大学学报（社会科学版）》2017年第1期。

"乡谊"[1]，是其愿意服务乡村的情感基础。新乡贤具有"土气"，具有"乡土本色"，他们对乡土富有真情。情感在乡是新乡贤一切行为的出发点，正是因为有了情感在乡，才有了责任在乡和奉献在乡，才会有新乡贤不谋私利、注重奉献的可贵品质。这是明确区分新乡贤与乡村精英的根本特质，也是与乡村精英相比较，新乡贤所呈现的独特优势。乡村精英通常是指拥有较多资本或社会资源，在乡村社会结构中占据较高位置的人。乡村精英在参与乡村振兴过程中，往往存在公心与私心双重情感：公心表现为他们希望回报家乡、带领村民致富乃至在乡村中打拼一番事业；私心表现为希望利用自身见识、能力及经济优势，在参与村治中获得相应的经济利益或一定的声望和权力，从而"提升个人和家族在村社中的话语权"[2]。当乡村精英更加看重私心时，掺杂私人盈利诉求，就有可能出现"精英俘获"现象。也就是说，乡村精英在乡村治理中存在两种情感诉求，双重情感对其在乡村中扮演着何种角色起决定性作用。我们认为，新乡贤不等于乡村精英，乡村精英只是新乡贤的一个重要来源，同时，新乡贤不一定必然能成为乡村精英，新乡贤还包括平民乡贤，前提是满足"情感在乡"。新乡贤"在乡言乡"，在主观情感上体现着对家乡的深厚情意，乡土情怀促使其萌生为家乡做贡献的责任意识。二是民众认可优势。新乡贤与乡村精英的另一个区别在于身份的认可。乡村精英是乡村中出现的各路能人，只要拥有一定的资财以及对当地社会的支配权力，无论道德品质如何，都可以成为乡村精英。新乡贤可以归属于乡村精英的一部分，但拥有资源和支配权力不是成为新乡贤的必要条件，乡村精英也不一定都能成为新乡贤。自古以来，乡贤都是以民众的主观认可为前提的。乡贤因其品德和才学而受到乡民敬重，能否成为新乡贤，关键在于他能否得到当地乡民的认可、信服、尊敬以及"官方认证"。当然，"官方认证"的前提是民心之所向，最终还是民众的认可。新乡

---

[1] 费孝通：《乡土重建》，岳麓书社，2012，第45-53页。

[2] 朱冬亮、洪利华：《"寡头"还是"乡贤"：返乡精英村治参与反思》，《厦门大学学报（哲学社会科学版）》2020年第3期。

贤不一定是乡村精英，但一定得有民间权威的意涵，是否拥有资源和权力并不是成为新乡贤的必要条件。新乡贤之所以拥有威望，绝不仅仅依赖于经济实力，更多地来自乡民的主观认可和发自内心的敬佩。如果乡村精英与本地价值观背道而驰，乡民就不会认可，那么乡村精英也只能是新时代"为富不仁"的"土豪"而已。

（五）新乡贤的类型

关于新乡贤的分类，依据不同的标准可以划分为不同的类型，仁者见仁，智者见智。

第一，从时间维度看，可以划分为古贤和今贤，也就是传统乡贤和现代新乡贤（新乡贤）。但是，关于新乡贤出现的时间界定说法不一。萧子扬等认为，"乡贤主要应对小农经济时代，而新乡贤是近代以来参与社会变迁中作为乡村建设和乡村治理的主体的一次社会知觉……20世纪二三十年代兴起的乡村建设运动应当可以成为新乡贤（现代乡贤）诞生的重要标志。"[1]也就是说，新乡贤产生于20世纪二三十年代，新乡贤的历史可以追溯到民国时期的乡村建设运动。贺皓亮等认为，"现代新乡贤是指新中国成立后，在社会主义建设中，乡村中有文化、有贤德、有威望、有懿行、有爱心、热爱公共事务的贤达人士、民间精英"[2]。可见，他们把新乡贤产生的时间界定在新中国成立后。然而，绝大多数学者将新乡贤出现的时间界定在进入21世纪之后，有的认为，"新乡贤"的概念最早于2008年提出，2008年《绍兴晚报》以《新乡贤倾情弘扬乡贤文化，青少年"知、颂、学"乡贤精神》为题对上虞市乡贤研究会进行了专题报道，这是迄今媒体及报刊首次使用"新乡贤"一词[3]。

第二，从空间维度看，根据新乡贤不同的生活场域，新乡贤"分为

---

[1] 萧子扬、黄超：《新乡贤：后乡土中国农村脱贫与乡村振兴的社会知觉表征》，《农业经济》2018年第1期。

[2] 贺皓亮、李后卿：《以乡贤文化助推乡村振兴》，《党政干部论坛》2018年第9期。

[3] 付翠莲：《乡村振兴视域下新乡贤推进乡村软治理的路径研究》，《求实》2019年第4期。

在乡乡贤、离乡乡贤、外来乡贤。在乡乡贤是生于本土投身于本土乡村建设的新乡贤。离乡乡贤是生于本土，人在外地的新乡贤，创业或自身具有能力后通过各种第三方渠道尽自己能力建设家乡。第三种是外来乡贤，是外来人口，但长期在本地发展，致富带动其所在乡村发展的新乡贤"[1]。有的将新乡贤分为两类："一是'在土新乡贤'，他们长期居于乡土社会，道德声望高。二是'两栖新乡贤'，他们大多生于乡土，长于乡土，后来通过求学招工等方式在城市定居，因为乡土情而经常往返于城乡间，他们接受了现代理念熏陶，有素质有能力。"[2] 还有各种不同的分法：本土型和外出型之分；"在场"和"不在场"之分；"在场""不在场"和"外来"三分说，等等。实际上，按照北京大学张颐武教授的两分法就可以了，即"在场"新乡贤和"不在场"新乡贤。

第三，从功能或影响领域看，有的将新乡贤归纳为四种类型：有德行的乡村干部，优秀的企业家或还乡企业家，乡村知识分子或还乡知识分子，有高超技术的技术人员。[3] 有的将新乡贤分为五类："勤劳致富型""文化教育型""社情民意型""矛盾化解型""公益事业型"。[4] 有的将新乡贤分为两类：一是体制内的精英，如乡镇领导干部、优秀党员干部、退休领导干部；二是体制外的，如农村基层干部、乡村致富带头人等。[5] 有的将新乡贤划分为乡土孕育型、告老还乡型、回报家乡型以及

---

[1] 曾素勤：《乡村振兴战略背景下的新乡贤角色和作用研究》，硕士学位论文，江西师范大学，2020，第10页。

[2] 唐敏：《乡村振兴战略下新乡贤文化建设研究——以重庆市永川为例》，硕士学位论文，西华师范大学，2020，第10页。

[3] 徐丹：《中国新乡贤文化建设研究》，硕士学位论文，湖南工业大学，2018，第19页。

[4] 唐敏：《乡村振兴战略下新乡贤文化建设研究——以重庆市永川为例》，硕士学位论文，西华师范大学，2020，第10页。

[5] 陈晔：《新乡贤组织参与乡村治理的角色构建与机理分析——以福建省泉州市新乡贤组织为例》，硕士学位论文，福建农业大学，2018，第4页。

海外华侨型。[1]

三、乡贤文化

（一）乡贤文化的内涵

乡贤文化是中华优秀传统文化的重要组成部分，是具有中国特色并扎根于中国乡村的母土文化。乡贤文化是由乡贤衍生而出的，乡贤文化的形成与乡贤密不可分，因此我们认为，所谓乡贤文化，简单地说，就是乡贤创造的文化和研究乡贤的文化。

当然，就像"乡贤"概念至今尚无统一的定义一样，对"乡贤文化"概念的表述也各有不同。为了便于比较和理解，笔者择其不同观点列表如下（见表3）。

表3　学术界对乡贤文化概念的不同界定

作者姓名	论文题目	论文观点	论文来源
徐燕琳 高　菊	传统乡贤文化的创新与弘扬	传统乡贤文化是以乡贤为核心的地方文化和民族精神。	贵州民族报，2018-2-13
徐　丹	中国新乡贤文化建设研究	乡贤文化是中国独具特色的传统文化，是指当地乡贤名人的典籍、故事、遗迹等长期沉淀而形成的一种有影响力的、先进的榜样文化，是对这个区域有激励引导作用的一种信仰，是极具价值的一种文化形式。	湖南工业大学，2018，硕士论文
唐　敏	乡村振兴战略下新乡贤文化建设研究——以重庆市永川为例	乡贤文化是指在传统社会时期以儒家思想为基础，围绕乡贤德行所产生的用于实现乡村经济发展、社会稳定、乡风文明的物质文化和价值观念的总和。	西华师范大学，2020，硕士论文

---

[1] 钱静、马俊哲：《国内新乡贤文化研究综述》，《北京农业职业学院学报》2016年第4期。

续表

作者姓名	论文题目	论文观点	论文来源
卢利萍	乡村振兴战略背景下新乡贤文化建设研究	乡贤文化是传统乡土文化根植于乡村所形成的一种特殊的表现形式，是乡贤以乡情为连接，以乡愁为纽带，以中华传统价值观为依托，通过乡贤自身在乡里的言行举止，或后人口耳相传的善行义举中，所体现出来的优秀品格，形成立足当地的弘文励教的文化理念和教化策略。	河南理工大学，2019，硕士论文
赵鹏	乡村振兴战略背景下新乡贤文化培育研究	乡贤文化是扎根于传统乡土文化之中、厚植于儒家德治理想之上的，由乡贤引领和推继的优秀民间文化。	云南师范大学，2019，硕士论文
季中扬 师慧	新乡贤文化建设中的传承与创新	乡贤文化是自秦汉以来为了表彰乡贤的事迹和精神、激励后人而自觉形成的一种文化形态，包括书写乡贤、祭祀乡贤、鼓励乡贤加入农村社会建设的完整的乡贤文化体系。	江苏社会科学2018，（1）
钱静 马俊哲	国内新乡贤文化研究综述	乡贤文化是以乡愁为基因、以乡情为纽带、以乡贤为楷模、以乡村为空间，以实现乡村经济发展、社会稳定、村民安居乐业为目标的一种文化形态。	北京农业职业学院学报，2016（4）
刘社瑞	乡村振兴战略中新乡贤文化建构研究	乡贤文化是在乡村地区产生并传播，依托有贤德、有文化、有威望的乡贤群体，在促进乡村发展、涵养乡风、教化民众、催人向上等方面发挥重要作用的文化形态。	湖南大学出版社，2020

由上表可知，虽然学者们对乡贤文化的界定各有不同，但对其本质内涵的认识大体是一致的。乡贤文化是以人为中心的文化，是乡民在学习乡贤的嘉言懿行、高尚品行过程中形成的文化形态，不仅能激励乡民不断积极进取，而且能为更多乡贤的"生成"营造良好的文化氛围。因此，乡贤文化既是一种以道德伦理为基础的榜样文化，又是一种催人奋

进、见贤思齐的优秀文化。

（二）乡贤文化的特征

乡贤文化是扎根于中国传统乡村社会的一种文化现象，集中体现了乡村的人文精神，代表一方风气和文化底蕴，是一个地域的精神标识。它同名人文化、姓氏文化、地域文化、寻根文化、方志文化、旅游文化等有着密切的关联，但同时又有着自身独特的研究对象和研究领域，表现出自身明显的特征。

一是地域性。首先，乡贤文化的主体是乡贤，而乡贤具有明显的地域性特征，不同地区乡贤身上表现出不同的精神品格，因而各区域乡贤文化的内容侧重点也有不同，展现出浓郁的地域特征。乡贤文化研究以本地区的乡贤为研究对象，只研究本地的古贤和今贤，研究对象的出生地是固定的，一般不研究外地外籍来到本地并做出贡献的"客居"名流。其次，乡贤文化深受本地文化影响，具有地域性特征。十里不同风，百里不同俗。不同地区风土人情、风俗习惯不同，导致各地乡贤文化的内容各具地方特色。乡贤文化既以本地乡贤为主体，又融合地方风俗等多种文化因素，因而表现出明显的地域性。再次，几千年来中国小农经济所具有的明显封闭性，将乡民牢牢地束缚在家乡的土地上，这是乡贤文化具有地域性的根本原因。

二是人本性。乡贤文化以人为出发点和落脚点，通过总结其行为，形成物质和精神成果，最终影响到人们的价值追求。"乡贤文化研究的对象只局限于人，以人为本，围绕本籍名流时贤做文章，而不涉及其他。这显然与地域文化、方志文化、旅游文化不同……研究对象与范围要比乡贤文化宽泛得多。"[1]

三是贤德性。乡贤文化是由乡贤群体的高尚品德、嘉言懿行演化而出的文化形态，是一种以道德修养为旨趣的伦理本位文化。首先要注重作为研究对象的乡贤的贤德本性，在关注乡贤业绩贡献的同时，非常考

---

[1] 王泉根：《中国乡贤文化研究的当代形态与上虞经验》，《中国文化研究》2011 第4期。

究他们的道德操守、思想品质。贤德性是乡贤文化促使乡民见贤思齐的基础，是涵育乡风、教化乡民的关键。乡贤是名人，同时还必须是好人、善人，德行是乡贤的首要判断标准。因而并非所有"名人"都是乡贤文化研究的对象。

四是草根性。乡贤文化是乡村文化的重要组成部分，它扎根于乡村基层，产生于乡村，融合了本地文化的特点，是农民群众能够接触的文化类型，具有明显的草根性、亲民性，属于"下里巴人"文化。乡贤是从普通乡民中成长起来的，自身就是乡村的一员，整天与乡民生活在一起，无论是地缘上还是血缘上都与乡村有着密切的联系，有着与普通村民相同的人文背景，这就使得乡贤文化具有草根性和亲民性。与"阳春白雪"的主流文化相比，乡贤文化更容易为乡民所理解、所接受，进而对乡民产生激励作用。

五是延续性。乡贤文化在我国有着几千年的历史，它经过漫长的历史演变，由历史传承而来，是不断延续发展的结果，具有历史延续性。同时，乡贤文化产生于某一特定的历史时代，受特定历史时期社会条件的制约，无不打上时代的烙印，不同时代所产生的乡贤文化在内涵、特征和范围等方面也有所不同。虽然不同时期的乡贤文化具有当时历史时期的时代特征，但是无论外部社会环境如何变化，乡贤文化所蕴含的贤德思想、传递的精神内核却是相对固定的，乡贤具备的品德、学问，历经千年而不断传承和弘扬。

六是广泛性。乡贤和乡贤文化概念的外延具有广泛性的特征。乡贤产生于各个领域，在政治、经济、文化等不同领域有着不同的身份和职能，促使乡贤文化在多个领域广泛发挥独特的积极作用，产生广泛的影响。乡贤具有多种优良品质，这些优良品质的传承不受时空限制，传颂古贤、培育新贤，永远在路上。此外，乡贤以其德行和才华嵌入乡村社会的方方面面，影响广泛。

（三）乡贤文化的产生与发展

乡贤文化是具有中国特色并扎根于中国乡村的母土文化，是中国特有的文化现象，其形成有其特殊的社会背景，其发展有其特有的变迁进程。

1. 乡贤文化产生的社会背景

第一,自给自足的小农经济是乡贤文化产生的经济基础。我国小农经济具有很强的稳定性,进而带来稳定的居住人口,这些人以家庭或家族为单位进行生产,具有较强的独立性。国家也意识到这一点,便给予乡村自治的权力,一些德高望重的长老承担起村务管理的职能,这些"老人"就是乡贤。

第二,村落的形成是乡贤文化产生的地域基础。古代社会生产力水平低下,而农业生产对自然环境依赖性强,为了整合土地资源、合作兴修水利、维护稳定和安全,农民们便聚集在一个居住地,这便形成了早期的村落。在一个相对封闭狭小的村落中,乡民都是熟人,乡民也容易相信熟人,熟悉的德才兼备之人在村落里更有号召力,这些德才兼备之人就是乡贤。乡贤的光环使这些人能最大限度地被普通乡民信任和认可。

第三,"双轨政治"的权力结构形式是乡贤文化产生的政治基础。传统乡村社会地域广阔,而国家治理能力有限,无法对地方社会进行直接领导,因而采取"皇权不下县"的政治权力结构,通过乡贤实行间接控制。乡贤介于国家和乡民之间,扮演着多重角色,既有乡民这一先天身份,又有国家认可的官僚士大夫身份。乡贤兼具官民双重身份,既拥护统治者的政策措施,又能维护乡民的实际利益,将中央与地方的矛盾拿捏得恰到好处。

第四,宗法制是乡贤文化产生的社会基础。宗法制起源于夏朝,是由氏族社会的父系制度演化而来的,它按照血缘关系分配国家权力。后来逐渐形成了由政权、族权、神权、父权组成的宗法制度。宗族长是宗族内的绝对权威,被认为是最早的乡贤。宗族是宗法制的基础,血缘则是维护宗族关系的必要前提。以血缘关系为基础的宗法制是与地缘行政关系相互补充的制度,也是中央集权者控制基层民众最直接的途径。乡贤与宗族关系密不可分,他们往往主持宗族中的事务,实现对乡村社会的管控,并对乡民发挥教化功能。

第五,儒家文化和臣民思想是乡贤文化产生的文化基础。儒家文化是重要的官方主流政治文化,在中国延续几千年。儒家文化强调"德治"

和"礼治","德""礼"观念深入人心,乡民认可乡贤治理的合理性。同时,官本位文化也是催生乡贤文化的温床。封建社会等级森严、官员至上的国家权力结构塑造了"民怕官"的臣民思想。而乡民对由在野官员、社会贤达组成的乡贤则大为尊崇。实际上,最早的乡贤都是由在野的官员构成的,他们既有官员背景,又有品德高尚、学识渊博的特质,因而能够得到乡民的认同。乡民一方面畏惧乡贤代表的政府权威,另一方面对乡贤权威却有依赖心理。可见,乡贤治理是治理智慧的体现,是对乡村治理最有效的方式。

2. 乡贤文化的历史变迁

历史从哪里开始,文化就从哪里启程。乡贤文化最早可以追溯到氏族社会,氏族部落中的长者将其人生阅历和生存经验教给年轻一代,就形成了最初的"文化"积淀。有人认为,舜是史料记载中最早被称为乡贤的人。也有人认为,周代记载有尊养老人的"三老五更"礼仪制度,这就是乡贤文化的最初萌芽。到了汉代,乡贤文化快速发展,西汉初期,官方正式在农村地区推行"三老制度",三老由民间德高望重的长者或退休还乡的官员构成,掌管教化,三老成为乡贤的代表。东汉开启乡贤祭祀之先河,并首次在文献中出现"乡贤"一词。清朝儒学家梁章钜在《称谓录》一书中记载:"东海孔融为北海相,以甄士然祀于社,此称乡贤之始。"[1] 唐初恢复设置"父老制度",此时父老、耆老是乡贤群体的代表,耆老因品行高尚受人尊敬,是乡村的精神权威和意见领袖。唐代除了通过耆老嘉言懿行影响乡民,还开设"村学"作为教化乡民的重要途径。宋代士大夫自发成立义庄和乡约等社会组织,此时缙绅成为乡贤群体的代表。北宋时期范仲淹创立范氏义庄,开创宗族慈善新的乡贤组织形式,设置义庄的目的是对族人进行经济资助。随后吕氏兄弟创建的乡约相继出现,《吕氏乡约》中的"约正"就是北宋时期的乡贤,"约正"有着教化、主持、救助、公共管理的功能。明清时期乡贤文化达到前所

---

[1] 梁章钜、郑珍:《称谓录 亲属记》,冯惠民、李肇翔、杨梦东点校,中华书局,1996,第389页。

未有的高度，但乡贤文化的一些内容也发生了改变。明清时期，乡绅成为乡贤的主要构成部分。乡绅主要由科举及第未仕或落第士子、本地学识丰富的中小地主、致仕返乡的官吏和本地宗族元老组成。他们似官非官、似民非民，成为官民之间的中介。乡绅的职能有所拓展，从教化乡民扩充到社会活动的各个层面。乡贤身份由"贤"到"绅"的转变，意味着除了具有一定的公益性之外，乡绅也有出于自身利益的考虑，乡绅的公益性不断弱化，少数乡绅蜕变为劣绅。这也导致乡绅文化蕴含了一定的个人主义和利己主义色彩。晚清至新中国成立初期是乡贤文化的低谷时期。进入近代后，中国成了半殖民地半封建国家，小农经济瓦解，加之废除科举制，导致乡绅通往上层权力的渠道被切断，乡绅消亡，劣绅出现，乡贤文化涵育力急剧减退。新中国成立后，乡村权力结构发生重大改变，国家权力首次下沉到乡村社会，乡村治理进入新阶段，乡贤文化出现断层甚至消亡。改革开放以来，乡贤文化在遭受重创之后迅速复苏，村民自治制度的确立和民主氛围的浓郁为更多乡贤提供了施展才华的舞台，也促成了乡贤文化的回归与重构。

（四）乡贤文化的作用

乡贤文化是独具中国特色的优秀传统文化，介于主流文化与非主流文化之间，产生并传播于民间，属于地域文化，是最接近平民的文化类型，是宝贵的优秀文化遗产。费孝通说："从基层上看去，中国社会是乡土性的。"[1] 乡贤文化就是维系着庞大的中国社会正常运转几千年的基层力量，它在维护和稳定乡村社会秩序，促进乡风民俗传承等方面潜移默化地发挥着重要作用。

第一，传承民族精神。民族精神是民族文化的内在精髓，是民族文化不断积淀升华的结果。乡贤是乡村中品德高尚、学识渊博、受人敬仰的贤达之士。乡贤反哺桑梓、服务家乡的奉献精神，宽以待人、乐善好施的优良品格，体现出中华民族的优秀精神品质。乡贤于润物细无声中发挥出榜样的引领作用，引领乡民向上向善。乡贤创造的乡贤文化，不

---

[1] 费孝通：《乡土中国》，北京大学出版社，2012，第7页。

仅传承而且丰富了民族精神的内涵。

第二，教化民众。乡贤的一项重要任务就是对乡民进行宣传教化，进而达到官府控制民众的目的。儒家文化在封建社会中始终占据主导地位，礼制秩序深入人心，无论是乡贤还是普通乡民都将礼制作为自己的行为规范。乡贤时刻勉励自己要为乡民起到表率作用，无形中不断起到了教化乡民的作用。乡贤就生活在民众之中，他们的榜样作用更容易为乡民所理解接受，更容易收到教化乡民的实效。

第三，维系乡村治理。乡贤文化是地域文明长期实践的产物，它所宣扬的理念是大家共同认可并遵循的，类似于一种无形的乡规民约，发挥着规约功能，对维系乡村治理秩序十分有利。同时，在中国几千年封建社会历史中，一直实行"国权不下县，县下惟宗族，宗族皆自治，自治靠伦理，伦理靠乡绅"[1]的社会治理模式。乡村政权与国家政权是相对独立的，政府不会对乡村基层进行直接管理，而是通过乡贤进行间接管理。乡贤作为乡贤文化的主体，威望极高，深受乡民敬仰。受乡土情结影响，乡贤往往会回馈故里，一来展示自身的雄厚实力，二来表达对家乡的深厚感情。乡贤荣归故里后多能发挥自身优势，维护乡村利益，积极建设家乡，为维护乡村社会运行发挥了重要作用。

第四，辅助皇权统治。乡贤作为乡村治理的主体，看似与基层官吏不同，实则也是为了维护乡村基层稳定，维护皇权。乡绅的士大夫和官僚身份都是由中央政府授予的，在政治经济上也享有特权，他们是专制统治部分权力的享有者。皇权给予乡绅特权是为了保持乡民对乡绅的敬畏之心，在皇权无法直接触及的广大乡村，乡贤能对乡民起到教化控制的作用，弥补基层行政之不足，达到间接控制乡村基层的目的，进而维护封建皇权统治。

---

[1] 秦晖：《传统十论——本土社会的制度、文化及其变革》，复旦大学出版社，2003，第3页。

四、新乡贤文化

（一）新乡贤文化的内涵

新乡贤文化是个新名词，最早出现在2016年全国两会讨论的《十三五规划纲要（草案）》中，该《纲要（草案）》提出"培育文明乡风、优良家风、新乡贤文化"。新乡贤文化是中华文化的重要组成部分，作为中国的农村文化，新乡贤文化是对传统乡贤文化的批判性继承、创造性转化与创新性发展。

关于新乡贤文化概念的界定，目前仍无统一的说法。为了便于比较和理解，笔者择其不同观点列表如下（见表4）。

表4　学术界对新乡贤文化概念的不同界定

作者姓名	论文题目	论文观点	论文来源
杨军	当代乡贤文化在社会主义核心价值观培育机制中的作用	当代乡贤文化是以传统美德作为根基，在马克思主义思想指导下，在践行"以人为本""全心全意为人民服务"的过程中逐渐形成的文化，是社会主义文化的优秀代表之一。	行政与法，2015（10）
杨军	弘扬乡贤文化　发挥乡村新乡贤作用	当代乡贤文化是乡贤意见、观点的汇聚，是农村文化的主要构成部分。	文化学刊，2015（5）
刘阁	政治文化视角下的乡贤治理研究	新乡贤文化是指在社会主义建设的新时期，以马克思主义思想为指导，践行"以人为本""全心全意为人民服务"的理念，并以新乡贤为核心、以乡情为纽带、以服务乡村为目标，将优秀传统文化与现代文明相融合的一种新的文化形态。	南京师范大学，2018，硕士论文
边春慧	新乡贤文化研究	新乡贤文化按照字面意思看，既可以是"新"的乡贤文化，即对传统乡贤文化在继承基础上的创造性转化与创新型发展，也可以是"新乡贤"的文化，也就是由新乡贤创造或与新乡贤相关的文化。	温州大学，2018，硕士论文

续表

作者姓名	论文题目	论文观点	论文来源
刘社瑞	乡村振兴战略中新乡贤文化建构研究	目前对于新乡贤文化内涵释义可以从狭义和广义两个维度进行阐释……新乡贤文化，顾名思义就是以新乡贤为主体的文化；广义的新乡贤文化是一种实践文化、榜样文化、伦理文化。	湖南大学出版社，2020

我们认为，新乡贤文化是以新乡贤为核心的地方文化，既指"新"的乡贤文化，即对传统乡贤文化在继承基础上的创造性转化与创新性发展；又指"新乡贤"的文化，即由新乡贤创造或与新乡贤相关的文化。

（二）新乡贤文化的时代特征

新乡贤文化是在中国特色社会主义进入新时代的历史背景下，对传统乡贤文化的继承、创新和发展，既具有乡贤文化的一般特性，又呈现出时代特征。

第一，新乡贤文化具有地域性特征。新乡贤文化是从乡村社会的土壤中孕育出来的，其形成和发展局限于某一特定的区域内，而每个特定区域的社会环境各具自己的地区特色，地区特色决定着新乡贤文化的特色，因而不同地区孕育出的新乡贤文化也呈现出与生俱来的地域性特征，无不打上地域的烙印。新乡贤文化的地域性主要体现在新乡贤文化的主体和载体上。就新乡贤文化的主体来看，新乡贤既是新乡贤文化的创造主体，又是新乡贤文化的研究对象。新乡贤，无论是在场的、不在场的、舶来的，都曾经或正在或已经完成了在地化，与所在的乡村地域密不可分，与社会最基层的农民打交道，他们的文化行为深受特定乡村社会环境和当地农民需求的影响，因而，新乡贤文化自然带有当地浓厚的乡土气息。当然，随着时代的发展，新乡贤文化已不再局限于乡村当地范围，但是，无论在场还是不在场，地域性特征都使新乡贤形成对家乡的归属感和责任感，从而激发新乡反哺桑梓的激情。就新乡贤文化发展的载体看，全国不同地区的新乡贤文化实践都呈现出地域性特征，各地都根据本地的风土人情、文化资源，因地制宜地开展相关文化活动，体现出明显的地域性特征。

第二，新乡贤文化具有传承性。新乡贤文化是一种传统与现代的连接，一头连着中华优秀传统文化，彰显出文化的传承性；另一头连接着城乡发展之需，体现着文化的时代性。新乡贤文化概念提出来的时间较短，但它的前身却是具有悠久历史、世代相传的传统乡贤文化。新乡贤文化与传统乡贤文化是一脉相承的，是在传承传统乡贤文化的基础上产生和发展起来的，传承性是新乡贤文化的根本属性。新乡贤文化的"承"，应建立在"传"的基础上、在不改变乡贤文化实质的条件下，以新的形式融入现代人的生活。新乡贤在汲取传统乡贤文化精华的基础上，融入社会主义核心价值观，赋予传统乡贤文化新的时代内涵，进而创造出新乡贤文化。从新乡贤文化的内容看，不管是新家规、新家训、新家谱等家文化，还是新庙宇、新宗祠等建筑文化，都是"传"下来的东西，乡贤文化世代相传，流传下来的都是乡贤文化"泽润乡里、以德为先"的高尚精神。从新乡贤文化的形式看，传统乡贤文化已经形成了较为完备的文化体系，当今新乡贤文化发展的诸多形式与举措实际上是对传统乡贤文化的传承与借鉴。当然，新乡贤文化对传统乡贤文化的继承绝不是简单地照搬或复制，而是新乡贤群体依据新的历史背景、社会语境和时代要求，创新乡贤文化内容，在继承中华优秀传统文化过程中将社会主义核心价值观融入其中，实现新乡贤文化与传统乡贤文化的互动、现代文化与传统文化的对接。

第三，新乡贤文化具有先进性。新乡贤文化是立足社会主义现代文明，以马克思主义为指导，以社会主义核心价值观为价值导向的地方文化，是中国特色社会主义先进文化的重要组成部分，更是农村精神文明建设的有效载体，在很大程度上能满足农民群众的精神文化需求，因而呈现出先进性特征。新乡贤文化的先进性主要体现在：作为新乡贤文化主体的新乡贤必须掌握先进文化，坚持以人为本，秉承主流价值观，牢记规则意识，严格要求自己，自觉倡导先进文化，发挥榜样作用，传播正能量。并且，新乡贤选取农民乐于接受的先进工作方式，将新乡贤文化内容同国家倡导的主流价值观相结合，倡导和践行社会主义精神文明，促进农村文明乡风的形成。新乡贤文化是农村文化的重要组成部分，是农村的先进文化，不仅能反映农村生产力的发展要求，反映农民的理想愿望和审美要求，代表农民利益，满足农民精神生活需要，而且能引导农民树立正确的价值观，提高农民素质，促进乡村全面振兴。

第四，新乡贤文化具有实践性。新乡贤文化源于社会实践，最终还要回到社会实践、服务社会实践。新乡贤文化是关于新乡贤的文化，从新乡贤看，新乡贤文化是一种实践文化，实践性是新乡贤文化的根本属性。党中央高度重视解决"三农"问题，实施乡村振兴战略是解决"三农"问题的总抓手，新乡贤文化只有落脚于、服务于乡村振兴才能发挥出最大的价值。虽然新乡贤来自各行各业，但是他们为实现乡村振兴而顽强奋斗的精神却是相同的。新乡贤是"行动着的价值观"，其最终行为指向是服务于乡村振兴的社会实践。新乡贤文化作用于乡村振兴，从经济上促使物质丰富与精神丰盈，从政治上促使治理有序，从文化上促使乡村精神文明健康发展。

（三）新乡贤文化的构成要素

新乡贤文化是一个庞大复杂的文化复合体，由相互作用、相互影响的多种要素构成。作为我国社会文化体系的重要组成部分，新乡贤文化既有文化之共性，又突显出其个性。突出的个性在于，作为地域属性的"乡"和作为新乡贤文化主体的"乡贤"，因此，新乡贤文化的构成要素不仅包括乡贤，而且包括与乡贤有着千丝万缕关联的乡民、乡景、乡情、乡愿，等等。本文从内涵与外延相结合的角度，以新乡贤为核心，将新乡贤文化构成要素归纳为载体、仪式、灵魂和规范四个方面。

1. 新乡贤文化载体

文化必须借助一定的物质载体才能使观念形态的文化获得外部的表现。新乡贤文化的载体就是新乡贤文化得以传承与发展的空间、场所、器物、组织形态等。新乡贤文化载体是新乡贤文化的表象，能为人们所感知或触碰，使抽象的新乡贤文化具象化。只有具备良好的文化载体，新乡贤文化才能发挥出贴近性、人本性、亲善性的优势，为乡村文化振兴筑牢根基。新乡贤文化载体包括很多，主要的有新乡贤文化组织、设施和器物等。

第一,新乡贤文化组织。组织的力量是强大的。然而,在新乡贤文化组织体系尚未建立健全之前,新乡贤群体反哺家乡通常是自发的、零散的、无序的,新乡贤文化建设也处于缓慢发展或停滞状态。这便导致两个不利结果:一是"不在场"乡贤徒有反哺家乡的能力和愿望,却苦于缺乏有效渠道和平台而无法实现;二是由于缺乏组织性和体系化,新乡贤群体内部成员之间缺乏联系与合作,单兵作战,力量薄弱,难以形成规模效应,还造成重复建设、资源浪费。这就要求必须建立健全新乡贤组织,将新乡贤群体组织起来,最大限度地发挥作用。就目前出现的乡贤组织看,主要有新乡贤联谊会、新乡贤理事会、新乡贤论坛等。这些组织各有千秋,都能发挥应有的作用。

第二,新乡贤文化设施。新乡贤文化设施是用以展示和呈现新乡贤文化的空间和场所,属于乡村公共文化空间的重要组成部分。只有建设好文化设施,各文化主体才能感受到新乡贤文化的价值所在,新乡贤文化才有生存与发展的土壤。当前,我国乡村文化设施主要有乡贤祠、乡贤墙、乡贤馆等,这些设施承载着乡贤的嘉言善行,记载着乡村发展的历史轨迹,发挥着教化作用。

第三,新乡贤文化器物。新乡贤文化器物也就是新乡贤文化存在的载体和形式,用于负载新乡贤文化。新乡贤文化器物包括新乡贤创作的手工艺品、科技发明,以及新乡贤捐赠建造的校舍、桥梁、设备、工具等。这些器物既是载体,又有文化内涵,承载着厚重的新乡贤文化底蕴,传递着巨大的新乡贤文化价值,成为具有乡村特色的文化标识。

2. 新乡贤文化仪式

仪式是文化的一个要素,是人类社会中一种古老的社会实践形式。只要象征某种文化意义的、有角色分工的社会行为都可称为仪式。在文化体系中,仪式扮演着固定文化传统、强化文化认同、升华文化意义的角色。根据新乡贤文化仪式不同的内容、形式、功能、空间的差异性,可将新乡贤文化仪式划分为表彰仪式、联欢仪式、祭祀仪式、捐赠仪式。

第一,表彰仪式。新乡贤文化表彰仪式是典型的"人生仪式",具有授予新乡贤社会规范及社会地位的象征性意义。对于首次当选新乡贤称号的能人贤达来说,在表彰仪式中通过演讲、致辞、宣誓等象征性行为取得新乡贤的"合法性",这实际上是在完成社会身份的改造和再造。只有完成了这一社会性过程,新乡贤才算真正进入了新乡贤群体之中,在社交网络中被"锚定"下来,并接受新乡贤的社会规范,获得相应的社会地位。对于参与表彰仪式的、此前已是新乡贤者来说,表彰仪式是对自我身份的再确认,能加深自我身份的认同感。对于参与表彰仪式的普通乡民来说,作为乡村共同体的一分子参与乡村公共事务,在票选、评价新乡贤等过程中找到自己在乡村社交网络中的位置,这也是在完成对自我身份的确认。这样,新乡贤表彰仪式就具有了一种以团体或共同身份把人们召集在一起的神圣典礼的意义。

第二,联欢仪式。联欢仪式是一种在特定时间中所进行的庆祝、欢庆仪式。当前,全国各地出现的针对新乡贤开展的联欢仪式主要有新乡贤文化展和新乡贤文化节,等等。通过开展各种娱乐活动,来激发参与者喜悦、激动、期望等特殊情感,而联欢仪式的主办方则能实现以身心愉悦感俘获文化认同的目的,寓新乡贤文化的教化意义于娱乐意义之中。

第三,祭祀仪式。从传统来看,"祭祀是民众向民间神祇祈求福佑或趋避灾祸的一种行为惯制,它世代传承,具有相应的仪式制度"[1]。自古迄今,祭祀仪式都是我国文化仪式的重中之重。作为乡村社会中的榜样人物,乡贤一直被视为重要的祭祀对象。在祭祀仪式中,先贤被精神符号化,祭祀者对乡贤的缅怀与致敬蕴含着对乡村传统的尊敬,也蕴含着对文化之根的铭记与追随。如今,新乡贤文化祭祀仪式成为一种推广文化、传播民俗与礼仪的渠道,其教化意义更加明显。

第四,捐赠仪式。捐赠仪式是新乡贤文化仪式的重要组成部分,捐赠主体、捐赠渠道、捐赠物、捐赠对象是新乡贤文化捐赠仪式的四大核心要素。捐赠主体通过一定的捐赠渠道将捐赠物交付给捐赠对象,捐赠仪式才算完成,捐赠仪式作为一种仪式性活动的社会意义才得以实现。

---

[1] 钟金贵:《仡佬族传统祭祀文化的传承与变异》,《黑龙江民族丛刊》2012年第2期。

3. 新乡贤文化灵魂

新乡贤文化是典型的人本文化，价值观是其灵魂，是新乡贤文化观念的思想源泉，统领一切新乡贤文化现象。所谓新乡贤文化价值观，就是新乡贤在思维感官之上做出的认知、理解和判断，是新乡贤对于好坏、善恶、得失、美丑等的立场、看法和态度，具有稳定性与持久性、历史性与具体性、普遍性与特殊性的特征。新乡贤文化价值观的普遍性要素包括以下几个方面：

第一，崇德向善。道德判断是新乡贤文化价值观的重要组成部分。面对当下农村道德的滑坡，新乡贤要充分发挥在乡村振兴中淳化乡风、教化乡民的作用，引领乡民崇德向善。新乡贤具有亲善性，他们熟悉乡村道德文化，了解乡村道德环境，在乡民中享有道德威望，能够通过展现崇德向善的思想与行为来引领乡村道德建设。

第二，亲和乡里。就价值实现来说，新乡贤只有得到乡民认可才能获得实质上的合法性，新乡贤的个人价值和社会价值也只有在服务乡村和乡民的行动中才能实现统一。新乡贤只有充分发挥亲善性优势，才能最大程度地发挥新乡贤的引领与教化作用。为此，一方面，新乡贤要重视乡村和乡民，以平等的姿态亲近乡民，拉近与乡民的心理距离，以便顺利开展工作；另一方面，要促进与乡民关系由"亲"变"和"，以"和谐"方式共同为乡村振兴做出应有的贡献。

第三，见贤思齐。新乡贤是乡村社会的榜样人物，新乡贤文化则是乡村社会的榜样文化。乡贤文化本质上就是"以'先进性'引领'广泛性'并使广泛性朝'先进性'运演和攀越的优秀文化"[1]。形成见贤思齐的品质并将这种优秀品质传递给每个乡民，是新乡贤价值观的重要组成部分。榜样的力量是无穷的。要发挥新乡贤见贤思齐价值观的功能，一要提升新乡贤自己的能力，以立功、立德、立言的形式直接作用于乡村发展；二要加强新乡贤之间的相互学习，进而带动乡民向乡贤学习，间接推动

---

[1] 张静、王泽应：《乡贤文化的理论内涵及其传承与创新》，《南通大学学报（社会科学版）》2018年第3期。

乡村发展。

第四，遵纪守法。传统乡村社会是礼俗社会，宗族皆自治、自治靠伦理、伦理靠乡绅，礼俗和伦理是社会治理的主要依据，而现代乡村社会正朝着法治化迈进。这就要求新乡贤树立法治理念，提升法律素养，形成依法治理习惯，遵纪守法，在传统"情理"基础上，把现代法治思想以村民情感上容易接受的方式加以改造，建立"情、礼、法"三位一体的乡村秩序。

第五，敬业奉献。新乡贤对乡村的贡献是在乡情主导下的奉献行为，具有浓厚的自发、自愿色彩。这就要求新乡贤价值观中必须牢固树立敬业奉献精神理念。敬业是社会主义核心价值观对个人层面的要求。新乡贤文化价值观中的敬业奉献，要求在社会主义敬业观内涵的基础上，结合乡村实际和新乡贤工作，以乡村发展和乡民利益为出发点，完成时代赋予新乡贤的任务和使命。

4. 新乡贤文化规范

所谓新乡贤文化规范，是指对新乡贤在日常生活与工作中的言行进行约束与限制的标准。规范之所以要成为新乡贤文化的重要构成要素，是由历史传统和现实需要决定的。从历史传统看，传统乡贤在参与乡村治理过程中产生了诸多弊端，最大的弊端是传统乡贤治村极易沦为"威权治村"，形成个人专制。新乡贤治村仍有堕入"威权治村"的危险。因此，必须要有具体而严格的规范与制度来约束新乡贤行为。从乡村社会现实需要看，新乡贤是乡村社会中的榜样与先进人物，在互联网时代，新乡贤作为公众人物，其受关注度更高，其意见领袖作用愈发凸显。因此，更应规范新乡贤的言行，以维护新乡贤在乡村发展中的"带头人"形象。新乡贤文化中的规范要素，既包括由习俗、经验形成的不成文规范，也包括理性设计而成的成文规范，还包括规范实施机制与行为。

第一，不成文规范。所谓不成文规范，是指在同一时空下，人们由于共享相同或相似的文化习惯、文化环境而共同默许与遵循的规范。不成文规范由习俗与经验经过长期的自我完善与发展演化而来，具有历史性、稳定性和约定俗成性，对规范对象的言行产生重要的约束作用。新乡贤文化规范多是道德层面的，与新乡贤文化中的价值观紧密相连，常见于文化礼仪中。

第二，成文规范。成文规范是经过特定的设计程序，由理性探讨而成的规范。成文规范侧重于调整当下的社会关系，更为具体而深入，具有较强的现实指向性。新乡贤文化成文规范主要包括三种：一是新乡贤准入规范。新乡贤准入规范通常以明文规定形式出现，针对不同类型新乡贤，出台不同的准入规范。二是新乡贤退出规范。为了保持新乡贤队伍的先进性和纯洁性，必须将不符合规范的新乡贤及时清退出去。三是新乡贤组织的管理制度与规范。建立新乡贤组织内部管理制度与规范是最大化发挥组织效能、促进组织良性发展的必然要求。这些制度和规范明确了新乡贤的责任和义务，并将新乡贤组织运行流程与方法固定下来，使新乡贤工作能够顺利进行。

第三，规范实施机制与行为。在新乡贤文化规范中，有多种规范实施机制，如外部强制型机制（依靠强执行力和公信力的外部力量作为机制的基础）、外部规劝型机制（依靠道德力量感化与教育）、内部认同机制（自身培养对规范的认同感，从而将其内化于心而无须刻意遵守）。根据乡村实际，应当以外部强制型实施机制为主、外部规劝型机制为辅，通过宣传教育提高内部认同型实施机制的重要性。

（四）新乡贤文化的时代价值

新乡贤文化博大精深，既与传统乡贤文化一脉相承，又有鲜明的时代特色，不仅在复兴中华优秀传统文化中发挥重要作用，而且对实现乡村振兴具有重要价值。

1. 新乡贤文化传承乡贤血脉

乡贤文化是以乡贤为核心的地方文化、母土文化、榜样文化，更是中华优秀传统文化的瑰宝。新乡贤文化是对传统乡贤文化的继承、创新与发展，对守住乡魂、保护乡根，促进文化发展，具有重要作用。

第一，新乡贤文化承载中华优秀传统文化的贤德思想。中华优秀传统文化是我们世代相传的文化基因和文化根脉，是我国文化软实力的重要组成部分。乡贤文化则是由中华优秀传统文化扎根乡土社会所形成的独特文化景观,它所包含的"见贤思齐、崇德向善、奋发有为、造福桑梓"精神内核延续至今,并升华为新时代的新乡贤文化。在多元文化相互交融的当下,一些人对中华优秀传统文化的认同感逐渐降低,同时,中华优秀传统文化面临后继乏人的困境。新乡贤文化脱胎于传统乡贤文化,继承了传统乡贤文化的"崇德向善""忠孝仁义"文化基因,融合了现代先进理念,对乡民的思想具有导向引领作用,对乡民的行为具有规范约束作用,在社会实践上具有群体仿效作用,从而使中华优秀传统文化焕发出新的生机和活力。新乡贤是新乡贤文化的创造主体,是乡贤文化的继承者和守护者。新乡贤文化既是新乡贤创造的文化,又是关于新乡贤的文化,它在弘扬中华优秀传统文化方面具有显著优势,承载着中华优秀传统文化的贤德思想。

第二,新乡贤文化寄寓广泛共情的乡愁基因。乡愁是游子对家乡所抱有的真挚深沉情感与思念,是一种怀念眷恋家乡的情感状态。随着城镇化和工业化的快速发展,乡村逐渐空心化、边缘化,甚至消亡,这便催生出更为广泛深远的深层乡愁。新乡贤是深层乡愁的主体,深受乡愁驱使。作为一种思念家乡的情感,乡愁能唤醒新乡贤的乡土文化记忆和乡土情怀,能激发起新乡贤返乡的动力。新乡贤文化继承广泛共情的乡愁基因,能充分发挥乡愁的情感价值,驱动新乡贤回归家乡,致力于乡村全面振兴。

2. 新乡贤文化契合现实需要

全面推进乡村振兴、促进城乡融合发展是中国特色社会主义现代化建设的现实需要。培育新乡贤文化对实现乡村全面振兴具有重要作用。乡村振兴,人才是关键,新乡贤是推动乡村振兴的重要人才力量。以新乡贤为主体的新乡贤文化,在充分发挥新乡贤主体能动性的基础上,深刻影响着乡村振兴的各个方面,显示出多维价值,彰显出新乡贤文化的时代品格。

第一,新乡贤参与乡村治理能优化乡村治理结构。乡村振兴的基础在于治理有效。然而,当前乡村社会治理结构不合理,治理主体单一,影响了乡村治理成效。新乡贤作为一种新的社会力量参与乡村治理,能改变乡村治理主体单一问题,能为乡村有效治理输入新鲜血液。乡贤文化积淀了乡村治理的智慧和经验,乡贤参与乡村治理就是宝贵的历史经验。进入新时代,新乡贤作为乡村治理的助手,通过展示自身美好品质来感染乡民,以道德感召力促进乡村社会秩序重塑,强化乡村治理效果。同时,新乡贤文化在乡村治理中具有独特优势,它所蕴含的"德治"和"善治"精神与法治相辅相成、相互促进,能有效规范人们的言行,维护社会稳定。

第二,新乡贤文化助力乡村产业升级。文化具有渗透功能,在乡村产业发展中融入文化元素,能丰富产业的文化内涵,促进产业转型升级,实现产业兴旺。新乡贤文化作为我国优秀传统文化,同样能以文化主体赋能产业发展,为乡村产业转型升级提供可行途径。

第三,新乡贤文化助力文明乡风营造。新乡贤文化蕴含着见贤思齐、崇德向善的力量,是涵养文明乡风的重要资源。作为乡土文化的重要组成部分,新乡贤文化具有乡土性、草根性,它所蕴含的乡土情怀能使农民群众产生认同感,在主观上认同新乡贤文化,发自内心地愿意接受新乡贤所传播的思想观念,从而改善乡村精神风貌,营造文明乡风。凭借新乡贤的道德榜样优势,新乡贤文化也因此具有强大的感召力和渗透力。新乡贤是道德教化示范者与引领者,是乡风文明的倡导者和推动者,培育和发展新乡贤文化,发挥新乡贤的榜样作用,能凝聚人心,激发群众齐心协力参与乡村振兴的热情。

3. 新乡贤文化凸显内生魅力

新乡贤文化具有天然的内生魅力,其内生魅力主要依托于作为新乡贤文化主体的新乡贤,展现在重构乡村共同体、彰显内生优越性和激活文化生命力三个方面。

第一,重构乡村共同体。我国古代乡村是典型的共同体,但在工业化、城镇化、市场化的冲击下,乡村的熟人社会逐渐陌生化,乡村共同体难以为继,而在乡村振兴中,乡村共同体仍有重要价值,因而,必须重构乡村共同体。这就需要借助新乡贤的力量。新乡贤通过反哺家乡,增强乡村实力,能提升乡村吸引力和凝聚力,将业已原子化的村民凝聚在一起。同时，新乡贤参与乡村事务能唤起村民对乡贤文化的记忆，便于村民认可新乡贤的身份和作用，进而形成以新乡贤为核心的乡村共同体。

第二，彰显乡村内生优越性。新乡贤是乡村的内生主体，因而能与乡村保持天然的亲近关系。新乡贤凭借其乡土性，能够在乡村交流和乡村建设等方面发挥优势。乡村振兴关键在人才。然而，当下农村，人才外流严重，乡村发展难以为继。为解决乡村人才短缺问题，各级政府都采取措施为乡村引进人才。这种外嵌式人才引进机制虽在短期内有助于解乡村发展的燃眉之急，但从长远看，这种机制虽能保证"人才下乡"，却很难做到"人才留乡"，很难长期有效发挥作用。新乡贤参与则能克服这些弊端。这是因为一方面，受新乡贤文化感召，越来越多乡村人才主动返乡，壮大了人才队伍；另一方面，新乡贤发挥榜样作用，村民乐于接受新乡贤的影响，主动向新乡贤学习，提升自身能力。这就彰显出新乡贤作为乡村内生主体的优越性。

第三，激活乡村文化生命力。新乡贤文化是乡村文化的重要组成部分，具有浓厚的乡土性。当下，乡村文化危机重重，逐渐失去生命力。为重振乡村文化，我国实施了"文化下乡"工程，但效果不佳，原因在于这种"一厢情愿"的新农村文化建设，忽视了村民实际诉求，缺乏乡土性，单纯依靠自上而下的"送"文化无法激活乡村文化。新乡贤文化所具有的乡土性使其契合乡村实际需要，能与村民产生同频共振，进而激活乡村文化，为乡村文化注入新的生命力。

五、新乡贤文化培育与乡村振兴的内在关联

乡村振兴战略是涵盖经济、政治、文化、社会、生态在内的重大国家战略，内在地涵盖了文明乡风的内容。而乡贤文化是农村文化的重要组成部分，新乡贤文化则是传统乡贤文化的传承创新与发展，成为新时代的优秀乡村文化。实施乡村振兴战略为新乡贤文化培育提供了重大历史机遇，同时，培育新乡贤文化为实现乡村振兴提供了一把钥匙。一方

面，乡村振兴需要培育新乡贤文化；另一方面，培育新乡贤文化能助力乡村振兴，两者目标相同，相辅相成，相互促进，共同为实现乡村全面振兴添砖加瓦。

（一）新乡贤文化培育与乡村振兴的价值目标相同

新乡贤文化在乡村中所发挥的作用与乡村振兴的价值目标相同。乡村振兴战略的总要求是"产业兴旺、生态宜居、乡风文明、治理有效、生活富裕"，这一总要求与新乡贤文化的价值性相契合，两者具有相同的治理目标和价值，都能提升农民群众的获得感和幸福感。

1. 新乡贤文化培育与乡村振兴中的"产业兴旺"目标相同

新乡贤文化是产业振兴的重要资源。新乡贤文化是一种文化软实力，是乡村隐性的经济资源，是培育乡村经济发展新态势、释放乡村经济发展新动能的"无形资产"。乡村田园风光、生态农业观光与体验、乡贤祠、乡贤墙、乡贤馆、乡贤生态公园等，都是新乡贤文化的重要资源。随着第三产业的崛起、文旅产业的勃兴，这些新乡贤文化资源可以转化为乡村文化资本，通过多元主体激活这些特色资源，打造乡贤文化旅游产业，能发挥资源优势、优化乡村产业结构，发展乡贤文化特色产业，从而实现乡村产业振兴。

2. 新乡贤文化培育与乡村振兴中的"乡风文明"目标相同

新乡贤是时代楷模，能够发挥榜样的作用，成为文明的标杆。要想成为新乡贤，道德高尚是前提。新乡贤是道德的化身，是嘉言懿行的代言人，新乡贤具有草根性，新乡贤就生活在村民之中，因此，新乡贤能够很好地发挥道德榜样的示范作用，通过自身示范的方式潜移默化地影响村民。同时，新乡贤文化又是文明乡风的孵化器，新乡贤通过讲学，将家风家训、村规民约与社会主义核心价值观融合起来，从而培育良好家风、淳朴民风、文明乡风。

3. 新乡贤文化培育与乡村振兴中的"治理有效"目标相同

治理性是乡贤文化和新乡贤文化的共同特征，新乡贤文化的治理性通过其内涵的社会主义核心价值观表现出来，通过新乡贤自身示范并发挥激励作用来调动本土乡民的积极性得以实现。乡贤治村是我国历史上特有的成功经验，进入新时代，这一成功经验大有施展舞台。发挥新乡贤文化优势，利用新乡贤这一内生主体助力乡村治理，才能实现"治理有效"的目标。乡村振兴战略提出，要通过"建立健全党委领导、政府负责、社会协同、公众参与的现代乡村社会治理体系"[1]来实现有效治理，确保乡村社会和谐有序、充满活力。可见，两者在治理性上是相通的，治理目标也是相同的。

（二）乡村振兴为新乡贤文化培育提供良好机遇

乡贤文化是我国的优秀传统文化，已经在我国延续了几千年，但是到了近代出现了断裂，从晚清到新中国成立，乡贤文化进入低谷期，少数乡绅蜕变为鱼肉乡里、欺压百姓的劣绅，严重败坏了乡贤文化的声誉，成为百姓唾弃的对象和革命的对象，传统乡贤文化中"善"的要义被磨灭。改革开放以来，特别是1987年《村民委员会组织法》颁布以后，乡村基层民主自治制度得以确立，这为乡贤施展才华提供了条件和舞台，也为乡贤文化复兴提供了可能。党的十九大提出实施乡村振兴战略，这便为新乡贤文化培育提供了良好机遇。"乡村振兴的本质之一就在于文化和乡贤"[2]。在乡村振兴战略感召下，不少农村地区开始反思乡贤文化的价值，纷纷加入培育新乡贤文化的热潮中，为培育新乡贤文化积累了经验，并根据时代要求，借助乡贤文化的形式，赋予乡贤文化新内涵，使之逐渐发展成为新乡贤文化，不断满足乡村振兴的文化需求。

（三）乡村振兴需要新乡贤文化

梁漱溟说："中国问题并不是什么旁的问题，就是文化失调。"[3]落后的文化观念是造成区域贫困的重要原因。只有对传统文化进行创造性转化和创新性发展，才能解决文化失调问题。新乡贤文化是对传统乡贤文

---

[1] 陈求发：《以乡村振兴为抓手　为辽宁老工业基地全面振兴提供支撑》，《共产党员》2018年第5期。

[2] 王兆婷：《新乡贤文化在实施乡村振兴中的传承与建设》，《文化创新比较研究》2018第36期。

[3] 梁漱溟：《乡村建设理论》，上海人民出版社，2011，第23页。

化创造性转化和创新性发展的结果,是解决文化失调的一服良药。文化振兴不仅是乡村振兴的一个重要方面,而且能为乡村振兴提供文化支撑。乡村振兴,文化先行,因而文化振兴势在必行。文化振兴的一个目的就是实现乡风文明。新乡贤文化作为农村文化的重要组成部分,能为乡村振兴提供精神支持,表现在:新乡贤文化是繁荣乡村文化、实现乡风文明的重要载体。乡村振兴需要新乡贤文化。新乡贤文化通过繁荣乡村文化实现乡风文明包含以下三个方面的内容:

第一,新乡贤文化培育立足农村需要,是加强农村思想道德建设的有效方法。新乡贤文化的作用主要是通过新乡贤发挥模范带头作用,推动优秀传统文化和社会主义核心价值观在乡村的传播,这对推进农村精神文明建设具有重要意义。

第二,新乡贤文化在保护和传承传统文化基础上,批判吸收中华传统文化资源,摒弃其糟粕、吸取其精华,实现传统文化的创造性转化和创造性发展。

第三,培育新乡贤文化能够丰富农村文化生活。开展选乡贤、颂乡贤、学乡贤活动,能活跃本地文化氛围,为农民提供精神营养、满足农民文化需求、丰富农民精神世界,为乡村振兴提供文化支撑。

(四)新乡贤文化助力乡村振兴

文化是乡村共同体长期稳定存在的基础,没有文化的乡村必然走向凋零,因此,乡村振兴离不开新乡贤文化助力。新乡贤文化对助力乡村振兴具有无法替代的作用。首先,作为新乡贤文化主体的新乡贤,对乡村振兴具有重要影响。一是新乡贤多为时代精英、成功人士。新乡贤具有开阔的视野,他们把先进技术、管理经验、人脉资源带回乡村,能为乡村经济发展带来效益,带领农民实现共同富裕。二是新乡贤威望高,深受农民信赖,新乡贤参与乡村治理,能成为乡村化解矛盾的"安全阀"。三是新乡贤是乡村文明的继承者和社会主义核心价值观的率先垂范者,他们发挥榜样作用,通过言传身教,能够切实感染乡民,有利于淳化乡风,有利于推动农村精神文明建设。其次,先进文化能促进社会发展,落后文化则阻碍社会发展。作为中国特色社会主义先进文化重要组成部分的新乡贤文化，有其独特的人文价值，是凝聚乡村团结奋斗的重要力量，有利于解决乡村发展中出现的问题，并为乡村振兴提供精神动力和文化支撑。

第二章 乡村振兴背景下新乡贤文化培育的重要意义

在我国大力实施乡村振兴战略的时代背景下,面对新形势、新任务、新要求,新乡贤文化培育愈发显示出了重要意义。这些重要意义,可以从重要性、迫切性、可能性三个维度去系统理解和综合把握。

一、乡村振兴背景下新乡贤文化培育的重要性

新乡贤文化培育的重要性,集中体现为"四个能":一是能促进乡村振兴战略落到实处;二是能为坚定文化自信提供传统文化支撑,促进社会主义核心价值观在农村落地生根;三是能驱逐农村不良文化影响;四是能巩固党在农村的执政地位,健全自治、法治与德治相结合的乡村治理体系。

(一)新乡贤文化培育能促进乡村振兴战略落到实处

实施乡村振兴战略,是党的十九大作出的重大决策部署,是全面建设社会主义现代化国家、实现中华民族伟大复兴的重大历史任务,是新时代"三农"工作的总抓手。习近平总书记对实施乡村振兴战略高度重视,在多个重要场合发表了重要论述、作出了重要指示。在党的二十大报告中,习近平总书记再次强调"全面推进乡村振兴",指出"全面建设社会主义现代化国家,最艰巨最繁重的任务仍然在农村"[1],并从多个方面提出了重大要求,为未来一个时期做好乡村振兴工作提供了根本遵循。

习近平总书记关于实施乡村振兴战略的系列重要论述、重要指示批示,组成了一个有机统一、博大精深的理论体系,从目标论、内涵论、

---

[1] 本书编写组编著《党的二十大报告学习辅导百问》,党建读物出版社,2022,第23页。

价值论、方法论等多重角度阐明了乡村振兴战略的方方面面。例如，习近平总书记在2020年12月召开的中央农村工作会议上强调"民族要复兴，乡村必振兴"。在2021年2月召开的全国脱贫攻坚总结表彰大会上强调"乡村振兴是实现中华民族伟大复兴的一项重大任务"。这就将乡村振兴置于党和国家事业发展的全局、民族复兴的大局中去思考和谋划。同时，习近平总书记强调，要"举全党全社会之力推动乡村振兴"，加强党对乡村振兴工作的领导，发挥党建引领的作用，等等。为了将乡村振兴工作抓实抓细、抓出成效，以习近平同志为核心的党中央明确要求"五级书记抓振兴"，压实了省、市、县、乡、村的五级责任，明确了省委书记、市委书记、县委书记、乡镇党委书记、村党支部书记的职责，特别是重点指出县委书记要当好乡村振兴的"一线总指挥"。可以说，这些重要论述，鲜明体现了党坚持人民至上的价值立场、充分彰显了社会主义实现共同富裕的本质要求、充分体现了中国式现代化新道路的乡村实践、科学印证了马克思恩格斯"城乡融合发展"的思想蓝图。

在此背景下，新时代"三农"工作的重心实现了历史性转移，由脱贫攻坚转向乡村振兴，党和国家的重大方针和重要政策也由此向乡村振兴倾斜。自党的十九大召开以来，党中央、国务院相继出台了多项有关乡村振兴工作的重要指导文件，备受社会关注的中央一号文件更是将主题聚焦到乡村振兴领域。例如，2018年的《中共中央 国务院关于实施乡村振兴战略的意见》、2019年的《中共中央 国务院关于坚持农业农村优先发展做好"三农"工作的若干意见》、2020年的《中共中央 国务院关于抓好"三农"领域重点工作确保如期实现全面小康的意见》、2021年的《中共中央 国务院关于全面推进乡村振兴加快农业农村现代化的意见》、2022年的《中共中央 国务院关于做好2022年全面推进乡村振兴重点工作的意见》、2023年的《中共中央 国务院关于做好2023年全面推进乡村振兴重点工作的意见》。在这些文件精神的指导下，各地党委和政府均对实施乡村振兴战略高度重视，乡村振兴成为名副其实的"一把手"工程，成为各级政府的重点工作甚至中心工作。近年来，各级政府对乡村振兴的支持涵盖政策、资金、人力等，全方位、深层次推动乡村振兴战略在基层落地生根、开枝散叶。

乡村振兴既是一项全局性重点工作，也是一项复杂的系统工程，涉及面很广，牵扯领域很多，需要打出"组合拳"。在这个"组合拳"中，新乡贤就是一个有力的"群体"，新乡贤投资兴业就是一个重要的"拳头"。乡村振兴是包括产业振兴、人才振兴、文化振兴、生态振兴、组织振兴的全面振兴，而在"五大振兴"中，产业振兴是重中之重、关键一环。

乡村振兴要靠产业，产业发展要有特色，现在绝大多数的党员干部都有这样的觉悟和共识。但在如何推动产业振兴上，各地的认识、做法和成效就不一样了，甚至有的地方存在"有认识、没方法，想做事、没抓手"的尴尬局面。

课题组调研发现，一些地方政府提出"以乡贤返乡创业为抓手发展乡村产业，推动产业振兴"的思路，在实践中取得了不错的成绩，收到意想不到的效果。这里的乡贤创业，既包括在外乡贤返乡创业，也包括本地乡贤就地创业。那为什么在推动乡村产业振兴方面，乡贤能发挥这样显著的作用呢？这是因为不管是从理论上看，还是从实践上看，新乡贤与乡村都有着千丝万缕的联系，新乡贤的成长与发展都与乡村有着密不可分的关系。而乡村本身对外联系渠道有限，很难吸引到外地企业来投资，所以可以重点引导在外的有实力的新乡贤返乡创业，也可以为本地新乡贤就近创业提供便利条件。尤其是改革开放四十多年来，大量的农民工、大学生、退伍军人、企业家等群体中出现的新乡贤，在经济发达地区发展创业，积累了不少的资本、技术、人脉和经验。这些外出新乡贤对本村本土情况比较熟悉，创新意识也比较强，很多人愿意回乡发展，成为发展乡村产业、助力产业振兴的最为宝贵的资源。"创新型新乡贤协助村干部，因地制宜，引领发展当地特色，并通过网站宣传当地特色产品、特色旅游文化产业，全方位发展经济。"[1]2021年11月，四川

---

[1] 谢芬：《乡村振兴背景下的新乡贤文化建设探析》，《农村经济与科技》2019年第11期。

省雅安市汉源县永利彝族乡人民政府在其官网发布了名为《"新乡贤"工作开展情况面临困难及对策建议》的报告。报告显示,当时永利彝族乡共有新乡贤人士22名,他们分布在各行各业,均是行业领头人。其中养殖业在永利彝族乡发挥了巨大的作用。养殖业的成功带动更多的村民效仿,让村民积极投身到养殖业中去,从而让更多的村民富起来。

的确,新乡贤可以带动更多的村民致富增收,带动乡村经济不断向好的态势发展。胡诗泽就是一位返乡大学生兴村助农的优秀代表。生于1983年的胡诗泽,是海南省定安县新竹镇次滩村人。大学毕业后,他返乡创办海南返乡大学生志愿服务队,并守候次滩村进行村庄建设16年。集合各界力量改善村庄文化设施,整治环境卫生状况,有步骤研发灵芝鸡、新竹四季鹅等特色农产品,组织农民成立观光旅游合作社,将次滩村打造为集吃、玩、学、精神回归功能的乡村旅游示范区。[1]作为新乡贤的他,16年坚守和引领,用智慧和付出一点一滴改变着乡村面貌,将原来默默无闻的穷村变成了"网红村"。他自己也成为新乡贤助力乡村振兴的优秀典范,带动了更多的新乡贤参与到这项伟大的事业中来。

事实上,地方政府只要把政策研究好、把规划制定好、把沟通服务等工作做到位,完全可以吸引一大批新乡贤将目光聚集到农村,返乡创业和发展。对于返乡发展的新乡贤,既可以引导其到产业集聚区经办企业,也可以引导其到农村创办产业。调研中发现,不少地方在这方面都有成功的实践。例如,河南省驻马店市平舆县的户外休闲家具产业,平顶山叶县的门窗制造加工、香菇种植产业,发展得都非常红火,这些都是返乡新乡贤带动起来的。

对于一省来说,吸引乡贤回省投资、创业和发展已经成为省领导和相关部门的重要任务,也是容易达到奇效的方法。毕竟能进入省领导视野的乡贤,不管从实力还是人品来说,都是非常出彩的;同时,这些在外省发展的乡贤,在地位和影响达到一定程度后,"衣锦还乡"的情愫

---

[1] 北京爱故乡文化发展中心著编《新时代乡贤》,中国农业出版社,2018,第276-282页。

一般都会越来越浓厚，回乡发展、回馈乡邻的自觉性和主动性会天然萌发，招商引资的难度会大大降低。近几年，作为江苏省宿迁市新乡贤典型代表的京东集团董事局主席刘强东便是一个新乡贤返乡创业助力家乡发展的优秀榜样，成为中国广大新乡贤的缩影。作为宿迁新乡贤，作为京东老板，刘强东曾力排众议，先后将京东全国客服中心、信息研发处理中心、财务结算中心、物流管理中心等四大重要中心和云计算基地放在宿迁，十几万京东员工里，有1万人在宿迁。在接受央视采访时，刘强东十分坦诚地感慨道：宿迁既没有资源禀赋也没有沿海优势，但在京东效应下，呼叫中心在宿迁已经成为一个产业，带动了2万人就业，单是税收就超过20个亿。事实上，也正是在京东效应的带动下，网易、小米也纷纷来到宿迁发展。假设刘强东不是宿迁新乡贤，那么无论宿迁市如何招商，京东这么多项目都不大可能落户在宿迁——这个并不被看好的苏北小城。

从全国情况来看，新乡贤回归工程在比较发达的沿海省份或南方城市等已经开始实施了。政府出面，发动乡贤，招商引资，招才引智，投资兴业，义诊助学等，好不热闹！乡村振兴战略实施以来，新乡贤对乡村振兴的贡献尤其明显。每到春节前后或重要节假日，市级的联络推荐大会、县区级的投资发展大会、镇村级的乡贤恳谈会，不仅成为众多新乡贤为家乡提供发展良策的不错平台，而且为新乡贤群体的聚集、新乡贤文化的培育创造了条件。

综上所述，对于乡村振兴这项伟大、长期而又复杂的系统工程来讲，新乡贤文化培育可以从理论和实践上推动乡村振兴战略落到实处。一是可以发挥新乡贤独特的正向引导作用，更好营造人人参与乡村振兴的良好社会氛围，带动社会更多力量关注、支持和参与这项事业，形成乡村振兴的合力。二是通过集资捐募，新乡贤可以直接发挥资金方面的优势，一定程度能破解乡村振兴资金不足的难题，为乡村基础设施的完善、人居环境的改善、教育医疗资源的丰富等做出直接贡献，为村庄带来实际改变，为村民带来实际利益，助力乡村振兴，更大程度满足人民群众对美好生活的向往。三是新乡贤通过返乡创业或参与乡村运营，可以进一步与政府、村庄形成持久性的良性互动，立足乡村基础，挖掘村庄资源，建立与市场相对接的有效流动机制要素，真正发现乡村的市场价值，推动产业振兴，助力产业兴旺。四是就新乡贤这个主体来讲，新乡贤文化的培育意义更为长远，可以形成新乡贤助力乡村振兴的群体效应和规模影响。一个新乡贤的力量或许是有限的，但新乡贤文化培育带来的群体效应、长效机制、规模影响，是不可估量的。乡村振兴是时代大潮，是历史发展大势，是举全党全社会之力都要办好的事关民族复兴的大事，是一项长期开展的工作。新乡贤文化的培育，也是一个长期的动态过程，会带动更多的新乡贤充分认识自身的"角色定位"和"使命意识"，增强新乡贤参与乡村事业发展的积极性、主动性、自豪感和责任感，在越来越大的程度上源源不断地提供乡村振兴所必需的资金、人才和政策等综合支持。而且，新乡贤文化越深厚，其所带来的效应和影响就越能够持续，越具有示范性、可复制性；新乡贤文化培育越成功，就越能够为乡贤投资创业助力乡村振兴提供良好的环境和平台。

从以上这些意义上来讲，在迈上全面建设社会主义现代化国家、向第二个百年奋斗目标进军的新征程上，新乡贤文化培育事关乡村振兴工作的方方面面，事关乡村振兴战略的综合实施，能够有效促进乡村振兴战略在中华大地落地生根、开花结果。

（二）新乡贤文化培育能为坚定文化自信提供传统文化支撑

文化自信，历来在党史、新中国史、改革开放史、社会主义发展史和中华民族发展史中占据着重要地位。进入新时代后，文化自信的重要性愈发凸显。以习近平同志为核心的党中央，将文化自信上升到"四个自信"的高度，与道路自信、理论自信、制度自信并列，同等重要，有机统一，认为其关乎国家强大和民族复兴。2016年11月30日，习近平总书记在中国文联十大、中国作协九大开幕式上发表重要讲话，强调"文化自信，是更基础、更广泛、更深厚的自信，是更基本、更深沉、更持久的力量"。"坚定文化自信，是事关国运兴衰、事关文化安全、事关民族精神独立性的大问题。"[1] 在党的十九大报告中，习近平总书记深刻指出："没有高度的文化自信，没有文化的繁荣兴盛，就没有中华民族伟大复兴。"[2] 党的二十大报告强调要"推进文化自信自强，铸就社会主义文化新辉煌"[3]。因此，只有坚定文化自信，才能建设社会主义文化强国，才能真正实现民族的伟大复兴。

　　一个国家的发展既需要强大的物质力量，也需要强大的精神力量。文化自信的重要性，习近平总书记阐述得深刻而全面。怎么去理解这种重要性？跟随习近平总书记的大历史观，把视野放到总书记经常提到的中华民族5000多年的文明史、中国近代180多年的斗争史、中国共产党100多年带领人民进行革命建设改革的奋斗史、新中国70多年的发展史、改革开放40多年的历史中去探源、去体悟，就能领悟习近平总书记提出文化自信的战略考量和历史大义。毫不夸张地说，中华民族历来就有文化自信的宏大气度。在世界四大文明古国中唯一没有中断其文化历史的只有中华文化。绵延不绝、灿烂辉煌的中华文化，不仅为中华民族生生不息、发展壮大提供精神滋养，也为人类文明作出了不可磨灭的重大贡献。当然，自近代以来，我们曾经因不能很好地认识和应对变化，而最终落后于时代发展的大势，使民族自信心受到极大挫伤。但最终在中国共产党的带领下迎来了中华文化的觉醒与新生。如今，中国共产党人正在以高度负责的态度，对传统文化进行创造性转化、创新性发展。中华文化必将在党的领导下展现出更加绚丽多彩的光芒。因此，文化自信伴随着中华文明史、党史、新中国史、改革开放史、社会主义发展史。

　　那么，文化自信从哪里来呢？一个极其重要的来源便是优秀的中华传统文化。习近平总书记指出："中华优秀传统文化已经成为中华民族

---

[1]　习近平:《在中国文联十大、中国作协九大开幕式上的讲话》,《人民日报》2016年12月1日。

[2]　本书编写组编著《党的十九大报告学习辅导百问》,党建读物出版社,2017,第32页。

[3]　本书编写组编著《党的二十大报告学习辅导百问》,党建读物出版社,2022,第32页。

的基因，根植在中国人内心，潜移默化地影响着中国人的思想方式和行为方式。"[1] 作为优秀传统文化之一的乡贤文化，是中华大地孕育出的宝贵而独特的文化，是文化自信的重要内容，为坚定文化自信提供了传统文化的重要支撑。新乡贤，继承发扬了传统乡贤身上承载的优秀传统文化基因；新乡贤文化，是在传统乡贤文化基础上的创新发展。"新乡贤的出场，可以说是优秀传统文化与现代化相结合的产物，肩负着复兴中华优秀传统文化这一现实使命。"[2] 与传统乡贤及乡贤文化相比，新乡贤及新乡贤文化在坚定文化自信、建设社会主义文化强国方面将会发挥更大作用。

同时，作为文化建设重要内容的社会主义核心价值观，是文化自信的又一个重要来源，它既植根于传统文化深厚土壤，彰显民族特色，又立足于当今时代发展特征，体现新时代精神。24个字概括的核心价值观，从国家层面、社会层面、公民层面实现了价值追求的有机统一。党的十八大以来，我们党高度重视培育和践行社会主义核心价值观，习近平总书记对此提出了明确的要求。农村是社会主义核心价值观传播的重要舞台，农民是社会主义核心价值观的直接孕育者，新乡贤是社会主义核心价值观在农村落地生根的重要引领群体之一。

可以说，社会主义核心价值观在广大农村的落地生根离不开新乡贤作用的发挥和新乡贤文化的培育。新乡贤在农村精神文明建设中的独特作用越来越受到重视。这方面，可以通过以下事例进行说明。

2022年初，福建省厦门市推选和发布了第二届"新乡贤"，为文明乡风建设树立了新典范。纵观这些新乡贤的优秀事迹不难发现，不少都是在培育和践行社会主义核心价值观、传播中华优秀传统文化和社会主义先进文化。例如教书育人、推广文明理念的"草根明星"刘江南，他

---

[1] 景亦婷：《习近平新时代中国特色社会主义文化思想的鲜明特点》，《前进》2018年第2期。

[2] 刘社瑞：《乡村振兴战略中新乡贤文化建构研究》，湖南大学出版社，2020，第59页。

编写村民倡议书、文明顺口溜、为老年人开办宣讲课，将移风易俗、文明风尚传播进家家户户；主动参与社区建设的周振源，精心制作课件，传播社区周氏文化、渔村文化，让听众受益匪浅，成为宣传乡土文化的志愿者，为广大社区工作者做出了表率；担任农村老人协会理事长的洪亚贤，帮助困难老人，弘扬互助文化，组织丰富多彩的老年文艺活动，当好红白喜事执事，做好移风易俗工作；作为莲塘别墅陈氏后人的陈全志，身体力行弘扬传统文化，编写数十本莲塘别墅宣传手册，还投资数十万元创建多个专题展览馆，推动莲塘别墅成为厦门市的社会科学普及基地、爱国主义教育基地；活跃在红色宣讲第一线的陈明星，利用多重身份传播社会正能量，激发了广大群众爱党爱国之情；担任马巷中心小学校长的许成绩，致力于传承、发掘闽南童谣文化，引起较大社会反响。这些新乡贤，退休不褪色，利用多种平台和职位，发挥自身特长和余热，进行思想文明教育，宣传社会主义核心价值观，践行着"文化自信"的理念。

　　总体来讲，新乡贤文化培育对坚定文化自信和宣传社会主义核心价值观意义重大，主要体现在以下三个方面：首先，从自上而下的维度来看，新乡贤在乡村开展的一系列群众喜闻乐见的文化、教育、艺术等活动，以及丰富多彩、形式多样的党的最新政策宣讲活动，进一步加深了村民对中华优秀传统文化、革命文化、社会主义先进文化的理解和体悟，增进了对文化的自知、自豪和自信，提升了广大群众坚定文化自信和践行社会主义核心价值观的内生动力。其次，从自下而上的维度来讲，本土新乡贤和返乡新乡贤，也就是所谓的"在场"新乡贤，生活和发展于广大农村群众之中，对于群众的日常生活和创造性活动有直接了解、一线观察和切身体会，经过真实记录、文学表达和艺术加工等形式，可以将群众的生产生活和独特智慧升华和扩散，甚至在更大场域内展现他们丰富热烈的精神世界，为文化发展和观念提升提供火热的实践源头，为持久的文化自信提供文化支撑。最后，新乡贤的观念和行动，对于乡村的文化振兴作用重大。"在熟人社会中，新乡贤对于当代乡村文化振兴具有非常重要的意义。"[1] 而这个作用的发挥，是潜移默化的，是示范引领的，是春风化雨般的，是与政府自上而下的宣传引导相互配合有机互动的。新乡贤的价值观念可以影响农村居民的思维方式和行为方式。尤其是党的二十大报告强调了人民群众"日用而不觉"的价值观念，而新乡贤身上表现出的厚德载物、讲信修睦、亲仁善邻、乐于奉献等优秀的社会观、道德观，同人民群众日用而不觉的共同价值观念契合和融通，从这个意义上来讲，加快培育新乡贤文化的重要性就不言而喻了。新乡贤文化的培育，可以为进一步坚定文化自信、建设社会主义文化强国提供文化支撑，可以为社会主义核心价值观在农村落地生根、加强乡村精神文明建设提供文化土壤。

（三）新乡贤文化培育能驱逐农村不良文化影响

农村是中华优秀传统文化的重要孕育场域。但不可否认，在历史演进过程中，农村也产生了一些不良文化。这些不良文化的形成，主要是由于以下几个方面的原因造成的：第一，农村封闭偏远的地理位置，造成有效的社会治理的相对缺失；第二，农民普遍不高的文化水平和生活水平，造成其认识世界的人生观、价值观相对偏差；第三，不太对称的信息途径，造成农村与先进文化的相对隔绝；第四，农村经济发展的长期滞后，为不良文化的产生带来物质基础，等等。

正是因为多方面因素的影响，农村不可避免出现了一些不良文化，甚至有些不良文化备受社会关注、广受公众诟病。新中国成立后，中国共产党以摧枯拉朽的力度和广度，在广大农村开展社会革命，彻底改变了农村面貌，也极大扫除了封建经济基础上的农村不良文化。但是，仍有一小部分根深蒂固的封建观念和落后理念的消除不可能毕其功于一役，需要久久为功。一些不良文化和陈规陋习，尚且存在于农村大地，影响着广大农村居民的生活方式和思维方式。同时，改革开放以后，社会活力得到巨大释放，农村经济得到巨大发展，农民生活水平得到巨大

---

[1] 杨盼盼：《新乡贤参与乡村文化振兴路径研究》，《周口师范学院学报》2020年第1期。

提升。这是中华民族发展史上前所未有的重大成就。正如习近平总书记所说的那样:"事实证明,发展起来以后的问题不比不发展时少。"[1] 就农村情况来看,群众富裕了,但贫富差距、贫富不均的问题出现;物质丰富了,但精神领域的问题出现了;群众"口袋"的问题解决了,但"脑袋"的问题又出现了,等等。

就今天的农村现状来观察,有哪些属于农村不良文化的范畴呢?总体来说,农村不良文化有以下五个典型方面的表现:

一是红白喜事大操大办,高价彩礼等陈规陋习还在不少地方广泛存在。经过脱贫攻坚的伟大实践后,现在农村和农民都摆脱了绝对贫困,这是中国减贫史乃至世界减贫史上的壮举和奇迹。但中国的农村经济总体上还没有实现跨越式的充分发展,不少地区群众的生活还维持于温饱水平。即使这样,一旦遇到红白喜事,农村群众还是喜欢大操大办,习惯"隆重"举行,厚葬薄养的不良风气不可忽视。这种大操大办,不少都超越了家庭的实际需要和现实能力。更有甚者,哪怕处处借贷、提前消费,也要大操大办。近十几年来,高价彩礼已经成为农村最遭人诟病的一种不良现象。当作为婚嫁习俗的彩礼,被赋予过多的物质含义而逐渐变味、水涨船高时,就会成为一些家庭不能承受之重,妨碍农村精神文明建设。比如,被大家广为熟知的"万紫千红一片绿""三斤二两""一动不动"等彩礼说法。同时值得注意的是,往往越是穷困的地区和家庭,彩礼的负担和压力就会越重,形成恶性循环。如何让"彩礼"的意义回归"礼",成为一种助力文明风尚的良好礼节,这不仅是所有公民的期盼,更是政府和社会近些年重点关注和努力的方向,也是乡村振兴必须解决的基本问题。

二是攀比之风不减反增,依然盛行。农村群众爱攀比,这已经是不可回避的不良社会风气。正因为如此,越来越多的年轻人变成了所谓的"躲年族",也就是畏惧于农村的攀比之风,因而过年不喜、不愿、不敢回老家,宁愿孤零零待在外边的钢筋混凝土的城市。上文提到的大操大

---

[1] 习近平:《习近平谈治国理政》(第四卷),外文出版社,2022,第338页。

办、高价彩礼也属于攀比之风的其中一面。总体来看，攀比之风在农村依然盛行，不减反增。比如，从年轻人的视角出发，以前物质不发达时回老家，比谁穿的衣服是名牌、谁抽的烟贵、谁能喝得起好酒；随着经济发展，又开始比谁开的车好、谁买的房贵、谁的存款多；再到如今，开始比拼综合实力和发展潜力，谁升到了更高的职位、谁的资源人脉多、谁的学历高，谁拥有更大的发展潜力、谁的孩子学习成绩好，等等。结婚酒、生日宴、满月酒、庆功酒、谢师宴、升学宴，越来越多的人情往来，都成了攀比的平台。长期居住在农村的部分群众，心胸和格局有限，见不得"别家过得比自家好，别人过得比自己好"，不切实际，盲目攀比，成了制约精神文明建设的重要因素。

三是不信科学信鬼神，封建迷信活动残留严重。封建迷信一直是农村未彻底消除的不良文化。笔者认为，现在的迷信活动与封建时代相比有极大不同，但并非属于正常现象，同样需要引起高度重视。并且，在有些经济发达的农村地区，迷信活动反而愈盛。比如，有些人坚持求神拜佛，几十年如一日，已成为所谓的"精神信仰"，但依旧感觉空虚无助，真正深究其信什么，却并无答案；有些人苦恼于长期遭受折磨的病痛，不信科学而信鬼神，寄希望于"神灵消灾"而使身体越来越差，贻误治疗时机；有些人在农村创办企业，每逢初一、十五便烧香祈福，甚至邀请"大师作法"，以此保佑生意兴隆、财源滚滚；有些人为孩子考学报志愿，也要叩问"神灵指示"，挑选一个好的方位，等等。这些封建迷信活动，属于中华传统文化中的糟粕，是需要摒弃的封建遗产，严重影响着乡村振兴战略在农村的深入、全面实施。

四是黄赌毒等陋俗文化在部分农村还存在。笔者所在的郑州市，已经是一座比较发达的新兴大城市，但是不良的粗俗文化屡见不鲜。例如，即使在郑州城中村，每逢亲人逝世，总有"摆台对垒"的不良习俗。一台是正常演出的戏剧，台下观众寥寥无几；另一台则是穿着暴露、浓妆艳抹的劲爆表演，甚至有脱衣舞、黄色语言、粗俗动作等，吸引无数观众驻足叫好，那响彻云霄、绵延至次日凌晨的动感音乐全然不顾周边居民的生活。关于赌，更是在中国很多农村盛行。梦想一夜暴富、期待天上掉馅饼、寄希望于不劳而获，如此种种，换来的大都是财富梦破碎，省吃俭用积攒多年的财富化为泡沫，更有甚者家破人亡，甚至部分人沦落为游手好闲、危害治安、人人避而远之的农村"边缘者"。这都是农村赌博之风带来的后果。至于毒品，已经渗入中国的不少农村，在农村不同程度存在，严重威胁着人民群众的生命安全和当地的平安建设。总之，黄赌毒是必须持之以恒铲除的社会毒瘤。

五是部分农民身上存在好吃懒做、眼高手低、游手好闲的不良风气。党的十八大以后，国家坚持共同富裕路上"一个都不能少"的原则，把所有的贫困户、贫困村、贫困地区纳入脱贫攻坚的重点对象，并且实现了全部脱贫。如今已进入巩固拓展脱贫攻坚成果与乡村振兴有效衔接期，将防返贫监测、帮扶的对象扩展到全体农村居民，从养老、教育、医疗等多重角度解决群众的后顾之忧。然而，从这几年的实践中不难发现，个别群众存在坐享其成的心态，依然"好吃懒做不干活，眼高手低爱吹牛"，终日满足于基本的低保温饱，游手好闲，无所事事，惶惶度日，其中不乏具备劳动能力的青壮年。他们不种地、不打工、不娶妻，吃不得一点苦，受不了一点罪，听不得一点劝，不承担养老义务，有点钱就挥霍享受，没有钱就拆东墙补西墙，成了大家眼中的"农村懒汉"。这与中国文化中"勤劳致富"的理念、与"扶贫先扶志"的初心、与乡村振兴的时代要求，格格不入。

以上五个方面的农村不良文化，既有历史传承的因素，也有现代发展的因素。不良文化属于农村发展的阴暗角落，对农业农村发展造成了极大困扰，不同程度地阻碍着农村的发展，干扰着"三农"工作的开展，阻碍着基层的重要工作，例如人居环境整治、乡村振兴、"五星"支部创建，等等。

要彻底消除这些农村不良文化，不能一蹴而就，不能短期突击，不能急于求成，需要我们顶层设计、统筹规划，需要我们持之以恒、久久为功，更需要我们培育优秀的、先进的、包容的农村文化。在这方面，新乡贤文化可以发挥潜移默化的影响和助推作用。

第一，新乡贤文化的特质决定了它与农村不良文化格格不入，它在驱逐农村不良文化影响方面具有"先天优势"。新乡贤文化作为一种近几年愈加成熟的先进文化，它继承了传统文化的优秀基因，适应了新时代新形势的最新要求，符合文化自信的发展方向，它具备的先进性特质就决定了与其他不良文化的针锋相对、"水火不容"。从文化生存发展的理论角度看，农村的文化空间是一定的，一种文化的发展必然挤占其他文化的生存空间，尤其是先进文化可以实现对不良文化的驱逐和替代。因此，我们要增强"阵地意识"，加快培育新乡贤文化，挤占农村不良文化的活动舞台，压缩不良文化的生存空间，缩减其受众，减轻其影响，直至实现对其的完全驱逐。

第二，新乡贤文化的培育，可以与党委政府自上而下移风易俗的努力相互配合、相得益彰。当前，党委政府高度关注农村不良文化的负面影响，采取了一系列措施，出台了一系列规定，做出了一系列尝试，自上而下同农村不良文化"宣战"。事实上，靠单纯的一纸规定去消除农村不良文化影响，其效果是暂时的、有限的。经过课题组在多个农村的观察和对比，就实践效果来看，新乡贤群体相对庞大、新乡贤文化相对浓郁的农村，落实和取得的效果更为明显一些。可以说，新乡贤文化培育的效果，和农村接受新风俗新文化的效果基本上是成正比的。由此可见，新乡贤文化的作用发挥，有助于提升党委政府驱逐农村不良文化的政策实施效果。

第三，新乡贤的独特作用可以为农村优秀文化注入新鲜血液。新乡贤是一个有素质、有能力、有资源、有情怀的群体，是一股积极向上、充满希望的力量。新乡贤在物质方面对农村的投入、在文明理念传播方面对农村的覆盖、在示范带动方面对农村的引领、在道德情操方面对农村的影响，都会在很大程度上帮助农村改变面貌、帮助农民提升修养、帮助群众就业创业，以抑制不良文化在农村的扩散，助力农村养成更富时代性、更具先进性的社会主义优秀文化，以更加昂扬的姿态和更为深厚的底蕴大踏步走上乡村全面振兴的康庄大道。

基于以上重要意义，社会各界尤其是各级党委政府应进一步加强对新乡贤文化培育的关注、指导和扶持，以越来越成熟的新乡贤文化驱逐农村不良文化影响，为农业农村现代化营造良好的文化环境，提供强大的精神力量。

（四）新乡贤文化培育能巩固党在农村的执政地位，健全自治、法治与德治相结合的乡村治理体系

中国共产党是世界上最大的执政党，是一个有着一百余年历史的大党、强党。执政党、大党、强党的特征，从党内各种统计数据显示出的党员规模便可窥见一斑。根据2022年最新公布的党内统计公报显示，截至2021年底，党员总数为9671.2万名，基层组织有493.6万个。根据农业、农村、农民的相关数据显示，全国有"农牧渔民"类党员2592.3万名，全国491129个行政村已建立党组织，覆盖率超过99.9%。农村党员的数量和农村党组织的规模，进一步彰显了党在农村的执政地位和执政基础。同时，近些年来，国家走向富强，日益走近世界舞台中心，实现大国崛起，满足了全民的自豪感和自信心；民族走向复兴，迎来了民族复兴不可逆转的历史进程，进一步提高了民族向心力和凝聚力；人民走向富裕，脱贫攻坚的伟大胜利、小康社会的全面建成、乡村振兴战略的大力实施，使得人民对美好生活的向往一步步变成现实。如此种种，都带来了农村地区面貌的极大改变和农民精神面貌的焕然一新，极大夯实了党在农村基层的执政基础，加强了党的执政能力，巩固了党在农村的执政地位。

然而，虽然中国共产党的执政地位具有不容置疑的合法性，是历史的选择、人民的选择，但是必须清醒地认识到，这种合法性不是一成不变的。基础不牢，地动山摇。如果执政基础不断被削弱，执政地位就会受到挑战，甚至会面临亡党亡国的危险。东欧剧变、苏联解体的悲剧时时刻刻警示我们，要不断加强党的执政基础、巩固党在基层的执政地位。中国的现实国情是，农村大，农民多，农业基础薄弱，广大农村的基层治理水平还急需提高，与城市相比还具有较大的发展差距。要想巩固党在农村的执政地位，就必须将目光下移，重点关注农业、农村、农民，重点解决农村群众急难愁盼的问题，重点解决发展不平衡不充分的问题，切实夯实根基，打牢基础，密切党群关系，增强鱼水之情。正如党的二十大报告指出的那样："全面建设社会主义现代化国家，最艰巨

最繁重的任务依然在农村。"[1]

在新形势新任务新要求下，新乡贤近年来在巩固党在农村的执政地位、健全乡村治理体系方面，发挥着越来越大的作用，愈发显示出其重要性。

首先，新乡贤投资兴业带来了就业岗位，直接增加了群众的就业机会，提高了群众收入。习近平总书记和党中央、国务院多次强调，就业是民生之本，是发展之基，是当前我国最大的民生。党的二十大报告再次明确强调"实施就业优先战略"，指出"就业是最基本的民生。强化就业优先政策，健全就业促进机制，促进高质量充分就业"[2]。在当前新冠疫情持续肆虐的背景下，就业机会更是弥足珍贵，充分就业已经成为社会稳定的重要保证。不少村民更是对合适的就业机会望眼欲穿。作为人力资源大省的河南近年来如火如荼开展"人人持证，技能河南"计划，就是从多方面为农村居民就业创业打好基本功，提供有力支撑，实践中取得了不错的效果。

新乡贤群体中，有一大部分是具有雄厚实力的企业家、高级管理人员等，他们与生之养之的村庄保持着密切联系，有着天然感情，通过公开招募、介绍推荐、工程承包等方式，吸引不少村民前去打工挣钱、就业发展。这也正是我们日常生活中常常谈到的"投奔"，是最为常见的新乡贤作用发挥渠道。这样的做法，既解决了企业的用工需求，又直接增加了群众的就业机会，真正提高了群众收入，满足了群众的生存发展需求，提高了广大群众的安全感和获得感，进一步稳住了人心、赢得了民意，为社会和谐稳定奠定了坚实的群众基础。

其次，新乡贤返乡创业进一步带动了乡村的经济发展，提高了农村集体经济的发展水平和广大群众的生活水平。当前，不少纵横于工商界

---

[1] 本书编写组编著《党的二十大报告学习辅导百问》，党建读物出版社，2022，第23页。

[2] 本书编写组编著《党的二十大报告学习辅导百问》，党建读物出版社，2022，第36页。

的新乡贤，将投资创业的目光聚集到了农村，将投资注册地区选择在了相对比较熟悉的"老家"。新乡贤返乡创业，有诸多优势和好处：第一，可以直接助力当地的经济发展，增加企业数量，提升经济指标；第二，可以就近带来就业机会，增加就业人数，助力民生稳定；第三，可以通过流转土地、入股分红等形式，帮助群众和村集体获得地租收益和分红受益，进一步壮大集体经济；第四，可以凸显农村土地价值，形成投资创业的示范带动作用，吸引更多企业前来注册、发展，以至于形成产业园、集聚区等集聚、规模发展效应；第五，可以带来充足、稳定的人流，有工人上班、洽谈协商、运输物流等庞大人群，就可以促使当地村民通过从事各种生意发家致富，如开饭店、开洗浴中心、开理发店、卖水果、卖蔬菜、卖早餐，等等。正因为如此，新乡贤返乡创业已经成为地方政府大力倡导和积极促成的合作形式。

调研发现，洛阳市委市政府将乡村振兴定为全市三大重点工作之一（其他两个是产业升级、城市提质），于2022年在全市范围大力推行、全面推进乡村振兴"151"工作举措，即守住"一条底线"、突出"五个抓手"、强化"一项保障"。其中这条"底线"是防止规模性返贫，这项"保障"是党的领导、党建引领。我们重点看一下"五个抓手"，即以"三清两建"为抓手推进乡村治理，以"乡贤返乡创业"为抓手发展乡村产业，以乡村运营为抓手推进乡村建设，以集镇建设为抓手促进城乡融合发展，以"三变"改革为抓手激发乡村发展活力。其中，通过大力推动"乡贤返乡创业"来发展乡村产业，起到了良好作用。各县区普遍摸排政、商、学等各类乡贤几千人，建立乡贤数据库，召开乡贤联谊会，评选优秀乡贤，宣传乡贤创业先进事迹，等等。同时，洛阳建立了乡贤返乡创业的完善推进机制，坚持"一月一调度、一季一排名、半年一观摩、一年一总结"，充分显现了乡贤返乡创业的巨大效应和新乡贤的巨大能量。

再次，新乡贤参与乡村运营，进一步盘活了乡村资源，凸显了乡村价值，激发了乡村活力。乡村运营是在江浙等南方发达地区的农村率先探索出的乡村振兴有效路径，也就是通过对乡村进行市场化运营，将"政府输血"转变为"乡村造血"、将"美丽资源"转变为"美丽产业"、将"美丽乡村"转变为"美丽经济"的创新实践，实现乡村的土地优势、生态优势、资源优势转化为市场优势、经济优势、发展优势，最终实现乡村振兴，促进共同富裕。由此来看，乡村运营对于不少农村，尤其是内地偏远农村来说是个"新鲜事"，对于很多农民来说是个"技术活"，需要有专业的运营团队，更需要有兼具才能学历、广阔视野、资源关系、资金实力等优势的新乡贤的参与。

新乡贤参与乡村运营具有不可替代的优势，主要表现在以下几个方面：一是新乡贤见多识广，具有良好的市场意识和敏锐的市场眼光，能把握好市场风向；二是新乡贤比一般村民知识更丰富，接受新思想、新事物的能力更强，意愿更强烈，主动性更大；三是新乡贤较之运营商，对本村历史文化、资源禀赋和周边形势等有着更为熟悉的了解；四是新乡贤对本村运营和长远发展有真挚的感情和美好的期待，容易用心、用情、用力投入；五是新乡贤资金实力和人脉关系较好，有些会直接参与乡村运营的业态分布，主动引进运营项目。在调研中发现，不少乡村的产业运营项目都是由本土乡贤或外地乡贤投资运营的，在获得收益回报的同时，也为村庄发展做出了贡献。例如，近年在不少美丽乡村或特色目的地出现的比较火爆的亲子无动力游乐园，弥补了乡村运营的业态空白，适应了常态化疫情防控下的近郊游趋势，已经历市场考验，广受市场欢迎。而这些无动力游乐园，不少都是由新乡贤投资引进、管理运营的。

最后，新乡贤积极参与基层治理，推动了社会主义核心价值体系在农村落地生根，进一步健全了自治、法治与德治相结合的乡村治理体系，提升了基层治理能力和水平，极大增强了广大农村群众的安全感、幸福感和获得感。自古以来，乡贤都积极参与基层治理。"乡村的治理从古至今都离不开乡贤在其中所起的作用，如今的新乡贤应在促进自身发展的同时，积极参与乡村协同治理，在其中起到'帮、扶、带'的作用，发挥'喉舌'和'解压器'功能，成为民众与外界的桥梁，引导人们团结互助，形成合力，巩固党的执政之基。"[1] 现在，乡村治理体系是国家治理体系的重要组成部分，是我国治理体系中最基本的治理单元，更是推进乡村振兴战略落地生根的基石。新乡贤，尤其是长期居住在农村、扎根在基层的乡贤，有着参与基层治理的巨大优势，事实证明也确实发挥了有效作用。第一，长期居住在农村的新乡贤，不少都退休赋闲在家，往往拥有充裕的时间，为其参与农村治理提供了基本条件。第二，新乡贤一般拥有一定的社会地位和较为中立的"中间人"身份，在调解基层矛盾、助力平安建设方面作用明显。第三，从商务工的新乡贤，不少人会自发或响应政府号召向农村捐款、捐物，为农村发展出谋划策、出钱出力。例如，在农村较为常见的各种类型的"希望小学"，不少都是新乡贤投资捐建的。第四，新乡贤较为高尚的道德情操和无私的奉献精神，都在无形中成为引领村庄发展的"无形资产"，潜移默化地影响着村民的思维方式和行为方式，推动社会主义核心价值体系在农村扎根。如此种种，都更加健全了自治、法治和德治相结合的乡村治理体系，弘扬了社会正气和文明新风，促进了乡村善治。

在这方面，在地新乡贤与在外新乡贤均能发挥良好作用。就本土乡贤来看，其参与基层治理的方式更直接。例如，四川省雅安市汉源县永利彝族乡，高度重视新乡贤工作，积极鼓励新乡贤行使人民当家作主的权利、直接参与农村治理。在乡村治理的过程中，乡贤群体已成为当地引领乡村文明建设、推动乡村振兴的重要力量。永利彝族乡将有能力、有见识的乡贤纳入村民议事会等组织，帮助村"两委"共同管理村务，使其参与、融入基层管理中，充分弘扬乡贤文化精神。这一行动，有效提升了农村的基层治理水平，促进了乡村经济发展，夯实了党在农村的执政基础。

在外新乡贤虽不在本乡本土，但其在这方面发挥的作用不容小觑。在外新乡贤以其对家乡的真挚情怀，以其真金白银的实际付出，以其奉

---

[1] 汪荣：《论创新乡贤文化，推动乡村善治研究》，《北京印刷学院学报》2019年第10期。

献社会的高尚情操，以其独特的个人影响力，传播和践行了社会主义核心价值观，成为自治、法治与德治相结合的乡村治理体系中的重要一环，极大增强了农村广大群众的安全感、幸福感和获得感，满足了大家对美好生活的更高追求。

综上所述，新乡贤文化的积极培育和新乡贤群体的深度参与，可以有效为群众创造就业岗位，直接增加就业机会提高群众收入；可以显著带动乡村经济发展，壮大农村集体经济规模，促进社会主义现代化新农村建设；可以进一步盘活乡村资源，凸显乡村价值，激发乡村活力；可以助力基层治理现代化，健全自治、法治与德治相结合的乡村治理体系。这些作用的综合发挥，促进了农业更强、农村更美、农民更富，从物质和精神的双重维度满足了人民群众对美好生活的向往，推动了共同富裕在农村取得实质性进展，使自治、法治和德治同向发力，增强了基层群众的安全感、幸福感和获得感，赢得了民心，最终夯实了基层基础，巩固了党在农村的执政地位。

党的二十大为我们全面建设社会主义现代化国家、全面推进中华民族伟大复兴提出了政治宣言和行动纲领。在向第二个百年奋斗目标进军的新的时代背景下，面对乡村振兴乃至民族复兴的史无前例的机遇、任务和挑战，新乡贤文化培育愈发显示出越来越显著的重要意义。新乡贤文化培育的重要性，集中体现在能促进乡村振兴战略落到实处；能为坚定文化自信提供传统文化支撑，促进社会主义核心价值观在农村落地生根；能驱逐农村不良文化影响；能巩固党在农村的执政地位，健全自治、法治与德治相结合的乡村治理体系。

二、乡村振兴背景下新乡贤文化培育的迫切性

当前，新乡贤文化培育，既有其重要性，又有其迫切性。这种迫切性，主要表现在三个方面：一是作为近些年刚兴起的新型农村文化，新乡贤文化尚处于初始发展阶段，迫切需要扶持和培育；二是处于转型期的农村出现了治理困境，迫切需要新乡贤参与治理；三是加快实现农业农村现代化是重大政治任务，迫切需要新乡贤的全面深度参与。这些都

充分彰显了新乡贤文化培育的必要性和紧迫性。

（一）新乡贤文化处于初始发展阶段，迫切需要扶持和培育

新乡贤文化是在新的时代背景下，因应新形势、新要求、新任务而产生的一种有别于传统乡贤文化的新的文化类型，是近些年刚兴起的新型农村文化，尚处于初始发展阶段。处于初始发展阶段的基本情况，就决定了其迫切需要党委、政府、社会、个人等的大力扶持和精心培育。

首先，越是在一个新生事物发展的初期，越是迫切需要扶持和培育。根据马克思主义发展观，新生事物符合客观规律，克服了旧事物中消极、过时和腐朽的东西，并增添了旧事物中所没有的更富时代性的先进内容，具有强大的生命力和光明的发展前途。但同时，事物发展的道路是曲折的，不可能一帆风顺，会经历一个由小到大、由弱到强的过程。这样的特性就决定了新生事物在发展初期迫切需要被高度重视、积极扶持。

新乡贤文化是在新的时代背景下对传统乡贤文化批判继承的基础上出现的，符合文化发展演进的客观规律，符合乡村振兴的客观要求，符合社会进步的发展方向。同时，新乡贤文化具有生存发展的良好土壤，在不少地区已经发挥出了良好的综合效应，被实践证明是积极向上、有广阔发展前景的先进文化。作为新生事物的新乡贤文化，在现在的发展状况下，既是蓬勃向上的，又是相对脆弱的。尤其是新乡贤是一个相对松散自发的群体，分布的领域和地域不尽相同，年龄的跨度和差别相对较大，对家乡的信息获取并不完全对等、准确、全面，这就需要各级党委和政府从中联络聚合，搭建平台，整合力量，各尽其才；需要社会各界营造良好的舆论氛围，形成新乡贤助力乡村振兴的良好环境；需要可持续的体制机制的构建，加强准入和退出政策设计引导，并根据形势任务变化做出调整完善，等等。只有这样，才能在现有基础上将新乡贤文化培育壮大起来，才能确保新乡贤文化在乡村振兴的时代机遇和民族复兴的时代大潮中发挥更大作用，闪耀熠熠光辉。

其次，新乡贤文化在发展初期面临一些新的挑战和问题，迫切需要关注和解决，以保证其健康快速地成长壮大。在近些年的新乡贤文化发展过程中，虽然主体是健康、有序、积极的，展示出了新生事物的强大

生命力，但其面临的问题也需要党委政府和社会各界予以高度关注和解决，予以适当干预和引导。就笔者的调研和观察来看，现在的新乡贤在作用发挥方面还存在一些突出问题急需各方共同解决：

一是新乡贤在农村的道德示范、引领和辐射作用并未充分发挥出来。以高尚的道德情操为村民做出表率，起到示范引领作用，引导广大农民向着新型农民的目标迈进，进一步实现农民现代化，这是新乡贤应该发挥的重要作用。但目前，部分新乡贤只将目光和精力集中在经济发展上，存在重经济建设、轻精神文明建设的现象。同时，新乡贤群体在道德示范引领方面的作用发挥程度参差不齐，质量不一，需要引导。

二是新乡贤的作用发挥渠道需要进一步畅通。对于传统乡贤来说，血缘和家族是维系传统乡贤发挥作用的重要纽带。这个纽带确保传统乡贤参与农村事务或家族事物的渠道畅通和作用有效发挥，也是乡贤文化持续延绵的现实基础。现如今，社会更加复杂多元，人员流动速度更快，农村传统的血缘观念、家族观念日趋淡化，乡贤在更大范围、更深层次发挥作用并不太容易。课题组在基层进行了长期调研发现，新乡贤服务奉献的渠道在不少地方尚未打通，参与社会事务和基层治理的机会并不多，服务渠道单一，作用发挥效果不佳。

三是部分新乡贤由于个人认识、社会氛围等的影响，导致主观能动性不强，积极性和自觉性并未被唤醒，对于乡村振兴持"局外人"的旁观态度。一些退休赋闲在农村的准乡贤，虽然属于所谓的"在场"状态，但只是住进了乡村这个地理空间，热衷于过"隐居"生活，两耳不闻村庄事，一心只过逍遥日，自娱自乐，并没有融入乡村，治理乡村的使命感和主动性不强。

四是新乡贤群体素质和能力参差不齐，在能力整合、资源整合、智慧整合上还存在短板。例如，2021年11月汉源县永利彝族乡人民政府在其官网发布的《"新乡贤"工作开展情况面临困难及对策建议》显示，新乡贤在年龄、学历方面参差不齐，受此制约，新乡贤在参与村"两委"村务管理时难免会产生不同的分歧，在永利彝族乡，年龄最大的新乡贤人士已经78岁了。

五是新乡贤作用发挥激励机制尚不健全,这就从体制机制的角度挫伤了新乡贤的积极性。"传统的乡贤激励机制的缺失不利于吸引更多的乡贤参与乡村建设,不能有效地激励乡贤在乡村振兴中发挥潜能。这与让新乡贤在乡村建设过程中带动农村精神文明和经济建设、引领乡村建设等目标相距甚远,不符合现代乡贤文化发展的要求。"[1]激励机制的缺失,不利于培养新乡贤适度的自豪感、荣誉感和成就感,不利于新乡贤群体效应的持续发挥,不利于新乡贤文化的培育和良性发展。

以上这些问题,有的是主观方面原因造成的,有的是客观方面原因造成的。亟须党委政府和社会各界多管齐下,及早干预和扶持,助力新乡贤群体快速健康壮大,助力新乡贤作用持续全面发挥,助力新乡贤文化积极良好培育。

(二)转型期农村出现治理困境,迫切需要新乡贤参与治理

在现代化建设如火如荼的今天,在乡村振兴全面推进的当下,广大农村正立足于全面建成小康社会进而实现华丽转型。但往往转型期就是阵痛期,不少农村面临的治理困境和出现的治理难题,迫切需要新乡贤参与应对和解决。正像梁漱溟先生所说"乡村问题的解决,第一固然要靠乡村人为主力;第二亦必须靠有知识、有眼光、有新的方法、新的技术(这些都是乡村人所没有的)的人与他合起来,方能解决问题"[2]。在这里,梁漱溟先生强调人特别是"能人"在乡村建设中的作用。同样,在今天,要解决乡村面临的问题,就要确立村民的主体性地位,在引进高人、引回亲人、引来新人的基础上,发挥作为德才兼备的"能人"——新乡贤的重大作用。

1. 乡村精英人才流失严重,亟须新乡贤回归

目前,北上广深等一线城市、省会城市、国家中心城市等成为吸引乡村精英人才落户发展的主要城市。与之相反,广大的乡村,人才流失

---

[1] 邓坚:《乡村振兴战略背景下新乡贤文化建设的困境与途径》,《学术论坛》2018年第3期。

[2] 梁漱溟:《乡村建设理论》,上海人民出版社,2011,第199页。

特别严重,精英人才更是向外流走。究其原因,无外有二。一是我国依然处于城市化发展的迅猛阶段,工业化、信息化发展的方向依然在重要城市,优质教育、医疗等资源的核心聚集地依然在重要城市。因此,大城市对于乡村精英人才的"虹吸效应"是不可避免的现代化建设的规律,这是需要正视的、短期内无法改变的社会现实。二是城乡融合发展虽是大势所趋,但依然需要一个长期的过程。目前,受城乡二元结构所限,广大农村依然是我国发展速度慢、发展程度低、发展配套缺的薄弱地带。"人往高处走,水往低处流"是自古之理、人之常情,是乡村精英人才无可厚非的正常选择。在大部分乡村精英的认识里,"发挥余热""力所能及"参与和帮助乡村建设是愿意的,但如果全情投入、全职投入恐怕就要"三思而后行"了。乡村精英人才的严重流失,造成乡村建设精干力量的空缺。谁来占领农村这个阵地?这亟须新乡贤的回归,亟须新乡贤群体作用的发挥,亟须新乡贤文化的培育。

2. 乡村治理内容复杂多元,亟须新乡贤参与治理

如今的乡村治理内容,与传统社会相比更加完整全面,与新中国成立初期相比更加复杂多样,甚至与几十年前、十几年前相比也更加严峻多元。一方面,随着时代的发展变化,人民对美好生活的需求更加多样,标准更高、要求更严、期待更多,这就给当今的乡村治理带来了更多的任务。另一方面,在推进国家治理体系和治理能力现代化的大背景下,现在的基层也由管理向治理转变、由他治向自治转变。就拿不可避免会出现的基层矛盾来讲,已经不能像过去一样单纯依靠压力传导去管控,而是需要有更加高超的统筹思考和方法手段去解决,最好是化解于萌芽状态。

单纯从乡村治理的内容来看,更能体会出其复杂性、多元化。课题组成员曾在基层乡镇和农村蹲点调研,对于这点有切身感受。如今的基层乡村治理,既要求面面俱到,一个都不能落下,又要求把握重点,集中力量出亮点,还要求守好底线,不能出现底线性的问题。综合来看,涉及的乡村治理内容有人居环境的持续改善、基层矛盾的就地化解、集体经济的发展壮大、人民收入的不断增加、文化生活的丰富多彩、平安

建设的持久巩固、疫情防控的常态开展、党建引领的更加有力、文明创建的更高要求、"三农"工作的重点发力、乡村运营的积极探索，等等。

这么多的乡村治理内容，每一项都是又专又精，远不是一个村支书或几个"两委"干部就能应对和处理好的。这就亟须广大新乡贤的有效参与，需要他们发挥平生所学和丰富经验，有针对性地参与进来，有实效性地融入进去。

3. 乡村治理主体低效能，亟须乡贤参与和融入

虽然近几年国家做了大量的制度安排和实践探索，有效提升了乡村治理水平。但不可否认，乡村治理主体是一个包含党委、政府、社会、公众等在内的具有不同分工的有机组成，非常复杂。正如清华大学高其才教授强调的，乡村治理主体类型多样，各有特色，"乡村治理主体可以分为内部型主体、外部型主体以及内—外联合型主体三种类型。乡村治理内部型主体包括村党支部、村民委员会、村民小组、村民议事会、村民理事会、村民监事会、乡村精英（新乡贤）以及普通村民等。内部型主体是乡村治理的直接参与者，也是乡村治理规范的制定者和实施者。乡村治理外部型主体包括基层党政机关、外来企业、公益性社会组织以及外来务工经商人员等。外部型主体虽然不是乡村治理的直接参与者，但是由于这些主体可以通过行政管理、投资、社会服务等方式作用于乡村治理，在很大程度上已经成为乡村治理中的重要力量。内—外联合型主体主要指通过资本、自然资源等媒介联结乡村内、外主体而形成的共同治理力量，其中以'企业＋农户'性质的专业合作社为典型"[1]。

可见，乡村治理内容复杂多元，乡村治理主体同样也是复杂多元的。这就决定了其利弊共存的现实特征。有利的地方自然有目共睹，参与的主体多了，相对力量就强大了，资源就丰富了，影响就扩大了。但不利的地方仍需高度关注。总而言之，复杂多元的主体，容易造成治理的低效能。例如，不少农村地区的社会治理，依然采用传统的方法，对高技

---

[1] 高其才：《健全自治法治德治相结合的乡村治理体系》，《光明日报》2019年2月26日。

术和信息化手段利用不够，导致效率低下；不少农村地区的治理主体，主动谋划的意识不强，统筹协调的能力不够，只追求被动完成上级交办的任务，导致基层治理机械模仿多，创新动作少；还有一些农村地区的治理主体，"十只手指弹钢琴"的方法不会、综合平衡的能力不强、兼顾大局的观念不足，面对治理内容的复杂多样，容易顾此失彼，手足无措，轻重缓急不分，最终影响治理效能的综合提升，等等。

乡村治理主体的低效能，严重制约乡村各项事业的发展，迟滞了乡村振兴大战略的推进，影响了基层治理现代化的提升，亟须新乡贤力量的参与和融入。

4."伪乡贤"粉墨登场，亟须"真乡贤"清理门户

当前，乘着新乡贤文化培育的时代东风，越来越多的新乡贤将目光投向广袤的农村，这本是好事。但与此同时，一些"伪乡贤"也披着"新乡贤"善良的外衣粉墨登场，不仅没有为家乡发展做出贡献，反而损公肥私，迟滞了当地乡村振兴战略的深入实施，并且败坏了新乡贤形象，严重妨碍了新乡贤文化的培育。

那么，什么样的乡贤算是"伪乡贤"呢？根据近些年各地出现的情况看，以下这些"伪乡贤"类型需要引起注意：

一是初心不端，目的不纯，只是妄图在乡村振兴中牟取私利，并未将乡村发展和村民致富视为己任。他们看到了乡村振兴战略背景下的乡村发展机遇，企图从中捞一桶金，全然没有兴村富农的使命感和造福乡梓的自觉性。换句话讲，从"入场"的那一刻起，就注定了其"伪乡贤"的本质。

二是不能正确对待和利用手中权力，不能遵纪守法，反而触碰党纪和国法底线，损害了党和政府在基层的公信力。"伪乡贤"参与社会事务和基层治理，却不能保持敬畏之心，不能严格遵守各项纪律规矩，不能坚守底线抵御诱惑，其行为对新乡贤形象带来了负面影响，不利于新乡贤文化培育。

三是不能公道正派处事，甚至造谣生事、制造矛盾、结党营私，有些竟然利用其影响力演变为"乡霸""村霸"，为害一方。这样的状况在

个别地区有所存在，需要引起高度重视。

四是缺乏长远眼光，只求眼前利益和短期政绩，对乡村建设缺乏长期性规划和战略性思考，过度开发和消耗乡村资源。这类"伪乡贤"往往以自我为中心，将眼前利益看得过重，思考工作不深，谋划工作不足，容易"透支"乡村资源禀赋，不利于乡村振兴的可持续推进。

五是不能正确处理与基层政府和村"两委"的关系，利用所谓的乡贤身份和人脉资源向基层施加压力，从而达到个人目的。这类"伪乡贤"并未摆正自身定位，单纯因为基层政府和村庄"有求于"他们，觉得自己有资源、有"本事"，而洋洋自得，无法有效处多方关系，不能为新乡贤文化培育创造和谐稳定的社会环境。

六是无才无德空有乡贤身份，或有才无德根本无法服人，无法和广大群众打成一片，无法获得群众认可，不利于密切党群关系，容易动摇党在基层的执政基础。群众路线是党的根本政治路线，以人民为中心是我们在乡村振兴中应该坚持的价值导向。部分"伪乡贤"没有这样的认识高度，坚持不了这样的人民立场，就会损害党群关系的发展，削弱党执政的群众基础。

基于以上分析可以发现，"伪乡贤"的出现，会损害新乡贤事业的发展，抹黑新乡贤的形象，打击群众的积极性，需要引起高度重视，需要及时有效清除，需要富有初心和责任感的、具有能力和资源的"新乡贤"清理门户，占领阵地。

（三）实现农业农村现代化，迫切需要新乡贤全面深度参与

进入新时代以来，以习近平同志为核心的党中央胸怀中华民族伟大复兴战略全局和世界百年未有之大变局，探寻中国共产党人的初心和使命，列出了社会主义现代化建设的时间表和民族复兴的路线图。同时，结合"三农"工作，将脱贫攻坚和乡村振兴作为民族复兴的基础工程和必备工程抓早、抓细、抓实，实现了乡村振兴与社会主义现代化在目标、节奏和力度上的同频共振。全面建成小康社会后，党中央便以极高的政治担当和长远的前瞻眼光，设计了社会主义现代化建设两步走的战略目标，那就是到二〇三五年，基本实现社会主义现代化；到二〇五〇年，

建成富强、民主、文明、和谐、美丽的社会主义现代化强国。这个强国，必须是五大文明全面提升的强国，必须做到社会治理体系和治理能力现代化，必须是基本实现共同富裕的强国，必须是领先世界的强国，必须是人民幸福民族振兴的强国。

同时，党中央实现了乡村振兴与社会主义现代化在目标、节奏和力度上的同频共振。根据党中央、国务院的战略安排，未来几年要把乡村建设摆在社会主义现代化建设的重要位置，力争到二〇三五年，乡村全面振兴取得决定性进展，农业农村现代化基本实现；到二〇五〇年，乡村实现全面振兴，农业强、农村美、农民富全面实现。

社会主义现代化，离不开农业农村现代化，或者讲，接下来的中国式现代化之路，需要重点补齐"农业农村现代化"这个短板、下足"农业农村现代化"这个功夫、做好"农业农村现代化"这篇大文章。同时，农业农村现代化也是乡村振兴的题中应有之意，是"三农"工作的优先发展方针。从这个角度来讲，实现农业农村现代化，事关乡村振兴，事关社会主义现代化，事关中华民族伟大复兴。2021年的中央一号文件强调要"举全党全社会之力加快农业农村现代化，让广大农民过上更加美好的生活"，就是出于这样的战略考虑和顶层设计。党的二十大报告明确强调，要"加快建设农业现代化，扎实推动乡村产业、人才、文化、生态、组织振兴"[1]。可见，实现农业农村现代化，是实现社会主义现代化和乡村全面振兴的奠基性工程，是一项必须大力、快速推进的重大政治任务。

"举全党全社会之力"，自然离不开新乡贤的力量；"加快农业农村现代化"，自然需要新乡贤的深度参与。从某种程度上来讲，新乡贤是实现农业农村现代化不可或缺的重要群体。例如，要想加快农业农村现代化，就必须改进乡村治理，加快乡村治理体系和治理能力的现代化；就必须改革创新，注入更多的科技力量；就必须将更多的智慧、资金和

---

[1] 本书编写组编著《党的二十大报告学习辅导百问》，党建读物出版社，2022，第23页。

力量向农村倾斜,盘活乡村资源;就必须聚集更多的能人,让资源变资产、资金变股金、农民变股民;就必须加快乡村数字化建设,提升基层治理效能;就必须推进优质医疗、教育等资源进农村、入农户。这些都是新乡贤发挥自身优势的重要场域和重要机遇。

因此,实现农业农村现代化,不仅迫切需要新乡贤参与,而且需要新乡贤的全面深度参与。地方政府应整合新乡贤资源,列清新乡贤的自主意愿、优势长处、专业领域、意向岗位等基础信息,实行数据库统计、清单式管理、台账式推进,积极为新乡贤全面、深度参与农业农村现代化提供平台、政策及各种支持。这种参与,是全面的,涵盖农村教育医疗、基层治理、产业发展、智慧乡村等;这种参与,是深度的,是资源、资金、政策、人力、智慧等的倾情投入。只有这样,才能完成党中央向全国下达的政治任务,加快农业农村现代化的进程,为社会主义现代化和乡村全面振兴奠定强大基础,为民族复兴打下坚实根基。

三、乡村振兴背景下新乡贤文化培育的可能性

在新时代背景下,新乡贤文化培育,既有其重要性,又显示出迫切性。除此之外,加快推进新乡贤文化培育,使新乡贤群体更加壮大、事业快速发展、作用明显增强,与乡村振兴同行同向、同频共振,也具有多重可能性。我们可以从以下四个角度去理解这种可能性。

(一)党和政府大力倡导培育新乡贤文化

"三农"问题是中国革命、建设和改革历程中的重要问题,党历来对"三农"工作高度重视。从1982年到2022年的40年间,中央就出台了24个中央一号文件,其中,进入新世纪以来,就占了19个。这24个中央一号文件都是指导"三农"工作的,充分体现党中央、国务院驰而不息重农强农的坚定决心。尤其自党的十八大以来,以习近平同志为核心的党中央将"三农"工作置于民族复兴的战略全局中去思考和部署。为了推动"三农"工作,在全国范围打响了世界上规模最大、力度最大、成效最大的脱贫攻坚战,轰轰烈烈完成了消除绝对贫困的历史性任务,全面建成了小康社会。立足彪炳史册的重大成就,党和政府不自满、不松

懈、不停歇，迅速在全国深入实施乡村振兴战略，向着农业更强、农村更美、农民更富的更高目标奋进，并画出路线图、列出时间表，向全国人民和全世界人民做出庄严承诺，显示出不达目标不罢休的必胜决心。"举全党全社会之力"，就是党和政府坚强决心的最好诠释。正是基于这样的认识和思考，党和政府将新乡贤文化培育作为实施乡村振兴战略和开展"三农"工作的重要推手，积极支持，大力倡导，为新乡贤文化培育营造了良好的环境。

近几年，在中央一号文件中，多次强调和倡导发挥新乡贤作用，培育新乡贤文化。2015年中央一号文件在讲到"加强农村思想道德建设"时，专门强调要"创新乡贤文化，弘扬善行义举，以乡情乡愁为纽带吸引和凝聚各方人士支持家乡建设，传承乡村文明"。2017年中央一号文件在最后总结时强调："培育与社会主义核心价值观相契合、与社会主义新农村建设相适应的优良家风、文明乡风和新乡贤文化。"2018年中央一号文件强调要"鼓励社会各界投身乡村建设"，并具体指出要"建立有效激励机制，以乡情乡愁为纽带，吸引支持企业家、党政干部、专家学者、医生教师、规划师、建筑师、律师、技能人才等，通过下乡担任志愿者、投资兴业、包村包项目、行医办学、捐资捐物、法律服务等方式服务乡村振兴事业"。

在实际工作中，各级各地党委和政府出台一系列政策，采取一系列措施，召开一系列专题会议，举办一系列活动，倡导和推动新乡贤文化。例如，2021年4月，浙江省杭州市临安区出台《乡贤助推乡村振兴奖励办法（试行）》，为乡贤作用发挥提供财政支持；2021年9月，江西省吉安市永丰县三坊乡出台《关于加强新乡贤工作同心共促乡村振兴实施方案》，以进一步激活乡贤资源、凝聚乡贤智慧、汇集乡贤力量，充分发挥乡贤在实施乡村振兴战略中的积极作用；2021年12月，广西河池市巴马瑶族自治县出台《推行"乡贤理事会"社会治理模式的实施方案》，在全县推广"乡贤理事会"；2022年8月，河南省洛阳市伊川县出台《关于鼓励乡贤返乡创业的暂行办法》，从财政、金融、税费、场地、培训、完善就业保障等方面出台25条优惠政策，为乡贤返乡创业铺路搭桥，造福乡梓,等等。

综上所述,党和政府的大力倡导,为新乡贤文化培育和新乡贤作用发挥提供了巨大支持,营造了良好的政治环境。

(二)社会呼唤乡贤回归

当前,全社会都在呼唤和期盼乡贤回归,并为新乡贤返乡发展提供一系列支持,这为新乡贤文化培育提供了浓厚的社会舆论氛围。

一方面,多地实施"乡贤回归"工程,热切期盼新乡贤返回家乡、投资兴业,并取得很好的效果。例如,2021年9月,广东省吴川市欣喜地发布通告指出,当时吴川市外出务工经商人员达35万人,遍布粤、桂、琼、滇、京等20多个城市,共有驻外商会14个。基于此,吴川市狠抓乡村振兴机遇,把"打好乡贤牌"、大力实施"乡贤回归"工程、开展"添砖添彩"行动作为重要抓手,充分利用雄厚的民间资本和外出乡贤宽广的社会人脉资源,依托工商联和驻外商会,开展以商招商,善待乡贤,鼓励乡贤回乡参与推动乡村振兴。[1]据当时统计,吴川市外出企业家累计回乡投资项目58个,总投资超过110亿元,已完成投资82.2亿元,建成投产项目46个,取得了丰硕成果。

另一方面,全社会广泛营造"乡愁"文化,用情感呼唤乡贤回归。"乡愁需要大乡建,时代呼唤新乡贤。"[2]首先,课题组到多个农村地区进行实地调研,发现农村在人居环境改善和美丽乡村打造中,利用最多的就是"乡愁"文化。通过醒目标语、特色墙绘、仿古物件等,将儿时的生活场景和共同记忆"实"起来、"亮"出来,打造乡愁特色,呼唤乡贤回归。其次,不少农村都建立了"乡贤联谊会""乡贤理事会"等,通过微信形式在线联系、组团考察、举办研讨等活动,加强日常联络,进行情感关心,让乡贤及亲属时刻都能感受到家乡的温情和牵挂。最后,在整个社会的舆论宣传中,对于乡贤回归都是持正面支持态度,宣传报

---

[1] 胡倩、李君亮:《看东沟怎样做到生态、产业两兴旺》,《鄂州日报》2020年10月14日。

[2] 北京爱故乡文化发展中心著编《新时代乡贤》,中国农业出版社,2018,第21页。

道了大量优秀乡贤的先进事迹和感人故事,讲述了大量乡贤返乡创业的双赢结局。这些都为新乡贤文化培育和乡贤回归奠定良好的社会基础。"乡愁作为一种思念家乡的情感,能够唤醒新乡贤的乡土文化记忆和情怀。新乡贤文化继承并发展广泛共情的乡愁基因,能够充分发挥乡愁的情感价值,驱动新乡贤主动回归家乡,身体力行致力于乡村全方位振兴。"[1]

(三)乡贤有回归故土的乡土情结

与"政府倡导"和"社会呼唤"相呼应,新乡贤本身也具有回归故土的乡土情结。这种乡土情结,使得新乡贤与政府、社会等形成良性互动,彰显了新乡贤回归的主动性、自觉性与积极性,为新乡贤文化培育积聚了极大的内生动力。江苏宿迁新乡贤的优秀代表刘强东的心态,在很大程度上代表了目前中国各地乡贤的心态。据媒体报道:在接到担任宿迁市乡贤协会名誉会长的邀请时,刘强东十分高兴地表示:"宿迁是我的根,是我生于斯、长于斯的故乡。家乡的父老乡亲曾给予我很多无私的帮助和爱护。树高千尺也忘不了根。我会一如既往地心系这里的乡亲,回报家乡的恩情。不遗余力地为家乡发展贡献力量。"[2]

总体而言,新乡贤的乡土情结,或者说其回归故土的主动性、自觉性与积极性,可以从以下五个方面去重点理解:

第一,"衣锦还乡"的古代传统。新乡贤或功成名就,或事业有成,即使退休赋闲,也拥有丰富的社会阅历、知识储备、社会地位和人脉关系。虽然"衣锦还乡"在今天这个时代背景下的色彩不像以前那么浓烈,但依然是不能回避的一种驱动力和一种心态。

第二,"落叶归根"的传统观念。中国人自古以来就安土重迁,即使在外漂泊奋斗一辈子,晚年也想要回归故土、落叶归根,只有这样,

---

[1] 刘社瑞:《乡村振兴战略中新乡贤文化建构研究》,湖南大学出版社,2020,第83页。

[2] 江迪、许田静:《荐乡贤凝人心 留乡愁汇力量——江苏宿迁市政协"荐乡贤,留乡愁"工作小记》,《人民政协报》2017年12月27日。

才能心安。

第三,"学以致用"的人文情怀。新乡贤大都受过良好的高等教育,不少人骨子里都有学以致用、经世致用的浓厚情怀。即使退休赋闲,也希望有家乡这样的平台发挥余热,不负平生所学。

第四,乡愁记忆的时时影响。"慈母手中线,游子身上衣。"中国人在外地奋斗打拼,但大部分新乡贤的父母和亲戚都在老家。社会用乡愁文化呼唤乡贤,乡贤同样有剪不断理还乱的乡愁记忆。走得再远,也不能忘记当时为何出发,从哪里出发。

第五,投资兴业的利益驱动。不少经商务工的新乡贤,在外挣得第一桶金后,需要继续寻找土地和政策,扩大生产规模。这样,给政策、供土地、有温情的家乡自然便成了不少新乡贤的首选。

(四)悠久的乡贤文化传统、丰富的乡贤文化资源为新乡贤文化培育提供历史依据和现实资源

新乡贤文化培育的可能性,还体现在悠久的乡贤文化传统、丰富的乡贤文化资源为其提供历史依据和现实资源上。历史依据和现实资源的充分结合,进一步回答了新乡贤文化培育"为什么能"的问题。

首先,新乡贤文化是在有效继承传统乡贤文化的基础上发展起来的,具有悠久的文化传统。这为今天新乡贤文化培育提供了历史依据。"文化虽然永远在不断变动之中,但是事实上却没有任何一个民族可以一旦尽弃其文化传统而重新开始。"[1] 新乡贤文化培育是一项利在当代、功于后代的事业,是延续乡村文化脉络的重要措施。这就要求我们从传统文化中汲取养分,继承传统乡贤文化,培育新乡贤文化。而我国传统乡贤文化资源丰富,这便为新时代新乡贤文化培育提供了独特的历史文化资源优势。"乡贤通过自身品行高尚、学识渊博、清廉正直、乐善好施等言行举止,激励、引导普通乡民见贤思齐、积极向上,乡贤文化是以乡贤群体为主体的优秀文化。数千年来,从普通乡民提升自我、促进民族精神传承发扬,到本地乡村的快速建设与发展,再到国家社会的稳定与

---

[1] 余英时:《文史传统与文化重建》,生活·读书·新知三联书店,2004,第429页。

和谐，乡贤及乡贤文化都发挥了至关重要的作用。"[1]中国共产党历来高度重视中华优秀传统文化，习近平总书记强调要创造性转化、创新性发展，党中央甚至提出要复兴中华优秀传统文化，展现真正的文化自信、历史自信。党的二十大报告强调理论创新与中华优秀传统文化的结合，指出广大群众"日用而不觉"的价值观主张的重要性。作为中华传统文化重要组成部分的乡贤文化，其中展现出的高尚品德、家国情怀、遵规自律、乐于奉献等文化品质，是宝贵的精神基因。乡贤文化为传统中国的社会稳定、民众教化、文化传承、乡村治理等做出了巨大贡献，经受住了历史长河的考验。这些都为在新的时代背景下培育新乡贤文化提供了历史依据和重要基础。

其次，近些年各地开展的新乡贤工作的成功实践和积攒的丰富文化资源，为新乡贤文化培育提供了重要的现实资源。这些现实资源可以分为两种：物质类文化资源和精神类文化资源。物质类文化资源是一种有形的、看得见的资源类型，如新乡贤的故居老宅、宗庙祠堂、学术著述、书画作品，等等。精神类文化资源是一种无形的、看不见却能影响深远的资源类型，比如催人泪下的贤德故事、催人奋进的求学经历、追求先进的思想主张等。在全国各地，这样的文化资源是丰富的，需要进一步整合、利用。越来越丰富的新乡贤文化资源，为培育新乡贤文化提供了愈发厚重的现实资源。

---

[1] 刘社瑞：《乡村振兴战略中新乡贤文化建构研究》，湖南大学出版社，2020，第51页。

第二章 乡村振兴背景下新乡贤文化培育取得的成就、面临的障碍及其成因

自2016年全国两会提出"新乡贤文化"概念至今已经7年有余，新乡贤文化在乡村振兴中的作用也越来越突出。培育具有时代精神和地方特色的新乡贤文化，既是弘扬优秀传统文化的必然，又是基层社会治理的必须。农村各地区在培育新乡贤文化方面做了很多有益探索，不少地方取得明显成效，值得我们广而告之、学习借鉴。但毋庸置疑的是，在新乡贤文化培育中还面临很多障碍因素，更需要我们牢固树立问题意识，认真梳理和反思存在的问题及其成因，以便清除障碍，促进新乡贤文化培育顺利进行。

一、乡村振兴背景下新乡贤文化培育取得的成就

在新的时代背景下，面对乡村治理的困境，新乡贤文化承古创新，为新农村文化建设注入了新的活力，不少地区的新乡贤文化培育蔚然成风，新乡贤日益成为乡村振兴的骨干力量，新乡贤文化培育取得了不少成就。

（一）乡村振兴背景下新乡贤文化得到社会各界的广泛关注

新乡贤文化立足乡土，是新时代农村文化的有机组成部分，是贴近农民、服务农民的文化力量；新乡贤文化是改变农村文化风貌的重要手段，是助力乡村振兴、统筹城乡发展的文化载体。随着新乡贤群体作用的发挥，新乡贤文化的价值彰显和实现路径等受到了社会各方面的广泛关注。

首先，各级党委和政府高度重视新乡贤文化培育工作，将培育新乡贤文化作为乡村文化建设的重要内容，引导新乡贤、激励新乡贤、发挥新乡贤作用也已成为乡村人才振兴的重中之重。连续多年的"中央一号文件"都提到加强乡村人才队伍建设，均包含加强新乡贤文化建设的相

关内容，如何培育新乡贤文化受到了不少全国人大代表和政协委员的热议，培育新乡贤文化被写进国家"十三五"规划纲要，各级政府也纷纷出台吸引新乡贤、留住新乡贤、培育新乡贤的保障政策。比如全国人大代表张天任在2021年的两会上就提出《关于促进新乡贤回归助力新时代乡村治理的建议》的议案，建议要加强制度设计、健全新乡贤回归的保障机制。再如，绍兴市上虞区编印关于乡贤校本教材，在中小学持续开展"知乡贤、颂乡贤、学乡贤"的主题教育，并结合校园特色开辟乡贤长廊、乡贤主题大厅等新乡贤文化空间，同时还实施新乡贤培育"青蓝工程"，让新乡贤文化植根于年轻一代的血脉之中，实现"青蓝"相继、青胜于蓝。

其次，自2016年提出"新乡贤文化"概念以来，学术界就积极跟进分析研究，成果丰硕。有学者从历史的角度分析新乡贤的文化内涵、构成要素和代际传承，有学者以乡村振兴为背景提出新乡贤文化面临的机遇挑战和培育路径，还有不少学者从具体的实践案例入手分析新乡贤文化的传播模式和建构方式。截至2022年9月，以新乡贤文化为关键词，在中国知网上进行模糊搜索，已有相关论文361篇，湖南大学刘社瑞教授的专著《乡村振兴战略中新乡贤文化建构研究》更是全面系统地研究了新乡贤文化建构的双重路径与具体模式。此外，被中国伦理学会授予"中国乡贤之乡"的浙江绍兴上虞区出现了中国第一家以"乡贤"命名的民间社团，组织撰写各类文史资料1000余篇，出版《上虞名贤名人》等专著30余本、《上虞乡贤文化》8辑。

再次，新乡贤文化的相关内容也受到官方媒体和社交媒体的广泛报道。早在2014年，《光明日报》就围绕"新乡贤·新乡村"为主题推出系列报道，并陆续刊登了《乡贤回乡，重构传统乡村文化》《"新乡贤"的历史传承与当代建构》等文章，2021年《光明日报》以《矢志培养乡村教育和文化振兴"新乡贤"》为题报道了黄冈师范学院文学院地方优师专项计划中对于"新乡贤"的培养。在社交媒体上，新乡贤文化的呈现更是直观且内容丰富，以抖音为例，新乡贤相关的视频内容数以万计，其中排在首位的新乡贤话题点赞次数高达253.7万。

综上所述，新乡贤文化引起了政界、学界、新闻界等各方面的高度关注，对新乡贤文化现象、传播、培育的学术研究著述颇丰，新乡贤文化在新时代乡村振兴中的作用日渐凸显。

（二）乡村振兴背景下新乡贤文化资源已得到初步开发

对比迄今几百年的工业社会，中国经历了数千年的农业社会，农业文明相当发达，根植于农业社会的乡贤文化历史悠久，影响深远。新乡贤文化既有传统乡贤文化的精神意蕴，又有文化传承创新的时代价值，是中国特有的具有社会影响力和感召力的地方文化资源。近些年来，新乡贤文化在很多农村地区得到具体实践，载体形式不断丰富拓展，文化资源不断得到创造性转化和创造性开发及利用。

首先，新乡贤文化的内涵不断丰富发展。新乡贤文化吸取了传统乡贤文化中崇德向善、回馈乡梓、家国情怀等历史文化精髓，又融入现代社会发展变化的民主、自由、平等、和谐等价值观念，是中华优秀传统文化和社会主义核心价值观的有机融合。浙江省瑞安市潘岱街道砚下村是晚清著名教育家孙诒让的故里，一方面，瑞安市在孙氏故居中举办孙衣言诞辰、陈傅良诞辰等系列古乡贤纪念活动，从永嘉学派的耕读并重、义利并举，到"近贤"的破立并举、兼容并包，弘扬他们务实求新、经世致用的学风，打造"玉海讲坛"品牌，定期播报"古贤"故事和文化，以传播时代思想、弘扬人文精神为宗旨，成为家门口的"百家讲坛"；另一方面，瑞安市依托孙氏名人文化效应，结合街巷空间和孙诒让故居等载体，打造一条以展示孙诒让文化为主题的街区，发挥农村文化礼堂载体作用，成立新乡贤参事会，汇聚了农业、教育、文艺、工商等众多领域新乡贤3200多人，通过多载体、多渠道、多平台开展最美新乡贤系列寻访活动、十大最美新乡贤等先进评选活动，举办"云江汇贤"晚会，积极推进乡贤文化宣传融入美丽乡村建设，推动乡贤文化振兴，助力乡村振兴。

其次，新乡贤文化在实践中反哺作用日渐显现。新乡贤文化的反哺作用主要体现在新乡贤的具体实践中，新乡贤能否在乡村振兴中发挥实际作用至关重要。在新乡贤文化的熏陶下，新乡贤回归乡土助力乡村振兴，实现乡村经济、文化等多方面的发展。其一，在经济上，不少新乡贤热心公益事业，出钱出力，并结合自身优势，把各种优质资源带回乡村，为乡村振兴添砖加瓦。比如江苏省宿迁市新乡贤京东董事局主席刘强东，十余年来，刘强东和京东在宿迁的项目投资超200亿元，公益捐赠达数亿元，不仅全力扶持宿迁的教育、文化、医疗卫生等公益事业建设，帮扶乡亲，尤其是老人以及有困难的学生、有病患的家庭等，更是将电子商务、智慧城市、物流仓储、数字农业等业务扎根宿迁，有效解决了当地就业问题，带动了当地电商产业的发展，也促进了当地服务业以及农业农村经济的高质量发展。其二，在文化上，新乡贤具有家国天下、崇德向善、敬业诚信等高尚的道德品质，"他们既是爱党爱国、遵纪守法、恪守道德的典范，又是拼搏进取、敢于担当、奉献社会的标杆"[1]，充分发挥了优秀文化的教化引领作用，使周边村民见贤思齐。比如出生于河南省新乡市辉县的侯德昌先生，侯德昌是德艺双馨的老艺术家，他向家乡辉县捐赠了数百幅书画作品，辉县以此成立了侯德昌艺术馆，免费向公众开放，艺术馆中还开设有书画类的相关课程，群众不仅可以欣赏到艺术价值极高的书画作品，还可以免费学习书画等相关知识提升自己。时至今日，侯德昌艺术馆已经成为新乡市第一批全民终身学习的体验基地，产生了越来越重要的文化影响力、辐射力和渗透力。

再次，新乡贤文化实现了初步转化。新乡贤文化培育也创造了一系列物质文化成果和非物质文化成果。一方面，培育新乡贤文化产生了具体的物质成果。为了弘扬新乡贤文化、学习新乡贤精神，不少地区依托故居、故园形成了独具地方特色的新乡贤文化广场、新乡贤主题公园、家风纪念馆等文化场所，这些文化场所不仅成为宣传新乡贤的重要窗口，还为村民提供休闲、娱乐等文化活动，甚至有的被作为乡村会客厅，成为吸引游客的一道文化风景线。另一方面，新乡贤文化还产生了更为丰硕的精神成果。新乡贤文化中爱国爱家、家国同构、诚实守信、与人为

---

[1] 宋红锦：《培育弘扬新乡贤文化　推动新时代乡村振兴》，《新乡日报》2020年11月14日。

善等价值观念与社会主义核心价值观具有高度一致性，新乡贤文化与社会主义核心价值观的一致性既有历史必然，也有现实必要。因此，培育新乡贤文化，对于弘扬社会主义核心价值观、促进乡风文明建设起到了积极的推动作用。比如，河南省新乡市辉县裴寨村的新乡贤裴春亮，带领村民修建了一个127米长的雷锋道德文化长廊，不仅展示雷锋的事迹，也展示了新乡土生土长先进典型的照片和事迹，如史来贺、吴金印、刘志华、范海涛等，通过优秀典型来激励村民，提升大家的精神境界，使得崇德向善、创新实干在裴寨村蔚然成风。

（三）乡村振兴背景下新乡贤文化培育初见成效

新乡贤文化培育的目的就是通过新乡贤实干兴业的能力和精神气质，向乡民传递积极向上的正能量，引领乡村民风民俗，指引乡民干事创业，最终实现乡村的全面振兴。经过近几年新乡贤文化的培养，很多农村地区的面貌焕然一新，新乡贤文化培育初见成效。

首先，越来越多的新乡贤机构纷纷成立。为了吸引更多的人才，地方政府积极搭建新乡贤反哺家乡的平台载体，不断激发新乡贤的认同感、归属感、责任感，引导新乡贤在乡村建设、扶危济困、敬老爱幼等领域凝聚公益合力，将反哺家乡的深情厚谊，转化为服务家乡的力量，做乡村振兴路上的领头雁。如江苏省无锡市、浙江省绍兴市、四川省宜宾市、福建省厦门市、河南省许昌市等多地设立了新乡贤理事会、新乡贤大讲堂、新乡贤工作室等专门机构。通过系统地建设新乡贤文化机构，将新乡贤文化培育和乡民生产生活紧密联系在一起。比如浙江省平湖市实现了基层新乡贤组织全覆盖，推出"乡贤荣归计划"，实施"引贤回归·聚力发展"工程，搭建乡贤创业创新服务站，开展"和合报本乡贤文化"系列活动，依托留联会、台联会、平商会等乡贤活动平台，成立全国首个跨省村级乡贤参事会，广泛收集平湖籍乡贤信息，发掘了以葛昌纯、林书豪等为代表的重要新乡贤资源。

其次，经过新乡贤文化培育，很多地区出现了群贤毕至的现象。比如，河南省许昌市魏都区政府建成了"区、街道办事处、社区三级新乡贤人才库，积极利用新乡贤平台，强化线上线下与在外乡贤的联系，利用传统节假日新乡贤回乡的时机,与新乡贤代表进行座谈、赓续乡情"[1]。许昌市魏都区政府的做法吸引了很多新乡贤回乡创业,新乡贤李俊超就是其中的一位代表。李俊超原在北京开办电商公司,李红亮利用春节返乡机会,帮其算账,劝其回乡创业,鼓励他以自身优势反哺家乡……最终李俊超被诚意打动,把公司搬回家乡,不仅实现了公司营业额以每年20%的幅度增长,还带动东李庄社区电商产业实现'裂变':成员达36人,年产值7000万元,利税200万元,带动社区居民100多人就业……许昌市魏都区政府更是因势利导,帮助东李庄社区创办了电商联盟,为从事电商的新乡贤提供场地,设立培训基地,为有意愿从事电商销售、电商直播的群众提供免费培训及信息、货源和技术指导等服务。

再次,新乡贤文化带来了乡村新风貌。随着新乡贤文化培育的持续开展,一些地区的新乡贤为家乡带项目、带资金、带文化,为乡村发展赋能,使乡村面貌发生了翻天覆地的变化。比如,浙江省江山市长台镇充分发挥新乡贤资源优势,积极引导项目回归、资金回流、人才回乡。新乡贤王前就带项目回乡创业,在长台镇投资发展的健康蜂业,推行"龙头企业＋合作社＋基地＋蜂农"模式,与480名蜂农直接合作,辐射带动1000多人发展养蜂业,促进周边村民增收致富。新乡贤陈明友回乡后,投资开发建设江山市蜂业综合性公共服务中心大楼和"甜蜜客厅"住宅小区,以乡村休闲旅游带动当地第三产业发展,跑出了乡村振兴的"加速度"。

二、乡村振兴背景下新乡贤文化培育面临的障碍及其成因

在新时代乡村振兴的历史进程中,新乡贤作为乡村建设的骨干力量,发挥着越来越重要的作用,新乡贤创造的新乡贤文化也破土发芽。扎根于乡土中国之中,继承于传统乡贤文化之上,重塑于乡村振兴实践中的新乡贤文化是新时代乡村文化建设的重要内容之一。新乡贤和新乡贤文

---

[1] 许廷合、陈驰:《在魏都,有一支乡村振兴的民间"智囊团"》,《许昌日报》2021年9月15日。

化都是新生事物，目前尚属"星星之火"，尚未形成"燎原之势"，更未达到"遍地开花"的地步，急需大力培育。近年，党和政府高度重视并大力倡导发挥新乡贤的积极作用，高度重视新乡贤文化培育工作，新乡贤文化培育初见成效，但新乡贤文化培育是一项系统工程，这项工程能否顺利推进、能否取得良好成效，受多种复杂因素的影响。目前，在错综复杂的现实情况下，新乡贤文化培育还面临着种种现实障碍因素，严重制约了新乡贤文化培育的进程，更是严重阻碍着新乡贤在乡村振兴中作用的有效发挥。

（一）人的因素：新乡贤及农村干部群众存在的问题制约了新乡贤文化的培育

人是马克思主义经典作家高度重视的问题，人是出发点，也是目的地。培育新乡贤文化的出发点是人，目的地也是人。我们这里所说的人既包括作为新乡贤文化主体的新乡贤，也包括作为新乡贤文化培育重要参与主体的乡村主人翁——广大农村干部和农民群众。如果说乡村振兴关键在人、关键在人才，那么新乡贤文化培育的关键也在人和人才，即新乡贤和农村干部群众。但目前新乡贤和农村干部群众存在的问题严重制约了新乡贤文化的培育。

1. 新乡贤队伍建设滞后阻碍了新乡贤文化培育

新乡贤文化是新乡贤创造的文化，新乡贤既是新乡贤文化的创造主体，又是新乡贤文化的构成主体，新乡贤是新乡贤文化的示范者、引领者和推动者，新乡贤数量越多、质量越高，新乡贤文化就越繁荣、越发展。同时，新乡贤又是在新乡贤文化熏陶和涵育下生根、发芽、开花、结果的，新乡贤文化越繁荣、越发展，也越有利于培育出更多更好的新乡贤，可见，新乡贤和新乡贤文化密不可分，两者是相伴而生、相辅相成、相互促进、相得益彰的关系。新乡贤既能传承乡贤文化精髓，又能适应时代发展规律，是情感在乡、责任在乡、奉献在乡的"原乡人"。但在今天快速城镇化的过程中，大量农村人口流向城市，农村人才流失严重，致使新乡贤生成失去主体来源，同时，新乡贤"回而不来""短暂停留"等问题突出，加之新乡贤自身也存在一些问题，导致新乡贤文化队伍建设严重滞后,削弱了新乡贤在人们心中的威信,阻碍了新乡贤文化的培育。

(1) 新乡贤队伍数量过少、质量不高、结构失衡

首先,新乡贤数量过少。观察新乡贤生成轨迹可以发现,新乡贤可分为"在乡"新乡贤和"离乡"新乡贤。所谓"在乡"新乡贤是指一直扎根乡土的能人贤士,所谓"离乡"新乡贤是指离开家乡有所成就后回乡反哺的成功人士。在农村人才流失严重的今天,在乡务农劳动力人口的素质不高,生成的"在乡"新乡贤数量不断减少,同时,"离乡"新乡贤很少返乡,致使新乡贤数量过少。

一是"在乡"新乡贤的数量不断减少。新乡贤文化培育离不开"在乡"新乡贤的助力。如果新乡贤都住在城市,都不在场,不在乡村日常生活中做出表率、给予指导,那么广大农民就很难感受到新乡贤文化对乡村建设的价值和作用。但是,在城镇化浪潮席卷全国的情况下,城市对农村的"虹吸效应"愈发明显,我国形成了由乡村到城市的单向度人口流动,人才只出不进,造成乡村人才匮乏,腐蚀了乡村振兴的人才基础,阻碍了新乡贤文化对乡村振兴作用的发挥。据统计,1978年,中国城镇人口占比不足20%,到2011年,城镇化率首次突破50%,达到51.3%,到2021年年末,总人口141260万人,其中城镇人口91425万人、乡村人口49835万人,人口城镇化率达到了64.72%。而到2022年,城镇化率更是达到了65.22%。这就意味着,费孝通先生笔下的"乡土中国"已经发生了重大变化,"乡土中国"转变为了"城乡中国"。城镇化率提高,意味着农村人口向城市流动的越来越多。青壮年大多都流入城市,致使我国人口空间格局和区域经济发展发生巨大变化。除却因城市扩容安置搬迁转变为城镇人口的农村人口外,相当大一部分主动进城的农业人口为乡村的精英群体,是潜在的新乡贤(或叫准乡贤)。这部分乡村精英本应该是培育新乡贤文化的主力军,他们比普通的村民有优势,但到城市求学就业后却很少回乡,乡村成了众人眼中的"不归路",致使新乡贤生成失去了主体来源。乡村凋敝,乡村原有的乡贤人才不断流失,能够有效参与乡村治理的本地精英人才数量不断减少。同时,乡村原有

的贤达人士和社会精英随着时间推移逐渐退出历史舞台,"在乡"新乡贤相对匮乏并不断减少,导致部分地区乡村振兴缺乏人才支撑,乡村振兴无从谈起,新乡贤文化培育的承载者和推动者自然也越来越少。

二是"离乡"新乡贤数量不多。乡村是新乡贤的根脉所在,新乡贤同乡土存在着难以割舍的情感纽带,这是新乡贤返乡和践行新乡贤文化的根本原因。在城镇化浪潮冲击下,大量农村青壮年流向城市寻找致富机会,留在农村的多为老弱病残、妇女儿童。"农村'流动'和'留守'群体共同为中国社会的稳定与发展做出了重要贡献,但也为此付出了代价。"[1] 乡村人才外流严重,农村人才出现断层,"在乡"新乡贤日渐减少,导致农村发展乏力。在这种情况下,"离乡"新乡贤理应成为新乡贤的主体,但由于多方面原因,"离乡"新乡贤与故土联系不紧密,真正成为"离乡"新乡贤的数量也不多。年轻一代学有所成、业有所成的乡村精英,因城乡发展还存在较大差距、保障性政策缺乏等原因,回乡贡献的主动性和积极性普遍不高,无法让新乡贤有机融入,进而落地生根。此外,部分地方政府领导干部对新乡贤在乡能发挥的作用认识不到位,协同治理理念缺失,对新乡贤回乡缺乏有效引导,致使新乡贤回归受阻,也导致"离乡"新乡贤与乡村联系度偏低。新乡贤文化培育的目的是为了农民,更要依靠农民。地方基层干部,尤其是农村"两委",更要搭建平台吸引新乡贤,加大本地区新乡贤文化培养的力度。但"部分村'两委'对新乡贤文化不了解,担心新乡贤这些乡土人才在处理乡村矛盾后,在乡民中越来越有威信,对他们的权力造成威胁,就刻意不支持新乡贤工作"[2]。一些农村"两委"成员工作能力不强,对于农村新乡贤理事会等组织的建设缺乏章法,有的农村即便成立了相关组织,也是名不副实,不能有效发挥作用。这不仅使新乡贤缺少平台和途径,还会影响新乡贤

---

[1] 叶敬忠、王维:《改革开放四十年来的劳动力乡城流动与农村留守人口》,《农业经济问题》2018年第7期。

[2] 王文峰:《"新乡贤"在乡村治理中的作用、困境及对策研究》,《未来与发展》2016年第8期。

返乡贡献的积极性，致使"离乡"新乡贤返乡渠道不畅或者是不愿返乡。

其次，新乡贤质量不高。乡村振兴，关键在人、关键在人才，乡村连人都留不住，拿什么振兴？怎么振兴？但目前农村优质劳动力都离开了农村，乡土社会迅速衰败，新乡贤整体质量不高，素质良莠不齐。当前，全国大多数地方推行新乡贤参与乡村振兴还处于起步阶段，普遍没有成立有规范的新乡贤组织，即使成立有正式组织，与之相配套的运行机制也不完善，导致出现新乡贤组织人员构成良莠不齐现象。

从新乡贤受教育程度看，部分新乡贤文化素质不高。有一项对徐州贾汪区耿集乡贤的调查显示，当地乡贤工作室成员的受教育程度不高，文化水平有限，其中初中文化程度的乡贤人数占总体人数的50%，高中（包括中专）文化程度的乡贤占比为43%，而大学及以上文化程度的乡贤占比仅有7%。[1] 这一调查结果表明：目前新乡贤队伍受教育的程度不高，不少新乡贤文化知识和能力的获得多来自工作和生活中的经验积累。文化水平较低，专业知识缺乏，不利于开阔眼界、不利于提升解决问题的能力，更有碍于新乡贤文化培育。

从新乡贤道德素质看，部分新乡贤道德素质不高。新乡贤来自各行各业，且各有所长，属于乡村精英，但并非所有乡村精英都是新乡贤，具有良好的个人品德、奉献乡里才是新乡贤的前提和必备条件。但现实中，一些地方为了吸引人才回乡办实事，只注重新乡贤是否具有经济能力，而不看其道德品质，致使新乡贤队伍鱼龙混杂。有的"精英"混入新乡贤队伍一开始便动机不纯，不是为了奉献，而是为了索取更多利益，打着回馈乡亲旗号，牟取个人或家族私利；有的新乡贤挡不住利益诱惑，为了一己私利而蜕变为"伪乡贤"，严重败坏了"真乡贤"的形象和声誉，还会使新乡贤文化蒙尘。

再次，新乡贤队伍结构失衡。新乡贤队伍结构主要包括年龄结构、性别结构和新乡贤类型结构等几个方面。目前我国新乡贤队伍结构普遍

---

[1] 袁慧：《乡村振兴战略背景下新乡贤培育的研究》，硕士学位论文，西华大学，2019，第31页。

存在失衡问题。

从年龄结构看：新乡贤年龄偏大，年轻的新乡贤较少，年长的新乡贤较多。目前，我国已进入老龄化社会，农村人口老龄化程度还相当高。中国社会科学院2022年5月发布的《中国乡村振兴综合调查研究报告2021》相关数据显示，农村常住人口中60岁及以上的比重达到23.99%，65岁及以上人口的比重达到16.57%，超过"老龄社会"标准，距离"超老龄社会"的标准只差3.43个百分点。在信息化占主导地位的大数据时代，年轻化一定程度上代表着适应社会高新技术的更新能力，老龄化往往意味着在某些技术领域处于落后的状态。以2022年度河南省"乡村光荣榜"系列人物评选出的"好乡贤"为例，50岁以下的只占30%，60岁以上的占比最大。当然，年轻新乡贤和年长新乡贤各有优势，年长的新乡贤德高望重，对处理农村很多事情都有丰富的经验，村民们都很信服，但过于保守，缺乏开拓创新精神；同时，年轻新乡贤偏少意味着新乡贤队伍后继乏人。特别是在乡村振兴背景下新情况、新问题层出不穷，亟须具备新思想、新观念、新技术的年轻新乡贤一代加入新乡贤队伍。

从性别结构看：女性新乡贤极少。从新乡贤队伍的性别结构来看，普遍存在性别结构单一的问题，女性新乡贤数量太少。浙江省2018年的一项调查显示，浙江苍南县矾山镇共有新乡贤202名，其中男性192名，女性仅10名，女性新乡贤严重缺乏。[1] 客观地说，在德行和能力方面，女性新乡贤并不亚于男性，而且女性新乡贤还有其先天的优势，心细、情感丰富，在处理家庭纠纷及情感问题、协调村民矛盾、开展宣传工作等方面具有先天优势，能发挥独特作用。女性新乡贤少，明显不利于开展工作。

从新乡贤构成类型看：捐赠回馈型新乡贤较多，专业技术类新乡贤较少；经济型新乡贤占比最大，文化和道德型新乡贤占比较少。乡村振兴是全面振兴，需要各类新乡贤共同推进。但在现实中，新乡贤队伍的

---

[1] 林黎明：《新时代乡村振兴中的新乡贤培育》，《温州日报》2018年9月3日。

构成类型不尽合理，不利于充分发挥各类新乡贤的作用。突出表现为捐赠回馈型新乡贤较多、专业技术类新乡贤太少；经济型新乡贤占比最大，文化和道德型新乡贤占比较少。第一，新乡贤队伍中专业技术人才较少。以2022年度河南省"乡村光荣榜"系列人物评选出的12名"好乡贤"为例，在12名乡贤中，只有两人属于专业技术型人才，专业技术类新乡贤通过自身拥有的技术知识带领乡村百姓脱贫致富，其余10名都是通过不同程度的捐赠回馈乡里而获得"好乡贤"称号的。诚然，捐赠回馈固然可以给村民带来利益，但这种方式不可能让村民永久受益，而专业技术型新乡贤将专业技术传授给村民，能使村民长期收益，因为"授人以鱼"不如"授人以渔"。第二，新乡贤队伍中经济型新乡贤占比最大，文化和道德型新乡贤占比较少。这表明人们评价一个人是否能成为新乡贤，仅仅把经济能力放在首位，其次才看道德品质和文化水平。这显然是有悖于"乡贤"本意的，因为道德品质优良是成为乡贤的起码要求、必备条件，德才兼备，德为先。实际上，一个人仅仅是能力强，可以称作精英，但没有为乡村建设奉献力量还称不上新乡贤。当然，新乡贤是最近几年才出现的新生事物，处于起步阶段，属于"星星之火"，尚未形成燎原之势，在初始阶段存在些问题，也是难免的，也是可以理解的。但是，着眼于未来，这些问题的存在，是有碍于新乡贤文化培育的。

（2）部分新乡贤对自己的角色定位认知模糊

所谓角色定位模糊，就是角色认识不清晰，对该做什么、怎么做以及不该做什么，没有清晰的范围和边界。乡村振兴是全面振兴，需要动员全社会力量来推动，但在这一进程中，广大农民始终是主体力量，发挥主体作用，地方政府是领导力量，发挥领导作用，而新乡贤则是不可或缺的重要力量，发挥着不可替代的辅助作用。这种辅助作用体现为：新乡贤是农民增收的"助推器"、环境保护的"倡导者"、乡村文化的"传播者"、乡村治理的"智囊团"。

新乡贤的辅助作用首先体现在乡村治理上。在乡村治理上，我国农村实行的是"村民自治"，而不是"新乡贤治理"。乡村的基层治理中主要是以村"两委"为主的自治组织，这是制度的安排，具有权威性。而新乡贤一般是以其特有的品德、能力、人脉、魅力等获得的影响力，具有非官方性，因此在权威性方面略显不足。村"两委"和新乡贤在实际地位上的差别、在实际工作中的交织，这些都使得新乡贤角色定位不明，职能划分不清，一般被村民理解为村"两委"的附属物，阻碍其价值功能的有效发挥，乡贤价值发挥不出来，则直接影响人们对新乡贤的评价。而实际上，从村民自治中的权力结构看，新乡贤应是政府与农村互动的桥梁，是政府与村民间的中介，是村民的代言人。在村民自治中，新乡贤只能起引导和促进作用，新乡贤只是基层政府的帮手。"乡贤群体应当成为基层社会治理新助理，其角色定位是辅助而非现代化治理或软治理的主体。"[1]

新乡贤是基层政府的助手，起辅助作用，这也是新乡贤与旧乡贤的重要区别所在，在封建社会，在"皇权不下县"的情况下，乡贤是乡村的实际领导者，而当下，村民自治是在村"两委"领导下的村民自治。但是，在封建残余思想影响下，特别是在官本位思想影响下，一些新乡贤为名利所困扰，摆不正自己的位置，往往以领导者自居，越过村"两委"直接插手村务，甚至凌驾于村"两委"之上，独断专行，对村"两委"工作形成冲击，因而引起村干部的不满。当然，也存在村"两委"无端干涉新乡贤工作的情况，使新乡贤实现自我价值的积极性受到打击。还有些新乡贤成为理性经济人，在血缘关系和地缘关系面前摆不正自己的位置，处事不公，偏袒自己家族，也损害了新乡贤的公信力。当然，还有一些乡村精英混入新乡贤队伍的动机不纯，企图打着新乡贤的旗号牟取私利，实际上是混进新乡贤队伍里的"伪乡贤"，严重败坏了新乡贤的形象。客观地说，新乡贤涉及主体很宽泛，角色范围很广泛，伸缩性很大，在参与乡村振兴进程中不可能像政府和村民自治组织那样有着确定的职权和责任范围，只能靠新乡贤自己摸索和体味，拿捏好、把握好分寸，找准自己的定位。正如有的新乡贤所说"有时候做多了，怕出错；

---

[1] 胡鹏辉、高继波：《新乡贤：内涵、作用与偏误规避》，《南京农业大学学报（社会科学版）》2017年第1期。

做得少了，心里过不去"。这种困惑反映了多数新乡贤在参与乡村振兴实践中的共同心声，表明新乡贤很难找准自己在参与乡村振兴中的角色定位。

（3）新乡贤缺乏参与乡村振兴的积极性

近些年来，党和政府高度重视发挥新乡贤在乡村振兴中的独特作用，并将新乡贤培育写入"十三五"规划纲要，还采取了一些激励措施。但是新乡贤培育才刚刚开始，新乡贤队伍急需培育壮大，新乡贤在助力乡村振兴中仍存在着积极性不高的问题。

第一，农村的落后现状迟滞了新乡贤返乡步伐。乡村落后的条件使新乡贤不想回乡。我国曾长期实行"以农促工"的城市偏向政策，致使城乡收入差距拉大，农村发展缓慢，青壮年大多都流向城市，致使农村人才日益短缺，农村日益"空心化"。2004年中央经济工作会议提出实行"以工促农、以城带乡"的新政策，其后又加大"以工补农"的力度，开展新农村建设，使我国农村面貌发生了翻天覆地的变化。但与城市相比，农村发展依然落后，基础设施匮乏，公共服务缺失，生活不便、前景黯淡，因而对精英人才缺乏吸引力，新乡贤回乡的动力受到很大影响，容易产生打退堂鼓思想，特别是已经适应了城市便捷生活的在外人员难以放弃城市的舒适生活而回到生活不便的乡村，致使新乡贤文化培育缺少人才支撑。

第二，城镇化浪潮冲击下，乡村对新乡贤吸引力不足。一方面，乡村精英纷纷流向城市，村庄出现"空心化"。"空心村"现象使新乡贤不能回乡，特别是在"合村并镇"浪潮冲击下，越来越多的村庄消亡了，外出人员已不能再回到自己的家乡。据统计，自2000年到2010年，我国自然村的数量从360万个跌至270万个，相当于每天消失约250个村落。另一方面，城乡同质化发展，造成"千村一面"现象。乡村特色风貌承载着游子对家乡的眷恋，也是新乡贤乡愁的寄托，但在城镇化浪潮冲击下，乡村套用城市模式建设，实行城乡同质化发展，出现大拆大建现象，乡村自然景观和传统风貌遭到破坏，"千村一面"应运而生。传统村庄的消失意味着乡村特色风貌荡然无存，传统乡土文化消失，乡愁无以寄托,乡情日益变淡,情感联络弱化,消弭着在外人员的寻根意识和反馈家乡的愿望,从这些村庄出去的人已无法回到自己的家乡,回馈故乡更无从谈起,新乡贤文化培育也因此缺少了主体支撑。

第三,新乡贤矛盾的心态使新乡贤参与乡村振兴积极性大减。新乡贤不是万能的,难免做不出突出成就,特别是工作难免有失误,容易招来村民"怨言";而做出突出成就,则容易引起村干部的"妒忌",特别是在处理与村"两委"的关系上,容易出现"越位"问题,更容易引起村干部不满。担心村民的"怨言"和村干部的"妒忌"的"顾虑"打击了新乡贤助力乡村振兴的积极性。正如有位公务员所说:"我是从农村考学出去的,自己在城里生活了半辈子,可总是忘不了自己根在农村,想为自己家乡做出微薄的贡献,但由于自己能力有限,大贡献做不了,小贡献又怕被嫌弃,难以成为村乡贤,同时自己也担心为家乡做贡献,会被认为是想出风头。"

第四,一些新乡贤回归故里,有一种告老还乡的没落。一些精英人才返乡,只是为了叶落归根,颐养天年。他们有着普通村民没有的特殊优势,但对乡村事物不感兴趣,回乡纯粹是为了安度晚年。这部分人不能称为新乡贤,充其量只是"准乡贤",因为他们缺乏构成乡贤的基本要件,即回馈乡里,奉献社会。这部分人有着比较稳定的收入,吃喝不愁,更希望乐得自在,不希望参与村里太多的具体事情,不愿招惹麻烦,加之目前各地针对新乡贤的激励机制不健全,因而他们缺乏参与乡村振兴的主动性和积极性。还有一种依靠政策等外在动力推动下回到农村的"新乡贤",他们内生动力不足,稳定性不强。他们"积极"响应党和政府的号召,投身乡村振兴实践第一线,如在职员工驻村服务、退休职工按期服务农村等,这些是组织上的安排,这种组织安排具有强制性,但也规定有明确的服务期,如几个月或几年不等。一些职工抱着完成政治任务,镀金、混个经历"提拔升迁"的思想来到乡村,时间到、阅历够,至于究竟做出多大贡献,则无法衡量,也无人衡量。因而,这些人在驻村期间,怕事、躲事现象严重,没有为乡村振兴做出实际努力和贡献,给村民留下自己被利用、被消费的印象,降低了村民对新乡贤的尊崇度和认可度，导致新乡贤文化不被认可，新乡贤文化培育受阻。

第五，部分新乡贤只对乡村振兴的部分领域感兴趣，即只对物质层面的建设感兴趣，因为物质层面建设能取得立竿见影的成效，容易获得成功；而对精神层面的建设工作缺乏热情，因为精神层面的建设是一项长期工作，建设成效很难在短时间内显现出来，这显然不利于乡村的全面振兴。

（4）新乡贤主体作用发挥有限

随着城乡融合发展不断推进，新乡贤在其中发挥的作用越来越备受重视。新乡贤是城市和乡村联系的桥梁，需要将自己的时间和精力奉献给农村，致力于乡村振兴。但是在现实中，新乡贤主体作用发挥有限，削弱了新乡贤在人们心中的威信，影响了新乡贤文化培育。

首先，新乡贤在乡村振兴中的作用发挥不够。新乡贤大多是从村子里走出去的成功人士，他们有着比普通村民更高的学识、能力和财富等，多数人既有农村生活的经历，又有城市生活的经验；既了解农村，又懂得城市，完全能发挥城乡沟通的桥梁作用，能在乡村振兴中发挥很大作用。但实际上，新乡贤应有作用的发挥却大打折扣。究其原因主要有以下几点。一是新乡贤虽然生于乡村，但是其生活经历和户籍大多已经与乡村分隔，离开家乡时间较长。虽然受乡梓情结驱动，对家乡产生深厚情感和责任感，在这种强大内在驱动力驱使下回到乡村，但是毕竟有时空阻隔，离开农村到城市生活多年，在生活习惯、价值观念等方面与村民有差别、有隔阂，不被村民了解和认可，对于村中的事情大多是比较陌生的、缺位的，难以适应当地风俗，难以融入民众之中。二是新乡贤虽有较高的知识水平、赚钱能力，但不代表有充足的知识储备和人生经验，况且新乡贤的成功经验往往集中于某一社会领域，并不具备助力乡村振兴的素质和能力，在遇到村里的具体问题时，显得手足无措，导致新乡贤在参与乡村振兴过程中，不能及时了解本地经济发展以及社会关系的变化，作用发挥大打折扣。三是一些所谓的新乡贤，自身科学文化素养并不高，而是依靠投机取巧甚至采取违法途径发家致富，给家乡捐点钱、搞点项目，摇身一变成了"新乡贤"，这种"新乡贤"回到家乡，对该地区乡村振兴没能起到好的示范引导作用，反而败坏了社会风气，进而大大减弱了村民对新乡贤和新乡贤文化的认可度。

其次，新乡贤"回而不来""来而不为"现象突出。个别新乡贤对家乡发展不抱信心，认为支持乡村建设耗时费力、投资回报不高，存在"不愿回、回来留不住"的问题。加之，不少村民片面看重新乡贤的"钞能力"，只在需要捐款时才想到新乡贤，不少新乡贤被捐款，导致新乡贤对家乡感情复杂，要么只愿捐款捐物，要么选择渐行渐远。

再次，部分新乡贤功利主义倾向严重，披着"新乡贤"光鲜外衣，行损公肥私之实。突出表现是：

其一，在封建残余思想影响下，特别是在官本位思想影响下，一些新乡贤为名利所困扰，摆不正自己的定位，往往以领导者自居，越过村"两委"直接插手村务，甚至凌驾于村"两委"之上，独断专行，对村"两委"工作形成冲击，因而招致村干部的不满。

其二，部分新乡贤"拘小利"而"缺大局"。由于农村十分重视宗族观念，不排除一些人没有高尚的品性和突出的本领、贡献，仅仅由于其家族势力或者采取贿赂等手段获得新乡贤头衔。混入新乡贤队伍中的这些人本身目的就不纯，其行为更是以捞取名声和利益为主，甚至利用手中的权力、名望、政策等，为自己敛财、树名，欺骗乡民、霸占资源，村民们对这些有着雄厚宗族势力的新乡贤，只能忍气吞声。这些行为无疑使新乡贤文化蒙尘。一方面，有些新乡贤成为理性经济人，缺少大局观念，认为家族的事情重于村庄的事情，在血缘关系和地缘关系面前摆不正自己的位置，处事不公，个别新乡贤本着为宗族增光的狭隘思想，日益提升自身名望，从而产生新的压迫，看不起普通民众，或凌驾于村民之上，造成新的矛盾，不仅伤害了村民的感情，也损害了新乡贤的公信力。另一方面，有的乡贤过于注重私人利益，借助政府针对新乡贤的利好政策，在经济、人脉、名声等方面捞取资本，甚至打着为乡村出主意、做贡献的旗号，利用乡贤身份谋求个人的经济利益和道德声誉，牟取个人或宗族利益，这显然是同乡村振兴战略相悖的。这些新乡贤不但不能起到良好的示范带头作用，反而败坏乡风民俗。

其三，一些新乡贤蜕变为"伪乡贤"。随着乡村振兴战略的全面实施，广大农村普遍兴起了乡村建设大潮，国家将大量资金和项目投向农村。在金钱的诱惑下，个别新乡贤背弃了初心和使命，与民争利，不仅没有促进乡土社会的发展，反而成为农村经济社会发展中的"毒瘤"，从而使村民产生被剥夺感和不平衡心态。不仅如此，部分新乡贤会还出现了"宗族化""组织化""集团化"特征，个别乡贤会甚至异化成为黑恶势力。当然，还有少数乡村精英混入新乡贤队伍的动机不纯，企图打着新乡贤的旗号牟取名利，实际上是混进新乡贤队伍里的"伪乡贤"。虽然这些败类只是少数，但一颗老鼠屎坏了一锅汤，在村民眼里，容易将个别"伪乡贤"的行为和现象扩大化，以点带面，以偏概全，以至于对整个新乡贤群体表示反感和排斥，伤害了村民感情，败坏了新乡贤形象，玷污了新乡贤文化声誉，破坏了新乡贤文化培育氛围，阻碍了乡村振兴进程。

2. 村民对新乡贤认识不到位阻碍了新乡贤文化培育

新乡贤参与乡村振兴是要同村民打交道的，新乡贤文化培育离不开作为农村主人的村民的普遍认可和支持，而新乡贤民意的获得是建立在村民能否正确认识新乡贤这一群体之上的。村民对新乡贤有正确的认知，是新乡贤培育及新乡贤文化培育的基本前提。虽然乡贤在我国有几千年的历史，但是新乡贤是近些年才出现的新概念，属于新生事物，尚属"星星之火"，加之对新乡贤和新乡贤文化的宣传不到位，致使广大村民对新乡贤和新乡贤文化认识不足、了解甚少，有的甚至还产生误解，新乡贤培育和新乡贤文化培育的观念尚未深入民心，具体表现在以下几点：

（1）广大村民对新乡贤和新乡贤文化知之甚少

不少村民认为，"新乡贤就是村里的能人"，或将新乡贤理解为传统社会的"乡绅"，不知道新乡贤为何物，更不了解新乡贤的本质内涵，这样的村民所占比例不低。有一项调查结果显示，"被调查的村民中有56%的人没有听说过乡贤；了解农村新乡贤的村民仅占13%，就说明民族地区村民对乡贤的理解较为模糊"[1]。甚至还有部分人压根就没听说过"新乡贤"这个词。相信这一调查结果在全国具有普遍性,广大村民对新乡贤和新乡贤文化知之甚少,认可度较低。造成广大农民对新乡贤和新乡贤文化知之甚少的原因是多方面的。

第一,新乡贤和新乡贤文化是新生事物,加之宣传不到位,因而知晓度低,广大村民不了解新乡贤和新乡贤文化。目前除了东南沿海发达地区之外,我国广大农村地区尤其是中西部地区农村新乡贤培育和新乡贤文化培育工作尚未开始,不仅新乡贤人数少之又少,而且政府对新乡贤文化的宣传工作也不到位,没有开展选聘新乡贤、宣传新乡贤的新乡贤文化活动,没有营造新乡贤文化培育的浓厚氛围,致使广大村民不知道新乡贤和新乡贤文化为何物。另外,新乡贤曾早早离开家乡,返乡后很多人尤其是年轻人不认识新乡贤,人与人之间存在的陌生感阻断了人们之间的情感通道和信任感,阻碍了新乡贤文化的培育。

第二,传统乡土文化资源遭到破坏。中国传统文化的根在乡村,我国不少乡村中存在大量的优秀乡贤文化遗产,传统乡土文明相当繁荣。乡贤文化遗产展示着乡村的文化底蕴,是珍贵的文化典藏和亮丽的文化名片,而传统乡土文明是孕育乡贤文化的土壤。但随着城镇化的快速推进和很多农村地区的改造建设,农村原有的传统乡贤文化资源比如宗祠、家庙、乡贤祠、名人碑帖等物质文化遗产遭到破坏,甚至不复存在,编修家谱、表彰贤德等乡贤文化活动也失去了生命力,乡土文明日渐式微,乡贤文化氛围日渐稀薄。导致乡土文化遗产遭到破坏的原因主要是村民的文化知识贫乏,文化保护意识不强。对广大村民来说,文化是个抽象的概念,他们无法达到对乡贤文化的自觉认同和践行。乡贤文化是新乡贤文化的根脉,乡贤文化资源遭到破坏,新乡贤文化就失去了传承载体和肥沃土壤。没有了传统乡贤文化的滋养,新乡贤文化就难以扎根;没有了相应的文化环境,广大农民缺乏对乡贤文化身临其境的体验,对乡

---

[1] 韦幼玲、刘海仁、史兵方:《乡村振兴战略背景下民族地区农村新乡贤培育对策研究——基于广西百都乡农村新乡贤的调查》,《广西民族研究》2018年第6期。

贤文化的了解缺乏主动性，对乡贤文化内涵和价值的认识更是茫然。而在传统乡贤文化迅速离场的同时，新乡贤文化还未有效进场，农民的生活体验与新乡贤文化之间存在隔膜，新旧乡贤文化未能实现有效对接和转化，致使广大村民对新乡贤和新乡贤文化产生生疏感。

第三，农民认知观念具有局限性。新乡贤文化是连接传统与现代的文化纽带，在乡村振兴中能够发挥独特而重要的作用。但由于一些农民受认知观念的局限，致使新乡贤文化处于边缘化地位，新乡贤文化的作用难以发挥出来。一些农民受农村地域封闭性影响，眼界狭窄、实用主义思想严重，往往以自我为中心，把近期内能否带来好处作为衡量标准，习惯性地认为自家生产生活之外的事情都是"公事"，新乡贤文化培育只是政府部门的事情，与自己无关，因而持旁观者心态，缺乏参与新乡贤文化培育的自觉性、主动性和积极性。一些农民思想保守，对于政府出台的新乡贤政策认识不到位，搞不清新乡贤、新乡贤组织与村"两委"之间的关系，认为新乡贤只是政府的代言人，不会替农民说话。由于转型期乡村社会矛盾复杂多样，一些农民对新乡贤甚至怀揣戒备心理，认为新乡贤仅仅是政府利益的代表者，不会真心为村民着想，因而对新乡贤从心理上处处设防。一些农民持实用主义态度，坚信有用才是真理、致富才是硬道理，认为新乡贤文化是虚幻的概念，同百姓的生产生活无直接关联，同自己的生活相隔甚远，无关百姓、无关生计，同时短期内也看不到"钱途"。因此，信奉实用主义，宁愿把时间和精力放在打工挣钱、耕田种地以及子女培养等问题上，而对新乡贤文化培育等概念性、形而上的事情提不起兴趣，认为新乡贤文化培育是浪费时间和精致的形式主义，这便使得新乡贤文化培育被边缘化。

第四，农民文化水平普遍偏低。思想是行动的先导，而思想素质的提升根本在于教育水平的提升。新乡贤文化培育同民众的文化知识水平息息相关，而文化水平的提升又与教育密切相连。教育在新乡贤文化培育和践行过程中具有基础性作用，但农村教育发展滞后，致使新乡贤文化培育基础脆弱。在城乡二元结构下，城乡教育资源配置严重不公，农村教育基础薄弱，至今依然是短板，城乡教育资源分布严重不均，城乡教育处于非均衡发展状态，农村不同地区之间教育发展也不均衡，农民文化水平普遍偏低。

城乡教育资源分布严重不均表现在两个方面：一方面，从高等教育看，中国的高等学府几乎没有在农村设立，甚至在县城设立的都非常稀缺，因此，和城市相比，农村发展的人才依托和人才储备欠缺。虽然大学生有"三下乡"活动、"助农"活动等，但依然是形式大于内容，乡村振兴严重缺乏人才。另一方面，从基础教育看，农村基础教育设施落后，教育资源匮乏、缺少必要的文化场所和文化活动。当前我国农村地区的中小学校数量大量减少，有统计数据显示，从1976年到2016年，这40年间，共有91.6万所小学在中国消失，而其中消失的基本上是农村小学。并且现存的农村中小学硬件和软件均比较差，校园美育环境较差，文化氛围不浓，硬件设施如计算机、多媒体教具等成为应付检查的摆设，在实际教学中较少应用，甚至有些贫困地区的农村中小学只有桌椅板凳，无法获取较为先进的教育教学资源。师资力量方面，近些年，随着"特岗教师"等计划的实施，农村教师工资虽有所提升，农村师资力量得以强化，但是农村地区工作条件仍然艰苦，教师职业成就感获得较慢，因此不能吸引高素质、有水准的人才。在一些地方，一个教师身兼数职（即所谓的"全科教师"）的现象依然存在，这就严重影响了农村教育质量的提升，不利于农村孩子眼界的开阔和综合素养的提升。在一个不重视教育的地区进行新乡贤文化培育，这显然是空中楼阁。而这也是导致农村对新乡贤吸引力弱的重要因素之一。

从整体上看，农村教育落后，不同农村地区教育发展也不平衡，农民文化水平普遍偏低，阻碍着新乡贤文化的培育进程。2022年中国社会科学院农村发展研究所发布的《中国乡村振兴综合调查研究报告（2021）》称，全部劳动年龄人口中近1/3的全职务农人员，他们当中达到高中及以上教育水平的仅占10%左右（其中大专及以上占1.21%）。而随着高等教育的普及化，城市居民受教育的程度要比农村高得多。城乡教育的差距塑造了城乡居民两种完全不同的生活习惯、思维方式和处事方式。城镇居民观念较为开放，眼界较为开阔，常常乐于吸收借鉴先进成果，以期发展自身。而生活在农村的农民思想观念则较为保守，对新生事物往往抱有怀疑、观望甚至抗拒的态度，学习能力和适应能力相对较差。实际上，不仅仅是城乡教育之间存在较大差距，农村不同地区之间教育也存在较大差距。这就导致城市居民与农村居民、教育发达地区农民与教育落后地区农民对新乡贤文化的态度也存在较大差异，如在教育水平较高的地区，人们对于新乡贤文化培育的态度较为积极、争当新乡贤的氛围较为浓郁，这就有助于新乡贤积极发挥自身作用，有利于新乡贤文化培育。可以说，教育方面的差距塑造了城乡居民、教育发达地区农民与教育落后地区农民之间两种完全不同的性格和处事方式，他们对新乡贤文化的理解和态度也有区别。在教育发达地区，人们文化素养较高，就容易在新乡贤带领下，形成良好的文化氛围，彰显新乡贤文化的力量。而教育落后地区农民更多关注的是物质生活条件的改善，而对文化氛围营造、文化人才培养缺乏正确而又全面的了解，也认识不到自己是新乡贤文化培育的最终受益者，缺少对新乡贤文化价值理念层面的认同。由于教育落后地区的农民认同的不到位，导致他们无法积极投身到新乡贤文化培育当中去，也无法发挥新乡贤文化引导、感化和教育等功能。正是由于文化水平偏低，导致他们对新乡贤的认识非常肤浅。农民们对新乡贤各有各的评判标准，仁者见仁、智者见智，因而对新乡贤有着各自不同的理解。认为新乡贤或是"富人"，或是"聪明人"，或是"有知识的人"，或是"老好人"，或是落叶归根、返乡养老的退休"官人"。从总体上看，这些认识都很朴素、很直观，都不算错，但却很片面、很肤浅，太泛化了。实际上，这也情有可原，因为时至今日理论界对新乡贤的界定还没有统一的说法，文化水平很高的知识分子尚且拿不准什么是新乡贤，更何况文化素质较低的广大农民了。

（2）部分村民对新乡贤的情感存在偏差

农民自身的力量能否被组织起来，决定着乡村振兴力量的大小，如果农民能够经常联合起来，则有助于乡村共同体的形成和村民公共性的生成，促进村民自治。但是随着市场经济的发展和打工潮的兴起，农民的利益观念、金钱观念发生了重大改变，他们看到外出打工能够挣到更多的钱，于是更加注重自身的"小日子"，对集体的事务关心较少，而部分农民具有功利心理，对新乡贤存在感情偏差。

第一，部分农民把新乡贤看作局外人，产生排外心理。"局是一种场域、范式、标准，在同一场域内、同一范式下，或具有相同的标准时就被划定为'局内人'，反之则是'局外人'。"[1] 村民有着相似的价值观念和行为规范，这种乡村文化成为村民判定是不是"自己人"的重要依据。由于新乡贤早已离开村子，到外地生活，他们的文化观念、行为举止、利益观念等都同村民有着不可忽略的差别。一些村民甚至认为这些成功人士从根本上说已经不属于这个村子，同自己不一样，因此在心理上，并不与新乡贤相通，主观上只是将其作为未来有可能会用到的资源来相处，对新乡贤采取一种排外心理。这使得新乡贤更加缺乏一种心理和情感上的归依，也使得村民同新乡贤很难进行心与心的连接、很难进行有效沟通，难以形成较好的帮扶关系。

第二，农民认为新乡贤有私利，对其产生不信任心理。农民认为传统的经营方式和打工方式能够很快获得肉眼可见的利益，更加倾向于向城市输出自己的劳动力。并且认为新乡贤一般都是带着政府下达的任务和完成考核的目的来改造农村的，只是走走过场，或者是带着自身的利益而来，为自身或者宗族谋利、捞好处，并不是真心为农民的利益着想，因此，对新乡贤采取不信任心理和防备的态度。

第三，一些农民具有小农思想，对于新乡贤进行的资源整合等措施采取抗拒心理。在城乡发展存在差别的情况下，一些农民习惯以往的生活起居方式，更不愿意将自家资源拿出去整合。如在现实中，难以接受老屋的酒店化改造，闲置土地改造成有机菜园，不务农、不打工、搞民俗表演等整合资源的想法，对新乡贤采取不支持甚至抗拒的心理。有学者研究表明，"当贫困者发现被贴上'弱者'标签却能获得较多的资源

---

[1] 郝晓雅、陈胜开、张茜：《新乡贤一定会受欢迎吗——乡村治理中新乡贤参与的困境破解与路径优化》，《领导科学》2021年第9期。

输入和利益满足时,就可能倾向于进行'贫困者'身份的自我建构"[1],甚至产生"等靠要"的消极思想,因此,部分村民更愿意选择当一个"贫困者",而不愿意脱贫。这样就不利于农村集体的团结,不容易形成进退与共的团体,一定程度上降低了新乡贤参与治理的效果。

第四,一些农民认为新乡贤文化培育与自身无关,认为是形式主义。当前农民对于一些制度的设计不够理解,导致其对政府的一种不信任,对新乡贤政策的不信任,认为新乡贤只不过是想来混个好名声,或者拿到政府的优待政策,混几年就走了,并没有长期为乡村发展做打算。因此,并非所有新乡贤都被人们认可和欢迎,有的地区,新乡贤只是成了"两委"汇报工作的演员,拉拉横幅,装装样子;有的地方"两委"担心新乡贤会遮蔽自己的威信和名望,损毁自身利益,因此对其故意打压;有的新乡贤说话、做事不符合乡村环境和文化背景,遭到民众不信任等。这些都成为新乡贤回归故里的阻碍因素,导致难以形成乡村振兴的合力。

第五,一些村民产生不平衡心理,存在期待乡贤能够"均富"的平均主义思想,不利于对新乡贤贡献的公正评价,伤害了新乡贤的感情。在社会主义市场经济快速发展和国家推进共同富裕进程中,不乏一些农民产生了被剥夺感和期待"均富"的吃大锅饭、搭便车等心理,对新乡贤的期待更加注重其经济付出,认为除了经济利益的让渡是真的,其他的都是虚幻的和唬人的东西,存在重视"富乡贤",轻视"文乡贤",甚至希望富乡贤最好能够让渡自己的利益,或者直接把自己的金钱用于居民房屋建设、日常消费等,否则就对新乡贤持对抗甚至敌对心态。这些都阻碍了新乡贤回乡的步伐。

(3)农民不重视文化建设,阻碍了新乡贤文化培育

随着农业机械化、智能化和规模化经营的逐步实现,农业生产率大幅度提升,农民的闲暇时间日益增多,但这些闲暇时间却大部分用于玩

---

[1] 卫小将:《精准扶贫中群众的"求贫"心理与情感治理》,《中国行政管理》2019年第7期。

手机、闲聊、打牌、打麻将等娱乐消遣，而有组织的文化活动、精神生活则比较欠缺，农村精神文明建设面临困境。而农村的文化事业和文化产业也相对短缺，从事相关文化事业、文化产业的人员也比较紧缺，这给新乡贤文化培育带来了诸多困难。

改革开放以来，农村经济得到发展，农民的生活环境和价值观念也发生重大变化，一些村民由于缺乏科学知识和文化素养，仅仅将经济利益作为毕生所求。随着对外开放的实施，农民越来越多地接触到外界的信息和思想，这些外来思想鱼龙混杂，使得农民的思想常常被误导，逐渐迷失，甚至产生思想混乱。

第一，农村留守人群实用主义思想挤压新乡贤文化培育空间。对于农村留守人群而言，他们相对较为封闭，更注重保守、传统和实用，现代性思维方式和致富思想较为欠缺，对培育新乡贤文化的兴趣不高。留守在农村中的大多数村民没有接受过高等教育，文化素养不高，其法治观念、道德观点、科学知识等相对比较欠缺，看问题的角度偏斜，对问题理解的深度不够，处理问题的方式方法等不够理性，生活领域相对较小、见识相对较少，只是听说过附近村落的乡贤故事，使得新乡贤文化在他们中的流传度不够，也尚未入心、入脑，对什么是新乡贤文化，谁是新乡贤，新乡贤有什么故事，为什么要学习新乡贤文化等缺乏科学化、体系化的认知，增加了新乡贤文化培育的难度。

第二，走出农村的人群金钱至上思想割断了新乡贤文化纽带。对于进城学习和打工的人群而言，年轻人思想较为开放和活跃，乡村文化处于城市文化的边缘地带，他们对乡村文化往往持一种不满的态度，认为农村的文化建设是不重要的、农村是没有希望的。因此，十分向往城市的现代化生活，但由于经济、文化等原因，他们又不容易融入城市文化和生活方式之中，因此，在城乡之间来回徘徊。当面临一些功利主义的价值取向时，他们会选择追随，甚至感觉除了物质利益，精神世界无所依托，常常面临文化上的困惑。

第三，农村精神文明建设中存在的问题，制约了新乡贤文化培育。由于当前一些农村地区没有有效开展思想政治教育，导致农民闲暇生活无所依附，甚至在部分地区，封建思想、宗教文化盛行，不利于新乡贤文化在该地区的广泛传播。由于农村人口流失，青壮年人数减少，许多传统民俗活动、文体活动等减少甚至取消，不利于农民形成凝聚力。一些新的娱乐方式，如打牌、赛车、玩手机，甚至看色情表演等不健康的方式，容易诱发社会治安、邻里纠纷等问题。

由于农村普遍存在实用主义、金钱至上等思想，使得农民在看待一些事情时，往往以是否对自己有利、是否和自己有关等作为衡量标准，尤其关注能不能尽快得到回报。然而，文化往往是一种润物细无声的生发过程，且短期内较难看到直接的经济效益，村民难以感受到文化提升带来的红利。由于这样的功利思想，村民往往从功利的视角理解新乡贤文化，把经济价值作为最重要的衡量指标。但我们应该清醒地认识到，如果人们没有信仰的支撑，那么其价值观念很容易凌乱和迷失。当前农村信仰金钱、信仰权力、信仰神佛，致力于投机取巧等现象时有发生，而这些都不利于社会的发展。因此，在农村宣传和弘扬新乡贤文化相对比较困难，不容易得到村民的认同和践行。

（4）村民普遍存在重"官乡贤"和"富乡贤"，轻"德乡贤"和"文乡贤"现象

乡村振兴是全面振兴，需要各类新乡贤共同推进。然而，"在市场经济及大众文化盛行的今天，财富已经成为村庄社会中衡量个人价值的基本尺度"[1]"很多乡民仅以财富来判断与认可新乡贤的能力和权威"[2]。不少村民判断新乡贤的标准、评价新乡贤是否发挥了作用，仅仅是把经济能力放在首位。在村民的心目中，不同类型新乡贤的地位是不一样的，重"官乡贤"和"富乡贤"、轻"德乡贤"和"文乡贤"现象普遍存在，突出的表现是对"官乡贤"和"富乡贤"高看一眼。如果新乡贤能为村

---

[1] 袁松、陈锋：《"气"与社会分化背景下的"富人治村"——浙东峨村调查》，《中国研究》2009年第2期。

[2] 胡鹏辉、高继波：《新乡贤：内涵、作用与偏误规避》，《南京农业大学学报（社会科学版）》2017年第1期。

里带来资源，或通过当官时留下的"余威"争取来优惠政策、协调来资金，或作为"老板"自己出资办实事（如经济精英捐钱捐物，出资完善基础设施），解决村里面临的实际问题，那么他在村民中威望就高，就会得到村民们的好评，就能做到一呼百应；而经济能力弱的新乡贤，如"德乡贤"和"文乡贤"以及平民乡贤，由于自身资源有限、地位不高，只能做些务虚的事情，如处理矛盾纠纷、宣传主流价值观等，这时一些村民的心态就会发生变化，往往认为这是在多管闲事。

村民普遍存在重"官乡贤"和"富乡贤"，轻"德乡贤"和"文乡贤"现象的原因是多方面的，但最直接的原因在于其自身文化素质偏低和市场经济的负面影响。

一是农民自身文化素质偏低。目前我国农民整体文化水平偏低，法治意识不强，道德水准不高，科学知识欠缺，致使他们理解能力不强、眼界不够开阔、见识不够广泛、处理问题的方式方法不够理性，短视行为严重。特别是乡村精英流失严重的乡村，留守的多是思想保守、能力较差的农民，他们早已形成了自我心理结构，一切以自我为中心，自私自利，他们不明白政治建设、经济建设、文化建设、社会建设、生态文明建设之间的辩证关系，只在乎新乡贤带来的眼前的经济利益，因而重视"官乡贤"和"富乡贤"，而对"德乡贤"和"文乡贤"则不屑一顾。

二是市场经济的负面影响。诚然，市场经济极大地推动了我国农村经济的大力发展，但是市场经济是把"双刃剑"，市场经济讲究效益最大化，市场经济带来了功利主义的泛滥，潜移默化地将"一切向钱看"等功利主义价值观嵌入村民的思维方式和行为习惯中，造成农民重利轻义。随着市场经济的发展，人们对于物质利益追求的欲望更为强烈，对精神追求则相对弱化。这种现实状况直接左右着人们对不同类型新乡贤的重视程度，即重"官乡贤"和"富乡贤"、轻"德乡贤"和"文乡贤"。显然，村民们在功利主义思想支配下，看待一切事情都以是否与自己有关、是否对自己有利、是否能带来利益为衡量标准，尤其是短视行为严重，特别关注能否得到近期回报。这就表明新乡贤在道德和文化上的感召力、影响力极其有限，这便使那些在短期内无法为乡村带来看得见的现实利益的新乡贤很难在乡村立足。

（5）部分村民怀疑新乡贤参与乡村振兴的动机

自古以来，乡贤反哺家乡都是受人尊敬和赞扬的行为。进入新时代，新乡贤积极响应党的号召踊跃投身乡村振兴实践，理应受到广大农民的欢迎，但是一些村民视回村乡贤为外人，"虽有敬仰之心，却并无心理相通之感"[1]。新乡贤大多都早早离开家乡，在外生活多年才回到家乡，与村民接触少，村民不知道新乡贤在外是做什么的，对其能力、品德等容易产生怀疑。一些村民对退休干部返乡参与乡村振兴感到不可思议，不理解他们的动机，为啥要放弃城市舒适的环境和便利的服务而回到条件较差的乡村来过"苦日子"。更有甚者质疑新乡贤回乡的动机，"认为他们无利不起早，回乡就是为了捞好处，对回乡人员持有怀疑、排斥态度"[2]。

村民们出现这种心态自有他们的逻辑，说穿了，就是怕触及他们的眼前利益。目前我国乡村形成了内在深层结构的封闭性，村民们凭借自己的农民身份，就可以无偿地从国家那里获得承包地和宅基地等特权，这些特权的获得不用自己付出一丁点的努力。"农村承包地、宅基地等产权初始取得的无偿性、福利性、天然性，实际上是一种无需付出任何努力就可以得到的特权，这必然会使集体经济组织内的成员对这种特权倍加珍惜，一方面紧紧抓住不放，另一方面则阻止外人进入分肥。"[3] 农民们认为，集体成员的增加，就意味着自己得到的福利减少，尤其是这种利益得到法律法规的支持，所以村民更是心安理得地排斥外来人，这种被排斥的人自然包括新乡贤，因为新乡贤主要成员恰恰是成长于农村，最后走出农村，拥有城镇户口的群体，他们没有农村户口，已不属于农

---

[1] 邓坚：《乡村振兴战略背景下新乡贤文化建设的困境与途径》，《学术论坛》2018年第3期。

[2] 王文峰：《"新乡贤"在乡村治理中的作用、困境及对策研究》，《未来与发展》2016年第8期。

[3] 邹心平：《乡村的封闭性及其对新乡贤培育的阻碍》，《农业经济》2018年第6期。

村集体组织成员。因而乡村的封闭性在住房、参与乡村治理、投资、归属感、家园感的落实等方面阻碍了新乡贤的回归，不利于新乡贤文化的培育和发展。除非新乡贤能给村民带来直接的物质利益，不然的话，村民们就会认为新乡贤仅仅是过客，不认可新乡贤是村里的成员。

一些村民不仅不认可新乡贤，甚至还质疑新乡贤行为动机，寒了新乡贤的心，严重挫伤了新乡贤的工作积极性。曾任湖北省罗田县统计局局长的退休返乡干部丁汗平，对此深有感触，他说："当初决定返乡的打算遭遇了不少阻力，特别是村里时不时传出'局长退休了还想回村当组长发财'的风言风语让自己感到非常寒心。"[1] 当然，由于在村中有自己的地缘和血缘关系，加之针对新乡贤的管理制度不完善、监督不到位，确实有个别新乡贤忘记了初心、发生了异化，往往借新乡贤之名牟取个人或家族私利，难以公平公正处事，玷污了新乡贤群体的形象，影响了新乡贤的公信力。这虽是个别现象，但殃及新乡贤群体，导致村民对一些新乡贤的厌恶。这当然大大削弱了新乡贤的归属感，也严重打击了新乡贤参与乡村振兴的积极性。

3. 村干部对新乡贤存在矛盾心态阻碍了新乡贤文化培育

毛泽东同志早就说过，政治路线确定之后，干部就是决定的因素。村干部是农村各项事业的骨干和带头人，党中央确定的乡村振兴战略和培育新乡贤文化号召的落实，取决于村干部作用的有效发挥。思想是行动的先导。新乡贤文化培育的成效同村干部的思想认识密切相关。只有村干部切实认识到新乡贤是乡村的精英，新乡贤具有独特的优势，是助推乡村振兴不可或缺的重要力量，能发挥不可替代的重要作用，才能高度重视新乡贤群体，才能着力培育新乡贤文化。然而，现实中部分村干部对新乡贤群体投身乡村振兴却持有矛盾的心态：部分村干部认识不到新乡贤的作用，认为新乡贤可有可无；部分村干部承认新乡贤有巨大作用，但又担心新乡贤作用太大会削弱自己的地位和权威；部分村干部对新乡贤培育认识不足。因而，部分村干部对引进新乡贤持有排斥心理，

---

[1] 沈阳、刘魏巍等：《退休官员变身新乡贤》，《半月谈》2016年第5期。

他们迫于形势表面说"欢迎新乡贤回乡做贡献",当新乡贤实际返乡之后,工作却会受到刁难,这便严重阻碍了新乡贤文化的培育进程。

第一,部分村干部和多数村民对新乡贤文化培育重要性认识不到位,动力不足。部分村干部认为,无利不起早,新乡贤没有报酬和补贴,奔赴农村无利可图,积极响应党的号召投身乡村振兴,只是一时心血来潮,赶时髦,时间一长,就会自动退出。在这一思想支配下,不少村干部抱着维持现状的态度,认为新乡贤可有可无,既不去宣传、鼓励和支持新乡贤,也不会公然反对新乡贤,表现在行动上就是不主动与本地在外新乡贤进行沟通联络,对新乡贤持无所谓的态度。大多数村干部对新乡贤认知还不到位,意识不到新乡贤对乡村发展的反哺作用和示范引领作用,甚至有些农村因为自身传统、刻板的思维模式,认为没有必要引进新乡贤。还有部分村干部认为,"他们都帮不上什么忙,不如放下一些资金帮扶农村"。一些村干部因为担心新乡贤及其组织会给自己工作带来不必要的麻烦,所以产生抵触心理,而对精神文化的含义也做出狭隘的理解。当前一些基层干部,将农民的精神生活固定在小广场上,固化为跳广场舞,甚至在面对上级调研评估时,将阅览室、学校的操场等当成农民文化活动场地,没有固定的场地。加上近几年新冠疫情的影响,许多具有地方特色的非物质文化活动开展力度大大减小,给农民、基层干部、学者一种农民精神文化生活不重要的错觉。

第二,部分村干部担心新乡贤会"夺权",削弱自己的地位和权威。绝大多数村干部认为新乡贤能够在乡村振兴中起到重要作用,希望新乡贤积极参与到乡村振兴中来,但有些民主意识较为淡薄的村干部则担心新乡贤参与乡村振兴会对自己的地位造成不利影响。实际上,这两种心态也是矛盾的,是村干部对待新乡贤态度上的两面性。著名政治学家俞可平在分析基层政府对待民间组织的态度的两面性时指出:一方面,政府希望民间组织能在日常的工作中对其起到辅助作用;另一方面,政府又时刻限制民间组织,防止民间组织发展过快,进而影响到自己在基层社会的地位。因此，政府很难放开手让民间组织独立发展。[1] 我国乡村仍具有封闭性，这种封闭性导致乡村权力结构的封闭性，加之一些村干部官本位意识强而民本位意识弱，在这种背景下，新乡贤参与乡村振兴、介入乡村治理后，那些官本位意识强且心胸狭窄的村干部自然会产生担忧甚至是恐惧，担心新乡贤凭借自身的优势在乡村拥有强大的权威、影响力和话语权会削弱自己的地位和权威，担心被"架空"、被"夺权"，担心自己的既得利益受到侵犯，从而产生过强的"危机意识"和"竞争意识"，因而会产生抵触情绪，在心理上排斥新乡贤、控制新乡贤。在这种心理作用下，村干部自然不会主动组织和引导新乡贤，更不会放权给新乡贤，而是在"工作中不积极、不主动、不配合，更谈不上向新乡贤请教、协商和寻求支持帮助，致使新乡贤无所适从、心灰意冷"[2] 更有甚者，会以"新乡贤非村籍身份不能获得选举权和被选举权"这一理由，将新乡贤赶出管理层，让其安心地做一个"居乡客人"[3]。这便使新乡贤面临着内生权力结构对外来力量天然排斥下的压力，削弱了新乡贤的归属感和参与新乡贤文化培育的积极性。

第三，部分村干部对新乡贤培育认识不足，致使新乡贤文化培育流于形式。相对于广大村民来说，绝大部分村干部对新乡贤还是比较了解的，但是一些村干部缺乏对新乡贤文化的正确认识和科学把握，对新乡贤培育还没有引起足够的重视，对新乡贤培育的认识还存在误区。一是对不同类型的新乡贤没能做到一视同仁，同村民一样存在重视"官乡贤"和"富乡贤"，轻视"德乡贤"和"文乡贤"倾向。尤其是一些村干部把新乡贤看作"财神爷"，产生了"吃大户"的依赖心理，寄希望于新乡贤能够为乡村发展多多出钱出力，于是对个别新乡贤为自己和家族牟

---

[1] 俞可平等：《中国公民社会的制度环境》，北京大学出版社，2006，第21-22页。

[2] 王文峰：《"新乡贤"在乡村治理中的作用、困境及其对策研究》，《未来与发展》2016年第8期。

[3] 刘伟安：《新乡贤引进因素分析及政策研究》，硕士学位论文，河北农业大学，2020，第18页。

取私利的行为"睁一只眼闭一只眼";村民在推举新乡贤时,也主要考虑新乡贤能否为村民牟利。这些都不利于营造新乡贤文化培育的健康生态。二是认为,县—镇(乡)—村三级治理格局目前已经相当完善,新乡贤没有存在的必要,更无需培育。三是认为,新乡贤是农村经济社会长期发展自然而然形成的有威望、有素养的基层群众,"'新乡贤'本身是业已存在的,而不是需要培育的,也不是培育所能造就的"[1]。可见,部分村干部对新乡贤培育工作的认识是不足的、认知也是不清晰的。正是由于没有真正认识到新乡贤的重大作用,因而不重视新乡贤文化培育工作,迫于上级要求的压力,也只是对新乡贤文化培育持敷衍的态度,致使新乡贤文化培育流于形式。新乡贤文化培育需要广泛宣传动员,更需要落到实处。但目前一些地方新乡贤文化培育存在比较严重的形式主义:一些地方政府在新乡贤文化培育上只注重贴标语或喊口号,对于新乡贤文化的内涵挖掘不深,不仅不能起到吸引人、感染人的作用,反而会适得其反。一些地方政府为了应付上级检查,仅将新乡贤文化培育简单等同于新乡贤文化场馆建设,但结果是有物无人、见物不见人,建而不用,劳民伤财。还有的地方政府认为新乡贤文化培育就是"评奖选人树典型",完全没有意识到把新乡贤文化培育工作落到实处的重要作用,这些都必然导致在新乡贤文化培育中出现急功近利、脱离实际、敷衍了事的情况出现。

4.农村基层干部不重视,阻碍了新乡贤文化培育

第一,农村基层干部对新乡贤文化的特点和培育规律认知不足。

文化发展有其自身的规律,从文化需求论来看,文化不是人们的刚需,属于高层次追求;从文化的作用方式来看,文化常常是人们日用而不觉,作用发挥是相对隐蔽的,且文化作用的发挥常常是潜移默化的长期过程。思想认识是行动落实的先导,只有认识到新乡贤文化的特点和培育规律,才能做好新乡贤文化培育工作。然而,一些农村基层干部认

---

[1] 胡鹏辉、高继波:《新乡贤:内涵、作用与偏误规避》,《南京农业大学学报(社会科学版)》2017年第1期。

识不到文化发展的特点和规律，对新乡贤文化的特点和新乡贤文化培育规律认知更是不足，认为新乡贤文化培育只是为个人增光添彩，没有认识到其重大的社会价值，没有站在国家发展战略、社会进步历程的角度理解和分析新乡贤文化。首先，不少基层干部想当然地认为，农村经济落后，当前农民对于精神文化生活没有太多需要，甚至认为农民现在还没有到达谈精神文化生活的程度。农民仅仅希望手里能多挣点钱，农民最重要的吃饱、吃好，有钱花，文化建设在目前提出为时尚早。其次，个别基层干部走入认知误区，认为随着年轻人外出打工，村子里剩下的多是老人、妇女和孩子，当前传统农村出现了空心化、老年化倾向，因此，不愿意深入了解农民需要什么，更不要提在农村进行新乡贤文化培育了。因此，忽视文化特别是新乡贤文化建设，导致基层政府在制定工作规划时，往往重视经济，缺少新乡贤文化培育的整体规划，而政府的蓝图设计和政策制定对农村发展有着十分重要的作用，缺少了新乡贤文化培育规划，就制约了新乡贤文化培育工作的进行。再次，一些基层干部缺乏对新乡贤文化产生、发展、培育特点和规律的把握，导致对已经存在的新乡贤文化资源运用不够。"文化资源作为'生产要素'的存在，渗透于思想政治教育的各个方面，但它不能自发地成为思想政治教育的资源优势，需要教育者发挥主体性，通过教育者的开发、整合、提取，并将之与特定的媒介相结合，才能转化为丰富的'文化产品和服务'。"[1]也就是说，新乡贤文化产出之后，能不能通过择取、包装、组合等，用作宣传资源，还需要培育主体能动性的发挥。正是由于对乡贤制度和文化建设的特点和规律把握不够，因而对新乡贤文化培育的意识较弱，对于新乡贤文化的重要性认识不够、能力不足、理解不透，从而缺乏动力，投入较少，制约了新乡贤文化培育。在这样的文化环境背景之下，新乡贤文化的培育工作显得可有可无，可轻可重，在一些情形之下受到发展摩擦力和阻力，制约了新乡贤文化培育工作。

---

[1] 梅萍、向荣：《思想政治教育文化资源与文化载体之辨》，《思想教育研究》2022年第9期。

第二，重视经济指标，对新乡贤文化引导和管理不够。

在宗族意识较为淡薄、社会组织力量较弱的地区，通过自上而下的体制力量和政府推动，可以促进乡贤文化的培育和发展。如通过出台一些人才回流机制、组织嵌入村集体治理机制、官方宣传机制等，发动人才返乡参与乡村治理，撬动更多的经济、人才、文化资源等，促进乡村振兴。但当前基层政府干部普遍存在的一个问题是重视物质文明建设、轻精神文明建设，轻视文化氛围营造。当前基层干部对新乡贤文化引导力度不够、管理制度尚不健全。首先，政府对新乡贤文化培育资金投入不足，缺少激励导向。长期以来，农民的精神生活似乎被简化为广场舞和评优评先，农民参与积极性不高、持续性不强。农村文化建设尤其要做好民间文化的传承，而这主要靠乡贤文化的作用发挥，但在传承弘扬农村传统文化、非物质文化遗产等方面的财政投入较少，对乡贤文化培育的财政支持更是少得可怜。其次，个别基层干部虽然还算重视新乡贤文化培育，但缺乏合理的管理机制和办法。一些基层干部认为新乡贤在乡村建设中发挥着重要作用，但是由于缺乏相应的引导管理机制，在现实生活中，如何进行管理，发挥新乡贤积极性，培育全社会尊崇乡贤，很多基层干部没有好的办法。当前一些地方没有完整的新乡贤文化培育顶层设计，缺乏制度保障，更没有可实施的地区性实施方案和计划，所以许多地区在新乡贤的认定标准、选拔条件、培育机制、激励机制，新乡贤文化的宣传弘扬机制等方面都具有随机性和随意性。比如，有些基层政府为了应付考核，展现业绩，公布各种措施和机制，创办各种平台，出台不少办法，大力推动新乡贤文化培育，期待以此推动更多人投身乡村建设，带动当地经济发展。然而，包括新乡贤文化在内的文化的作用往往是潜移默化、长久积淀的，一些基层干部在自己有限的任期内没能够看到预期的成效，就会减少对新乡贤文化培育的支持，转向更容易出政绩、更容易被考核到的领域，如基础设施建设、经济建设等领域，导致包括新乡贤文化培育在内的文化建设"一手软"。

（二）环境因素：农村经济、政治、文化环境存在的问题制约了新乡贤文化培育

1. 制约新乡贤文化培育的经济因素

经济基础决定上层建筑是马克思主义的基本原理。经济为文化发展提供物质基础,文化能为经济发展提供动力,从一定意义上说,经济与文化两者之间具有互动关系。目前,农村经济落后,导致农村对新乡贤的吸引力有限,成为阻碍新乡贤生成和新乡贤文化培育的物质因素。

(1) 农村经济基础薄弱

农村家庭联产承包责任制的实施曾极大地调动了亿万农民的生产积极性,使我国在很短的时间内就解决了温饱问题;我们坚持精准扶贫,打赢了人类历史上规模最大的脱贫攻坚战,历史性地解决了绝对贫困问题,全面建成了小康社会。但是农业发展基础依旧薄弱,"全面建设社会主义现代化国家,最艰巨最繁重的任务仍然在农村"[1]。不少农村地区还是采用小农经济的经营方式,缺乏土地规模化经营,使得现代农业技术无法得以广泛应用,农业基础设施落后,又使得农业抗击自然风险的能力依旧低下。加之市场经济条件下,农业除了面临自然灾害风险外,农产品还面临市场风险的考验。农业产业结构单一,多以粮食生产为主,而粮食价格一直偏低,因而农民依靠农业的收入自然就低,农业收入并不是农民家庭收入的主要来源,外出打工成了农民收入的主要来源,农民种粮积极性受到极大打击,以至于不少农村地区出现土地撂荒现象,农村经济发展缓慢。同时,由于工业化和城镇化的发展,乡村被赋予粮食生产的角色定位,这一角色定位虽然满足了我国粮食安全的需要,但却是以牺牲农村为代价,致使农村难以摆脱落后状态。农村经济发展滞后致使新乡贤文化培育土壤贫瘠。正是由于乡村经济落后才导致乡村人才远走城市,致使乡村空巢化;乡村建设需要人才,人才却因经济落后而流失,这就出现了恶性循环。正是由于乡村经济落后,发展机会极少,因而完全依靠农耕收入维持家庭生计的农村人口也在逐年递减,大多数年轻人为更好地发展都外出务工,造成乡村空心化。正是由于乡村经济

---

[1] 本书编写组编著《党的二十大报告学习辅导读本》,党建读物出版社,2022,第23页。

落后，才使适应城市便捷生活的外出人员难以放弃城市富裕、舒适的生活，继而选择回到落后的乡村，即使回到乡村也因乡村发展落后，无法为新乡贤发挥作用提供新的载体，新乡贤只能依靠传统媒介来发挥作用，因而使其作用发挥受到限制。正是由于乡村经济落后，才使得发展乡村经济成为乡村第一重要的工作，政府的工作重心往往放在乡村经济建设上，往往忘却组织开展农村文化建设的职责，不能充分认识到新乡贤培育的重要作用，进而忽视新乡贤文化培育工作。正是由于乡村经济落后，才使得包括新乡贤文化在内的乡村文化发展缺乏资金支持和物质支撑，进而出现精神文明建设"一手软"。正是由于乡村经济落后，才使得村民整体文明素质较低，因为"仓廪实而知礼节，衣食足而知荣辱"。可见，正是由于经济发展落后导致大量乡村人才流失，不仅使新乡贤的生成和成长失去主体来源，而且也无法真正留住新乡贤，更无法使新乡贤发挥出应有的作用，新乡贤文化培育也因此失去了物质基础。

（2）城乡经济发展不平衡

"中国自改革开放以来，以城乡二元结构为基础以推动中国经济的快速发展，由此形成了以城市为发动机、农村为稳定器的城乡二元结构发展模式。"[1] 城乡二元结构理论是由美国著名经济学家威廉·阿瑟·路易斯提出的，"二元"中一元是以农业生产为标志的乡村，另一元是具有现代工业体系的城市。与城市相比较，农村在经济、文化、教育、科技等方面发展相对落后，农业基础薄弱、农民增收困难、农村发展资源匮乏等问题依然棘手，新乡贤文化培育的土壤相对贫瘠。

随着城镇化的快速推进，不少城郊地区的农村消失变为了城市，城市经济发展呈现出一派繁荣景象，而还有大量的农村地区经济发展显得相当滞后，面临空心化、边缘化和老龄化的现实困境，成为现代化建设的突出短板，城乡居民收入差距依然较大。《中华人民共和国2021年国民经济和社会发展统计公报》显示，2021年，全国居民人均可支配收入

---

[1] 张垠莹、魏贤梅、王冬云：《徐州乡贤文化现状分析与思考》，《文教资料》2016年第9期。

为35128元，其中城镇居民人均可支配收入为47412元，农村人均可支配收入为18931元。[1] 城市居民人均可支配收入是农村居民的2.5倍。

经济发展方面的差距，导致无论是基础设施还是公共服务，无论是收入水平还是消费水平，城市都比农村地区更有优势，城市如虹吸一般吸引着新一代农村人奔向城市打拼创业、买房安家，甚至是在县城买房成为农村男女结婚的标配。新华网、微博联合、武汉大学中国乡村治理研究中心、中国社会科学院新闻与传播研究所传媒调查研究中心联合发起"2023回乡见闻"问卷调查显示，83.39%的家乡年轻人结婚要在城里买房。这就一方面加剧了农村人才的流失，一方面新乡贤回乡的动力也受到很大程度的影响。

经济发展方面的差距自然而然地导致城乡文化发展在数量和质量上的差距，形成差异较大的城乡二元文化。以群众文化机构情况为例，国家统计局年度数据统计显示，2020年乡镇文化站有32825个，组织文艺活动次数为613019次，平均下来，各乡镇文化站文艺活动次数为18.69次；地级市群众文化机构有359个，组织文艺活动次数为21318，平均下来，地市级群众文化机构文艺活动次数为59.38次，是乡镇文化活动次数的3倍还多，而此数据还不能完整表达城乡文化活动质量方面的差异，在实际走访调研中发现，农村文化活动的举办水平、多样性、层次性等与城市文化活动存在明显差异。

显然，在城乡二元结构仍然发挥作用的背景下，城乡经济仍然没能形成良好互动互补关系。更为严重的是，从某种意义上说，城市经济发展在一定程度上剥夺了农村经济发展的机会，城市的"虹吸效应"非常明显，人力资源和其他生产要素单向度流向城市，导致城乡没能协同发展，城乡差距拉大，农村日益空心化、老龄化、稀疏化、凋敝化甚至"单身化"（中国乡村正面临一个单身社会的来临），乡村社会面临生活方式

---

[1]《中华人民共和国2021年国民经济和社会发展统计公报》，国家统计局网，https://www.stats.gov.cn/sj/zxfb/202302/t20230203_1901393.html，访问日期：2023年11月29日。

危机，农村经济后续发展乏力，乡村生活便利度远远落后于城市，不仅对新乡贤缺乏吸引力，而且导致新乡贤后备人才匮乏，给新乡贤的产生、生活和发展造成了不利影响，"离乡"新乡贤不愿回去，"在乡"新乡贤也难以产生出来，更谈不上新乡贤文化培育了。

2. 制约新乡文化贤培育的政治因素

我国自古以来就是以农业为主的社会，农村原本是一个自治的社会，"国权不下县，县下惟宗族，宗族皆自治，自治靠伦理，伦理造乡绅"[1]。在中国古代，实行的是皇权、绅权并行的"双轨政治"权力运行模式，县是行政权力的最底层，县以下实行"自治"，并由乡贤来主导。乡贤代表本地乡村利益，无论是朝廷政令在地方的实施，还是民间社会愿望的上传，都离不开乡贤"桥梁"作用的发挥。新中国成立以来，特别是改革开放以来，乡镇政府的设立和村民自治制度的实行，使我国农村基层形成了县—乡—村的治理结构，标志着农村基层进入了"乡政村治"时代。在这里，"乡"成为行政权力的最底层，"村"则实行"自治"，乡镇政府和村"两委"则承担了古代乡贤的职能。而"乡政村治"体制在实际运行中"行政化"色彩非常浓厚，不仅村"两委"变成了乡镇政府的执行机构，而且村民自治组织自身也过于行政化，难以充分实现"自我服务"和"自我管理"。

（1）村"两委"与乡镇政府之间关系模糊，村民自治流于形式

我国《村民委员会组织法》明确规定："乡、镇、民族乡的人民政府对本地区各村委会进行指导、帮助和支持""不得干预依法属于村民自治范围内的事项"，村民委员会则要"协助乡、民族乡、镇的人民政府开展工作"。但是，这些只是原则性规定，并没有具体的解释、界定和限制，导致在具体实施中两者关系模糊不清。实际运行中，乡镇政府指导、干预过多，将"指导"关系变成了"领导"关系，不仅直接插手甚至直接决定村民委员会选举工作，而且直接给村委会指派任务、下达

---

[1] 秦晖：《传统十论——本土社会的制度、文化及其变革》，复旦大学出版社，2003，第3页。

命令，村委会俨然成了乡镇政府的下属机构。而处于弱势地位的村委会和习惯于逆来顺受的村民，只能被动接受，致使村民自治流于形式、形同虚设。行政权力合法嵌入村庄，不仅严重弱化了新乡贤产生和发展的内生基础，也大大压缩了新乡贤发挥作用的空间，因而阻碍了新乡贤文化培育进程。

（2）基层组织建设不足，导致新乡贤成为新"乡闲"

基层党组织是乡村治理的主要力量，是党的战斗力的基础，是乡村振兴工作的领导核心，起着乡村稳定和发展的重要作用。正如有学者所说："乡村优秀传统文化的失落、孝道不彰、人情竞争失控等问题的发生，固然有城镇化、市场化大潮影响的背景，但缺乏组织的原子化的乡村对这些冲击缺乏抵抗力。乡村建设最根本的当是基层组织建设。"[1] 当前基层组织建设中，没有体现乡贤管理的制度设计。村民委员会是基层群众性自治组织，目前存在的突出问题是乡村治理中，村民自治被一些村干部把持，或者成为村委会自治，村民、乡贤的作用没有充分发挥。甚至在新乡贤文化培育工作中，政府本应该搭桥建路，做好引领和保障工作和新乡贤选树、新乡贤文化宣传工作，但是一些村干部大包大揽，难以发挥新乡贤的辅助作用和村民的主体作用。村里的实际负责力量为村支书、村主任等，新乡贤在乡村里缺乏合理、有利的位置，导致新乡贤难有名正言顺的地位，从而影响村民自治及新乡贤功能的发挥，导致新乡贤成为新"乡闲"。当然，新乡贤自身组织机制建设也存在问题，难以调动新乡贤的积极性。如，调研中发现，河南某地探索了乡贤担任"名誉村长"的制度，受聘的"名誉村长"在职责界定上划定"四个重点"，即不理"政"事、建言"大"事、解决"难"事、管好"闲"事。但是受聘的"名誉村长"不具备正式村干部身份，不领工资、没有报酬，不直接参与村级事务管理，任期一年，期满后根据工作实绩重新聘任。在激励措施方面，对工作成绩出色的"名誉村长"给荣誉、给名望。比如，

---

[1] 贺雪峰：《乡村建设最根本的当是基层组织建设》，《农村工作通讯》2015年第8期。

对"名誉村长"捐建的基础设施赋予"冠名权",宣传其贡献家乡、造福乡亲的先进事迹;积极争取将"名誉村长"纳入全县重点工作表彰范围,向市县有关媒体推荐,让他们成为全县的"名人"等。显然,担任"名誉村长"的乡贤义务大于权利,这就导致新乡贤的激励机制相对较弱,身份也处于一种尴尬境地。同时,新乡贤人员复杂,地域零散,组织力不强,且他们的行为准则、工作目标等都缺乏相关规定。在一些地方,乡贤理事会、乡贤馆等是为了应付上级检查而成立的。甚至还有一些地方,没有设立新乡贤机构组织,也缺少像"乡贤会""乡贤馆"等组织和设施。在行政归属上,新乡贤工作由统战部门、组织部门、宣传部门等齐抓共管,职责归属不清晰,管理规范不健全。在职能发挥上,也经常会受到村"两委"的干涉,这种组织力量不强、组织机制不健全、职能界定不清楚的现状,影响了新乡贤文化的培育。

(3)政绩考核指标设置不合理,导致基层政府不重视新乡贤文化培育

乡村振兴战略是重大国家战略,乡村振兴是包括乡村文化振兴在内的全面振兴,而新乡贤文化是农村的先进文化,新乡贤文化培育理应体现国家意志,纳入政府工作日程。促进包括新乡贤文化在内的农村文化繁荣发展,是基层党委政府的重要职责,然而,由于对基层政府政绩考核指标体系设置不合理,导致基层政府不重视包括新乡贤文化在内的农村文化工作,由于不重视因而资金投入就少,致使农村出现经济建设"一手硬"、文化建设"一手软"的局面。

诚然,发展经济始终是党和政府的中心工作,鉴于农村经济长期发展滞后,因而更应该把发展农村经济放在核心位置,也必须把经济作为衡量农村基层干部考核的最重要指标。但是要知道,整个社会是由经济、政治、文化等多种因素组成的综合体,经济只是农村社会发展的一个方面,其他方面也必不可少,不能单打一个,要学会"弹钢琴",因此,对基层政府和基层干部政绩考核指标设置应该是多方面的,农村文化建设指标考核也是必不可少的。

政绩考核指标就是指挥棒,它引导着基层干部的工作方向。然而,

由于目前对农村基层政府和基层干部政绩考核指标设置不合理，要么没有设置农村文化建设考核指标、要么没有根据文化建设的特点来设置指标、要么在考核时不重视甚至忽视文化建设指标考核，导致农村基层政府和基层干部不重视甚至忽视包括新乡贤文化在内的整个农村文化建设工作。如果将新乡贤文化培育纳入基层政府和基层干部的政绩考核体系，就会倒逼基层政府和基层干部切实从思想上和行动上重视起新乡贤文化培育工作，进而促进新乡贤文化培育顺利进行。

3. 制约新乡贤文化培育的文化因素

文化不仅是社会发展的重要组成部分，还是社会发展的重要动力，文化是社会发展的软实力，并且是持久的力量。作为农村文化重要组成部分的新乡贤文化的培育工作，不仅受经济因素和政治因素的影响，而且直接受农村文化发展诸因素影响。改革开放以来，工业化、信息化、市场化、城镇化的快速发展，不仅给包括新乡贤文化在内的农村文化发展带来了机遇，而且也带来了严峻挑战，制约了新乡贤文化培育。

（1）城镇化浪潮冲击下传统乡土文化日渐解构

一种文化的培育，需要在特定的时空场域中进行，传统乡土文化是传统乡贤文化的根基，更是新乡贤文化孕育的土壤。然而，如今在城镇化浪潮冲击下村庄出现"空心化"，传统乡土文化日渐解构，血缘纽带关系逐步弱化，新乡贤文化培育土壤贫瘠化，阻碍了新乡贤文化培育进程。

乡村文化是中华文明的底色，乡村在厚重历史中生成的亲缘、血缘、地缘、民风民俗等使得乡村个体之间相互链接，乡土文明代代传递。"以宗族结构为基础的血缘地缘共同体形成了紧密的情感纽带和共同体文化，并能开展丰富的共同体活动。这些宗族共同体活动蕴含着强烈的价值意涵和情感体验，精英贤达在无形之中被村庄文化所同化，形塑个体对村庄社会的认同。"[1] 较强的宗族共同体和宗族意识等是激发乡贤参与

---

[1] 高万芹：《社会动员与政治动员：新乡贤参与乡村振兴的动力机制与内在逻辑》，《南京农业大学学报（社会科学版）》2022年第7期。

乡村治理的重要内生动力，这种来自宗族认可的激励方式，也能促使乡贤之间形成竞争，促进更多乡贤参与进来。同时，"在传统文化规范的约束下，精英的权威来自自身参与村庄公益事业和公共事务的强度。精英要做出与经济实力相匹配的公共行为，否则就仅仅是所谓的'精英'，而不是经过村民认可的社会权威"[1]。较强的生活共同体本身具有较强的规范性，若一些有能力为乡村奉献更多的人没有出钱出力，则很难在集体中产生威望、获得认同，甚至还会受到来自集体的疏离等惩罚，因此，传统宗族意识和村共同体有助于形成一种内在的激励动力。

传统村庄是具有强有力的公共规范和强势的民间共同体组织，生活在这些共同体中的人们会自觉维护公共利益，具有强烈的乡梓之情和宗族情感，自觉主动地从村庄的公共利益出发并为村庄做出贡献。正是传统乡土文明催生了传统乡贤文化，并以不同方式延续下来，而传统乡贤文化能为新乡贤文化的萌芽提供肥沃土壤，新乡贤文化正是在传统乡贤文化滋养下生根发芽的，离开了传统乡贤文化，新乡贤文化就成了无源之水、无本之木。传统乡村社会是高度自治的社会，更是礼治秩序和伦理精神主导下的乡土社会。这是一个以浓厚的乡情意识、难舍的宗族情怀、长幼有序、守望相助的伦理格局为纽带的具有高度凝聚力的社会，具有浓厚伦理化、道德化的特征。正是基于这种浓厚的乡情及落叶归根的乡土情怀，才使传统乡贤返乡成为自觉的行动，进而催生了乡贤文化。在我国，不少村落中都保留有珍贵的乡贤文化遗产，乡贤文化遗产是先贤留存的历史印记，这是我们进行新乡贤文化培育可资利用的独特资源优势。"实施乡村振兴战略，只有依托优秀传统文化，挖掘乡村特色，才能留得住'乡愁'，记得住'乡情'。"[2]

然而，在城镇化浪潮冲击下，乡村呈现三大离散，即"村庄结构离

---

[1] 高万芹：《社会动员与政治动员：新乡贤参与乡村振兴的动力机制与内在逻辑》，《南京农业大学学报（社会科学版）》2022年第7期。

[2] 葛白水：《乡村振兴离不开文化遗产保护》，《城乡建设》2018年第6期。

散、村民关系离散以及价值离散"[1]，传统村庄社会基础遭到破坏，乡村各种资源纷纷涌向城市，村庄出现"边缘化""空心化"，乡村文化结构日趋解构，乡土文明日渐衰退、乡土记忆日渐式微，乡贤文化遗产加速流失，乡贤文化日渐凋敝，血缘纽带关系弱化，留在乡村的农民越来越少，且务农的农民越来越少，乡亲们也不像旧时那样经常往来，沟通越来越少，地缘和血缘的纽带作用进一步弱化，人们的宗族意识逐渐淡薄，乡村原有的依靠血缘、地缘为主的文化网络逐步丧失其约束作用，不仅作为传统乡贤文化存续和传播载体的乡贤文化遗产遭到侵蚀和摧毁，而且传统乡土文化日渐解构。如今一些乡村已很难见到传统乡土文化的影子，因而新乡贤文化培育也难以找到传承的载体。

（2）市场化大潮冲击下乡村价值观念悄然转变

中华文化源远流长，优秀的传统价值观念几经传承与发展，依然是指导每个中国人行为习惯的文化基因。但在市场化大潮的冲击下，乡村价值观念悄然发生了转变。

市场化改革极大地改变了中国，既极大地促进了农村生产力的发展，又对乡村价值观念造成极大的冲击。在市场化推动下，农村生产力水平不断提高，农村的机械化、现代化程度越来越高，再加上村村通公路的修建、网络信号的全覆盖，农民的出行方式和社交方式都发生了巨大的改变，农村的文化氛围由封闭变得开放，城市文化及西方文化开始向广大农村渗透，农村多元文化格局形成，各种思想文化在农村相互交织碰撞。在各种外来文化的冲击下，乡村的伦理秩序和乡情意识日渐消解，人们之间相互关系的纽带突破了传统地缘、血缘的束缚，人和人之间的相处模式也更加多元多样，人情趋于冷漠，乡村价值观念悄然地发生了转变，并呈现出多元多样化的特点，村民们已不再羞于谈利益和金钱，利己主义甚至成为被人理解和追捧的价值观。由于农民文化素质较低，缺乏辨别能力，因而在多元文化选择上面临困境，农民的思想观念、

---

[1] 曾鹰、曾天雄：《"新乡贤"文化："后乡土"乡村治理的内生价值之维》，《城市发展研究》2019年第5期。

价值取向、道德判断等面临着前所未有的冲击和挑战，盲目跟风成为普遍现象。这也给功利主义、使用主义、拜金主义、享乐主义、一夜暴富等不良文化肆虐提供了可能。部分村民被裹挟洗脑，产生负面的价值标准和思想观念。

当前农村出现了信仰多元化、价值扭曲化、伦理问题凸显、封建迷信盛行等问题，而作为乡村文化底色的"乡愁"早已被人们抛于脑后。快节奏的生活和对感官刺激的寻求代替了田园牧歌的追求，金钱成为主宰人们价值尺度的重要标准，传统的对自然的敬畏之心早已封尘进人们的记忆，传统农耕文明也逐步走向历史博物馆，街坊四邻之间原本同甘共苦、守望相助的生活方式被打破，取而代之的是冷漠疏离、过度攀比的社会风气，传统乡土文化底色逐渐被西方文化渗透，理性工具裹挟着村民的价值观念，功利思想甚嚣尘上，追求利益最大化，并且更加注重物质利益，拜金主义猖獗。在价值观念断层、断裂、转型的现实状况下，乡村面临着前所未有的公共性危机、文化危机和治理困境。传统乡土文化的吸引力、感召力日渐下降，乡贤文化的传承和发展被忽视。

虽说是乡下生活早已成为许多人追求的诗意理想，但未必成为其现实生活中的真实追求。一些农村青年只想着外出打工挣钱，留守人员则崇尚金钱，漠视传统文化。而一些从农村走出去而今生活在城市的准乡贤则由于乡土人情淡漠不愿返回家乡。我们知道，新乡贤中有一部分是由于政策鼓励而回到乡村的，但还有相当大一部分新乡贤是基于对家乡的深厚情感和浓厚乡情而回到乡村的。而乡土文化式微、传统价值观解构、人际关系淡漠，割裂了新乡贤与乡村的血脉纽带，使得新乡贤难以在乡村找到精神的栖息地和价值感，降低了对新乡贤的吸引力。环视今日农村的文化环境，且不说新乡贤是否愿意扎根乡村，单从实际上讲，扎根乡村将面临许多障碍和挑战。旧中国是一个讲究伦理秩序的乡土社会，非常强调伦理精神、宗族观念，具有较强的内聚力。正是这种落叶归根、告老还乡的乡土情结，以及长幼有序、守望相助的伦理格局，使得一些从农村成长起来的精英在迟暮之年返回家乡生活，甚至有的人还能发挥自身优势、实现自身价值，为乡村发展尽一份力。而乡民们也买这些乡贤的账。对于乡贤而言，这种传统重宗族、重人伦、重情义的乡土社会才是值得期待的。但如今，传统乡村社会的礼乐秩序已经发生重大改变，理性思想占据重要地位，利益、金钱、名声等等成为不同村民的追求，新乡贤的价值也被淡化。因此，当传统礼乐秩序、乡土情结等纽带断裂，新乡贤文化难以具备厚实的文化土壤，当对今天的村民提及新乡贤文化时，显得略显生涩和虚幻，缺乏实践价值和现实支撑。而这些也许是许多新乡贤不再想为家乡做贡献的重要原因。这样，新乡贤文化培育既缺乏内生动力，又缺乏外在吸引力，新乡贤文化培育空间被大大压缩。

（3）城镇化浪潮冲击下乡土精英外流，新乡贤后继乏人

新乡贤既是新乡贤文化涵育熏陶下产生的群体，又是新乡贤文化培育和发展的示范者、引领者和推动者，新乡贤文化培育离不开新乡贤的助力。乡村是新乡贤的根脉所在，新乡贤与乡土有着难以割舍的情感纽带，这也是新乡贤情系乡村、返回乡村、践行新乡贤文化的根本原因。如果新乡贤经常不在乡村，就不能在乡村的日常生活中发挥指导和示范作用，村民就感受不到新乡贤文化对乡村振兴的作用，自然也不会积极主动地参与到新乡贤文化培育中来。然而，随着城镇化浪潮的兴起，在城乡关系中，城市处于更加有利的地位，城市精英自然不愿向农村流动，同时，城市对乡村精英的"虹吸效应"日益显著，大量农村青壮年纷纷离开农村，而这些青壮年是农村中文化素质较高的人员，留守在农村的只剩下文化素质偏低的妇女儿童和老人（简称386199部队），"仅仅靠留在农村的386199部队，是根本无法实现乡村复兴的"[1]。农村人口单向度流向城市，不仅直接造成农村"空心化"，而且导致乡村进入"后乡村精英时代"，乡村人才出现断层，新乡贤后继乏人。因为留守在乡村的多是学习能力差、思想保守的农民。在此背景下，新乡贤培育的后备人才严重不足，村干部的选拔只能是"瘸子里面挑将军"，只能从留守

---

[1] 邝良锋、程同顺：《新乡贤生成困境解析——基于农业后生产论的演变逻辑》，《天津行政学院学报》2017年第3期。

人员中选拔村干部。这样选出来的村干部文化素质自然不会很高，能力也不会很强，眼界和心胸自然也不会很开阔，对待新乡贤的态度也不会很友善，这当然不利于新乡贤文化的培育。同时，在对外开放、发展市场经济和城镇化浪潮冲击下，乡村逐步"空心化"甚至"沦陷""消失"。许多乡村为加速发展，套用城市发展模式，破坏了乡村传统风貌，丢掉了传统乡土文化，导致千村一面，失去了乡村本色。新乡贤记忆中的田园乡村消失了，乡愁无以寄托，新乡贤与乡村的情感联系明显弱化，因此新乡贤的返乡积极性不高。这不仅导致传统熟人社会瓦解、宗族意识淡化，不利于新乡贤参与乡村振兴工作，而且侵蚀甚至消弭了一些人脑海中的寻根意识和奉献精神，而寻根意识和奉献精神恰恰是乡贤反哺的心理渊源，缺乏这一心理渊源，一些人便对家乡建设漠不关心、无动于衷，因而也不可能成为新乡贤，导致新乡贤后备队伍严重缺乏。更为严重的是，我国绝大多数农村还没有形成有利于新乡贤培育的新乡贤文化氛围。"新乡贤文化更意味着一种能够建构或生长出乡贤并使其深受普通村民认可与尊重的本土性文化观念系统。"[1]在我国，除了东南沿海发达地区的少数农村新乡贤文化氛围比较浓厚外，绝大多数农村尚未形成新乡贤培育的良好氛围，这也是广大农村干部群众对新乡贤和新乡贤培育认知不足的重要原因。而新乡贤文化氛围不浓的重要原因在于政府对于新乡贤的激励与动员不到位，政府没能高度重视大力宣传、弘扬、传承和创新乡贤文化，也就谈不上为新乡贤文化培育提供文化土壤。

（4）新乡贤文化自身纽带作用发挥不够

新乡贤文化是新乡贤在实践中所创造的物质财富和精神财富的总和，新乡贤文化对于新乡贤功能的发挥具有重要作用。但是，当前新乡贤文化作为人情风俗、社会治理的重要纽带，其作用发挥不够。"培育新乡贤文化，就是要通过多种手段、方式宣传、展示、传播以乡土情怀和尚贤传统为核心的乡贤文化，让新乡贤发挥道德示范和价值引领作用，

---

[1] 李晓斐：《当代乡贤：地方精英抑或民间权威》，《华南农业大学学报（社会科学版）》2016年第4期。

用他们的嘉言懿行垂范乡里、涵育乡风，努力在全社会形成'学乡贤、知乡贤、颂乡贤、当乡贤'的浓厚氛围。"[1]"新乡贤文化不光包含乡贤，还囊括了与乡贤有千丝万缕关联的乡域、乡情、乡景、乡愿、乡民等……分为载体、仪式、灵魂、规范四大类别。"[2]新乡贤文化培育实效性不强，需要分别从新乡贤文化的挖掘和凝练，传播推广的载体、仪式、灵魂、规范等方面做具体分析。

第一，新乡贤文化挖掘和凝练不够，发展滞后。文化对人思想的引领作用是伟大的，吸引乡贤加入乡村振兴队伍，应该注重唤醒文化记忆。由于当前新乡贤事业发展尚不够繁荣，与之相关的新乡贤文化培育也受到一定制约，同时，当前人们对新乡贤文化挖掘和凝练不够，认知不到位，严重影响新乡贤文化培育。一些人对新乡贤文化认知模糊，定位不准，很大部分原因在此。新乡贤文化的断层，导致新乡贤缺乏生长的土壤，难以发挥新乡贤在乡村治理和乡村振兴中的重要作用。当前新乡贤文化宣传工作主要在农村开展，但是对于大多数新乡贤的聚居地——城市而言，新乡贤文化宣传明显不足。并且在农村地区，关于新乡贤文化的建筑等没有资金进行修缮和维护，新乡贤的思想价值没有得到有效传承和弘扬。对于新乡贤文化，人们没有花费金钱和精力着重打造具有本地特色、凸显精神价值的载体。而是主要以激发引导人们参与驻村、做公益慈善活动等为主，没有真正去挖掘和提炼新乡贤文化的思想内核，发挥其涵育乡风文明，激发身在城市的乡贤做出贡献的重大作用。究其原因有两个方面：一方面，各地区、各时代的乡贤文化载体没有得到及时保护和重视。比如乡贤文献、文物、住宅、祠堂、墓碑等，作为乡贤文化的重要载体的佐证，是乡贤生活和贡献的活化，承载着人文价值和信仰力量。但是在现实生活中，较少有地区做这些事情。即便有些地区

---

[1] 赵德明：《培育新乡贤文化应处理好"四大关系"》，《重庆行政（公共论坛）》2016年第6期。

[2] 刘社瑞：《乡村振兴战略中新乡贤文化建构研究》，湖南大学出版社，2020，第96-97页。

设立了乡贤馆、乡贤故居，也没有注重其活化并利用现代手段进行宣传，难以深入人心。另一方面，对于新乡贤文化，主要以评优评先、事迹宣传等方式进行，但在其思想精神的时代性提炼和宣传创新方面，还有待进一步提升。

第二，新乡贤文化平台载体建设不够，发挥作用小。"新乡贤文化载体即新乡贤文化得以传承与发展的空间、场所、器物、组织形态等。"[1]只有建设丰富多样的新乡贤文化载体，才能发挥新乡贤助推乡村振兴的价值功能，并将其言行转化为良好的民风民俗，起到凝聚乡村文化的重要作用。当前新乡贤文化载体建设存在的不足，阻碍了新乡贤文化培育。在一些地方建设农民文化场地，推动了农村公共文化服务发展，但是许多农村地区的文化活动依然具有保守性，且主要集中在传统节日的庆祝上，活动相对固定化、模式化。新乡贤文化的承载者主要是传统媒介，如乡村读书室、农村广播站、村里的宣传栏等物质载体，随着时代的发展，也增加了一些如戏曲、影视作品、诗歌等形式，还有一些地区建立了乡贤祠堂、乡贤学堂、乡贤参事会等平台，一定程度上满足农民精神生活的需要，但是普及率并不高，且与互联网和数字媒体的快速发展相比较，这些形式对新乡贤文化的承载能力有限，传播方式不够及时、灵活，传播能力不足，缺乏创新性和系统性，不利于新乡贤文化培育。

第三，新乡贤文化培育的范围局限于农村，城市地区较为薄弱。当前，在新乡贤文化培育过程中存在着重视农村地区新乡贤文化培育，忽视城市地区新乡贤文化培育问题，新乡贤文化培育主要集中于农村地区，在城市地区进行新乡贤文化培育较少。而有可能成为新乡贤的人（即准乡贤），虽然大多出生于农村、成长于农村、走出农村，但最终安家落户并生活于城市地区。在城市居民早已多于农村居民、乡村精英多已流向城市的今天，在新乡贤的人员构成中，出生于乡村、成就于城市的"离乡"新乡贤应是主体、应该占大多数。但长期以来，新乡贤工作和新乡

---

[1] 刘社瑞：《乡村振兴战略中新乡贤文化建构研究》，湖南大学出版社，2020，第97页。

贤文化培育工作的重点却都放在了农村地区、农村干部、农民群体上。显然，现今的新乡贤文化培育工作出现了城乡错位，培育的重点放错了，也就是说，新乡贤文化虽说是农村文化的重要组成部分，但是这种特殊的农村文化培育要把重点放在城市，要跳出农村来培育农村新乡贤文化，不仅要动员农民参与新乡贤文化培育，更要号召市民积极投身新乡贤文化培育工作。提出这种观点是有其理论和现实依据的：首先，党中央明确提出要举全党全社会之力解决"三农"问题，实现乡村振兴。全社会之力除了农村社会之力，当然还包括城市社会之力。乡村文化振兴不仅是乡村振兴的重要组成部分，而且能为乡村振兴提供精神文化支撑。而新乡贤文化又是农村文化中的优秀文化、榜样文化、先进文化。这就要求城乡居民都要共同努力，为培育新乡贤文化做出各自的贡献。其次，乡村振兴关键在人才，而人才培养关键在教育。如今的现状是在城镇化浪潮下农村人才纷纷流向城市，导致农村人才短缺。实际上，当今的农村教育并不是为乡村培养人才的，而是为城市培养人才的。大多数学有所成的农村学子留在了城市，为城市发展做贡献而不返乡参与乡村振兴。这从情理上有点说不过去。作为"还债"或者说"反哺"家乡的养育之恩和农村学校的培养之情，这部分人具有成为新乡贤的潜质，理应成为新乡贤培育的重点人群。但目前新乡贤文化培育实践中培育对象和范围出现了偏颇，局限甚至是缩小了新乡贤的范围，不利于新乡贤的选树和新乡贤文化氛围的营造。调查显示，目前新乡贤的人员构成中，以"在场"的农村老人居多，老年新乡贤固然有其优点，但是这些老人的劣势也非常明显：思想相对固执、保守，缺乏创新性和科学性，对于产业发展、党和政府政策、主流价值观培育等把握不够准确，显然不利于推动乡村振兴。当然，以"在场"的农村老人居多，意味着还有少数"不在场"乡贤。这些"不在场"乡贤具有开阔的视野、超凡的能力，对于乡村振兴具有重大意义，但是由于新乡贤文化宣传不到位，目前没有形成具有影响力的下乡潮，不利于新乡贤文化的培育和良性发展。

第四，新乡贤文化仪式举行和活动开展不够。当前在许多地区，借鉴古代的一些方式，建立乡贤簿，记录并讲述乡贤故事，建设乡贤馆等来表达对新乡贤的尊崇和纪念。然而,当前一些地方对于乡贤的仪式简化为了"拉横幅""拍照片"等形式,丧失了传统的仪式感,这无疑不利于新乡贤文化培育。很少有地区把祭祀等活动作为新乡贤表彰和鼓励的重大措施。要知道,开展活动是最具吸引力的方式,人们在举行新乡贤仪式、开展新乡贤评选活动中,能够增强认可乡贤、支持乡贤、崇敬乡贤的思想情感,有助于乡贤文化的培育,更有利于劝勉人们崇敬乡贤、争当新乡贤。古代有祭祀乡贤的优良传统,而今,祭祀乡贤等活动逐步缺失,这有其社会原因:一方面,随着社会发展和殡葬制度改革,传统祭祀制度等遭到遗弃,人们不再像古代人一样重视死后的祭祀礼制,祭祀活动不再受到人们的重视。另一方面,当前新乡贤文化培育中,更加强调时代性,注重对在世甚至是在位乡贤的表彰,忽略了对已故乡贤故事的书写和传播,导致乡贤文化的断裂,不利于乡贤文化的延续和传承弘扬。

第五,新乡贤文化传播队伍缺乏人才。当前新乡贤文化传播主要在农村,农村干部大部分年纪偏高,学历偏低,对于新媒体、新技术、新文化产品是比较陌生的。除了村干部,还有一些协会,如老乡会、乡贤会、红白理事会等组织,成员年纪普遍较大,且同时担任多个职务,负责村里各项文化活动、节庆活动、婚丧嫁娶等事宜,缺少了年轻人和后备人员的参与,这种状况既不能持久,也不利于创新。首先,新乡贤文化践行者和传播者年龄偏大,分身乏术,无法将每件事都做好。其次,年长者有着天然的权威,他们的话语有着较大影响力,虽然有些地方搭建了微信群、公众号、抖音等平台,但是由于他们没有掌握新技术、新传播技巧,不会很好运用新媒体,致使新乡贤文化传播范围受到局限。最后,文化事业是一项潜移默化的工程,具有持续性、渐进性,需要源源不断的人才久久为功。而当前农村缺乏年轻人热心新乡贤文化传播,后继乏人,制约着新乡贤文化培育和发展。

(三)制度因素:制度机制缺失制约了新乡贤文化培育

邓小平同志曾经指出:"制度问题更带有根本性、全局性、稳定性和长期性。"[1]可见，制度建设非常重要，新乡贤文化培育也要有相关制度作保障。鉴于新乡贤文化是农村地域文化，不同地区差异较大，在顶层设计上很难做出详细规划，因而要求地方政府因地制宜制定新乡贤文化培育制度和方案。但遗憾的是，我国关于新乡贤文化的制度化建设刚处于探索和试点阶段，关于新乡贤文化培育的制度还是空白，新乡贤文化培育缺乏制度保障。

1. 新乡贤遭遇合法性困境

哈贝马斯提出，合法性是"一种政治秩序被认可的价值"[2]。政治学界认为，政治合法性包括实质上的合法性和形式上的合法性，"民众认同感属于实质上的合法性，法律形式的合法性则是形式上的合法性，这两种合法性同样重要"[3]。

首先，就新乡贤形式上的合法性来看，截至目前，除了在中央个别文件中提及新乡贤和新乡贤文化外，我国并没有出台专门规范新乡贤的法律，更没有规范新乡贤文化培育的法律。新乡贤产生的政策基础只是21世纪以来中央关于美丽乡村建设的重要战略部署，如2015年以来每年的中央一号文件都强调要重视发挥新乡贤的作用，重视培育新乡贤文化，但至今尚无一部关于新乡贤参与乡村振兴及新乡贤文化培育的专门性指导文件，更不要说这方面的法律制度了。可见，我国在新乡贤和新乡贤文化的制度建设上还存在，严重不足。这样，新乡贤身份的界定、新乡贤优势的分析、新乡贤角色和地位的定位及新乡贤文化作用的概括，等等，都无法可依、无章可循。缺乏法律层面的保障，新乡贤培育及参与乡村振兴就会出现"名不正言不顺"和底气不足的问题，致使新乡贤参与乡村振兴的积极作用难以有效发挥。同时，新乡贤要充分发挥在乡村振兴中的功效，必须依托一定的组织平台，以此使新乡贤在有序和规范

---

[1] 《邓小平文选》（第二卷），人民出版社，1983，第333页。

[2] 张风阳：《政治哲学关键词》，江苏人民出版社，2006，第326页。

[3] 曾素勤：《乡村振兴战略背景下的新乡贤角色和作用研究》，硕士学位论文，江西师范大学，2020，第41页。

化的组织参与中得到锻炼和提高，进而培育新乡贤队伍和新乡贤文化。但是，新乡贤及新乡贤文化培育和参与乡村振兴尚处于探索阶段，很少有地方成立有规范化的新乡贤正式组织，即便成立了相关组织，国家也尚未出台统一的政策来指导新乡贤工作，未在全国范围内形成统一的体系。[1] 而从法律视角看，目前一些地方成立的新乡贤组织（如乡贤理事会、乡贤参事会）也不是严格意义上的农村社会组织，因为它没有在民政部门正式注册登记，也没有法律规定的法人资格，在运行过程中既容易出现资金管理混乱的问题，不利于其独立发展，也难以得到农村广大群众的信任。[2] 没有组织平台支持新乡贤开展工作，新乡贤参与乡村振兴只能是个人的自发行为，而零散的、原子化的新乡贤又无法取得合法认证，其影响力是极其有限的。

其次，就新乡贤实质上的合法性来看，由于身份不明确，又没有自上而下的授权，更没有明文规定新乡贤发挥作用的合法渠道，因而不仅很容易引起村民对新乡贤参与乡村振兴动机的怀疑，而且也会使部分村干部心怀抵触情绪，加之确有少数新乡贤，要么是一开始便动机不纯，混进新乡贤队伍牟取私利，要么挡不住利益诱惑蜕变为"伪乡贤"，严重玷污了新乡贤形象，败坏了新乡贤声誉，致使新乡贤实质上合法性受到质疑，这便使新乡贤培育、新乡贤文化培育及新乡贤参与乡村振兴阻力重重。

2. 新乡贤文化培育的保障制度不完善

新乡贤在乡村振兴中具有不可替代的独特作用，乡村振兴离不开新乡贤作用的有效发挥，但目前我国新乡贤不仅数量极少而且质量也不高，因此必须大力培育新乡贤文化，壮大新乡贤队伍。但是新乡贤能否被培育成为符合乡村发展需要的新乡贤，并非仅由新乡贤本身的能力和德行

---

[1] 袁慧：《乡村振兴战略背景下新乡贤培育的研究》，硕士学位论文，西华大学，2019，第32页。

[2] 郭夏娟、秦晓敏：《"三治一体"中的道德治理——作为道德协商主体的乡贤参事会》，《浙江社会科学》2018年第12期。

决定的,完善的保障制度也是新乡贤培育和吸引新乡贤积极参与乡村振兴的重要因素。但是,到目前为止,新乡贤培育不仅面临着合法性困境,而且新乡贤文化培育缺少完善的保障制度。

首先,农村集体产权制度的封闭性给"外来乡贤"的住房出了难题,新乡贤住房缺乏保障。随着市场化、城镇化、信息化和对外开放政策的实施,村庄的封闭性慢慢在减弱、乡土味逐渐在淡化,乡土社会逐渐演变为"城乡社会"。但是城乡二元体制下集体产权制度的封闭性依然存在。早在1999年,国务院就出台了《关于加强土地转让管理严禁炒卖土地的通知》,禁止城市居民在农村购买住宅。2019年,中央农村工作领导小组办公室、农业农村部联合下发了《关于进一步加强农村宅基地管理的通知》,强调严禁城镇居民到农村购买宅基地。这些关于农村土地和住宅制度的规定具有明显的城乡二元结构色彩,也是城乡二元户籍制度导致的结果。在城乡二元户籍制度下,离土新乡贤也有着与农村不相称的"二元身份"。有一种分法将新乡贤分为两类,即一直居住在乡村的新乡贤和离开乡土功成名就后反哺家乡的离土乡贤。离土新乡贤较早离开家乡,具有城市户籍,工作生活在城市,属于城市人,但返乡后户籍仍在城市,人却工作生活在农村,因而具有"二元身份"。按照现在的政策规定,待到退休或事业有成再想返回农村,户口想要迁回农村已经不可能了,这便成了离土新乡贤的心头之患,因为在我国,户口附加了太多的福利,土地、住房、医疗、教育等都同户口挂着钩。离土新乡贤就成为农村的"三无"人员,即无户口、无土地、无住房,身份很尴尬,因为连最起码的生存基础即住房问题都无法解决,因而新乡贤很难以合法身份扎根乡村,更谈不上新乡贤持续发挥新乡贤文化的垂范者和带头人作用了。

其次,农村集体产权制度的封闭性给新乡贤参与乡村治理带来了困难,新乡贤参与乡村治理缺乏制度保障。新乡贤参与乡村治理具有天然优势,能够发挥独特作用,但是农村集体产权制度的封闭性却限制了这些优势和作用的发挥。2018年修订后的《中华人民共和国村民委员会组织法》明确规定,只有户籍在本村的村民才有资格参加村民委员会选举，户籍不在本村的要想参加选举很是困难。这些制度规定为具有城市户籍的新乡贤通过依法选举进入村委班子参与乡村治理设置了障碍。

再次，新乡贤医疗保障问题无法解决，新乡贤缺乏医疗保障。生老病死是每个人都会面临的问题。妥善解决新乡贤的医疗保障问题，让新乡贤病有所医、老有所养，对新乡贤和新乡贤文化培育、提高新乡贤参与乡村振兴积极性具有重要意义。然而，在城乡发展差距较大的今天，城市医疗条件相当完备，医疗水平较高，而农村医疗设施依然落后，医疗水平较低，这就使一些新乡贤顾虑重重。尤其是对那些退休后想反哺家乡的"准乡贤"来说，随着年龄的增长，患各种疾病的概率越来越大，面对城乡医疗条件差距，面对农村较差的医疗条件，可能会"打退堂鼓"。可见，农村较差的医疗条件直接阻碍了新乡贤文化的培育进程。

最后，新乡贤文化培育缺乏经费保障。组织开展农村文化建设是地方政府的一项重要职责，地方政府是新乡贤文化培育的重要组织者、引导者，一个地区新乡贤的作用是否能充分发挥出来，往往和该地区政府部门的相关工作密切相关。地方政府应为新乡贤文化培育提供指导，实现政府承担的文化建设职能，但在具体实践中，不少地方政府往往对新乡贤文化培育不够重视、少有投入。与全面推进乡村振兴的要求相比，包括新乡贤文化培育在内的乡村文化建设仍相对薄弱，乡村公共文化的财政投入与社会经济发展水平不相适应的问题依然存在。作为新时代乡村文化组成部分的新乡贤文化培育，也面临经费投入不足的困境。

其一，对新乡贤文化载体的经费投入不够。培育新乡贤文化离不开一定的文化基础设施，需要通过一系列载体进行承载和传播。而文化基础设施建设和文化载体建设都需要一定的经费投入作保障，但目前我国包括新乡贤文化建设在内的整个农村文化建设的资金投入严重不足，针对新乡贤文化培育的载体相对单一并且落后，主要是通过培训和教育基地的培育来进行，多采用传统的宣传方式，如大喇叭、宣传栏、表彰会等，很少有通过新媒体、融媒体、文化产品等高新科技来助推新乡贤文化培育。传统宣传方式简单易使用，但弊端不少：从宣传形式上看，不够生动活泼，难以对村民产生强烈吸引力，不利于激发人们了解和认知新乡贤文化的兴趣；从内容上看，传统宣传方式的文化承载力有限，不够生动活泼，不利于人们对新乡贤文化的全面认知，也不利于人们入脑、入心，更难以激发村民的主观能动性，使村民主动走进新乡贤、了解新乡贤、争当新乡贤，难以达到理想的培育实效。在数字技术、人工智能快速发展的今天，运用现代化的科技手段推动城市智慧大脑的建设已经成为常态，"数""实"结合也成为城市发展的新趋势，但在广大农村地区，不仅缺技术而且缺资金，新乡贤文化培育的技术载体落后，还未将互联网、网络视频、数字化展陈等新技术有效运用起来。造成这种状况的主要原因是：农业税取消以来，农业主产区乡镇主要依靠县级财政拨款，但拨款数量有限，加之基层干部对农村文化建设不够重视，这就使得农村文化经费更加紧张，难以引进融媒体等先进技术手段，影响了新乡贤文化培育。

其二，农村文化建设专项资金很难用于新乡贤文化培育工作。虽然从2013年开始，从中央到地方都有支持农村文化建设的专项资金，但是农村文化建设专项资金数量有限，并且多用于农村文化设施维护和公共文化活动。新乡贤文化培育具有一定的特殊性，很难在农村文化建设专项资金中找到结合点，很难争取到这些资金，加之新乡贤文化是地域文化，培育的地区集中在农村，资金支持渠道有限，导致新乡贤文化培育无论是传播力、影响力还是可持续性方面都受到束缚。由于农村文化建设资金短缺，在一些农村，乡贤馆等场所甚至是由新乡贤自建自理的，这就给人一种错觉，好像新乡贤文化的宣传是为了新乡贤自己扬名，而非为了公益事业，这极不利于新乡贤文化的传播与弘扬。

其三，吸引"乡贤回归"的待遇保障经费投入不够。新乡贤作为一种非正式的村民自治力量，由于没有纳入基层管理体系，往往处于一种单向付出地位，其在城市享受的医疗、养老等保障，回到农村后难以实现，因此，农村对新乡贤缺乏吸引力。实际上，除却个别富乡贤外，不少新乡贤回乡创业,需要待遇保障,但在这方面政府投入也不多。大部分乡村地区只有"新农合"医保,无法提供与城市就业配套的"五险一金"和其他津贴,也无力构建起可供新乡贤居住、医疗、养老等为一体的生活保障体系。同时,不少地区新乡贤组织本身的运转还需要一定资金的投入和支持,这部分资金大多来源于当地政府,如果政府资金无法保障,新乡贤组织在起步发展阶段就"先天不足"。新乡贤组织运转的资金紧张,则难以开展各种活动,培育和传播新乡贤文化就难以进行。

3. 新乡贤队伍组织运行机制不完善

要想充分发挥新乡贤在乡村振兴中的积极作用,新乡贤必须依托一定的组织平台,仅凭零散的自发产生的单个新乡贤靠着一腔乡情单打独斗,虽然也能产生一些效果,但肯定不会产生巨大的效应。零散的新乡贤之间缺乏沟通和交流,难以形成合力。新乡贤群体间关联度低,就无法产生辐射带动效应,无法吸引更多新乡贤加入,因而严重制约了更多新乡贤的培育。组织的力量是强大的,将零散的新乡贤组织起来,会产生事半功倍的效果。这就需要建立起新乡贤理事会之类的社会组织。但目前我国不仅大部分农村地区都还没有建立新乡贤的正式组织,而且即使已经建立起了的新乡贤组织,其规模、正规化程度也都达不到要求,新乡贤队伍组织运行机制也不完善,影响着新乡贤文化的培育。

首先,新乡贤队伍组织准入机制不完善。显然,只有新乡贤才有资格加入新乡贤组织队伍。但是新乡贤是个新概念,又是一个比较性概念,对这一概念的界定至今尚无统一的说法,这便导致实践中对新乡贤的选拔标准难以确定,新乡贤理事会成员的选拔存在一定的主观随意性,出现仁者见仁、智者见智局面。缺乏明确而又严格的新乡贤甄别标准、缺乏科学严格的选拔程序和党政组织严格把关,仅靠新乡贤理事会负责人征求村民意见就决定能否成为新乡贤理事会成员,尚未出台统一的选拔标准,会给一些动机不纯的"伪乡贤"带来可乘之机,造成新乡贤队伍良莠不齐、鱼龙混杂。同时,在现实生活中不少人判断一个人是不是新乡贤,仅仅是把经济能力放在首位,其次才考量道德品质和文化水平。包括部分村干部在内的不少村民都认为,新乡贤只有给村里办了"实事",给自己带来了物质利益,才算做出了贡献,否则就算没有做出贡献,就没有存在的价值。因此,只要能给村里带来物质利益的新乡贤,影响力就大、号召力就强。而经济能力弱的新乡贤,在处理矛盾纠纷等事务时说话就不灵,还会被视为多管闲事。在这种实用主义泛滥的社会文化氛围中,仅靠村民投票推举出来的新乡贤自然是致富反哺型最多。这显然是片面的,不利于新乡贤文化培育,也打击了其他类型新乡贤参与乡村振兴的积极性。客观地说,在"唯物"主义盛行的现实社会,人们普遍重视"物质"也不算错,致富反哺型新乡贤最受欢迎也可以理解。但是实际上,能否入选新乡贤,关键在于自身要"贤",自身要具备"兼济天下"的乡贤精神,即具有高尚的道德品质、强烈的社会责任感、无私的奉献精神。现实生活中,确实有一些乡村精英特别是一些"暴发户"善于利于村民普遍存在的"一切向钱看"的心态,自己"破费"点小钱,为村民办点"实事",试图博得村民好感,混进新乡贤队伍,但动机不纯。有的试图通过参加乡贤组织来拓展人脉,有的试图牟取更多的私利,显然这些精英不是真正意义上的新乡贤,只能算作"伪乡贤",天长日久最终会原形毕露。如果这样的人混进新乡贤队伍,只能败坏新乡贤队伍形象,破坏新乡贤文化培育氛围,阻碍乡村振兴进程。

其次,新乡贤培训机制缺失。新乡贤文化是一种实践性很强的农村文化,本身处于发展的初级阶段,而新乡贤是新乡贤文化的创造主体,因而亟须通过培训新乡贤来培育新乡贤文化。同时,乡村振兴是一项复杂的系统工程,乡村振兴目标的实现是个动态的过程,这便不仅对新乡贤参与乡村振兴的能力素质提出了较高的要求,并且对其能力素质的要求也是处于不断变化之中的。新乡贤不仅要评选出来,还要进行有针对性的培训。只有通过培训,才能既提升新乡贤队伍的能力素质,又壮大新乡贤队伍,实现新乡贤队伍质量的提升和数量的增加,才能营造出有利于新乡贤文化培育的良好氛围,满足乡村全面振兴的需要。可见,建立新乡贤培训机制是十分必要的。但是,目前我国绝大多数地方还没有建立起新乡贤培训机制,个别地方虽然也开展了新乡贤培训,但是往往只是借助于新型职业农民开展的技能培训,没有专门的新乡贤培训机构,致使新乡贤素质能力提升严重不足。目前关于新乡贤培训存在的问题主要有四个方面：一是不重视新乡贤培育。出于低投入、高回报的心态，为了省钱省力省事，不对新乡贤进行培训而让新乡贤直接上岗。二是缺乏培训实施主体。培训新乡贤不仅要由有关政府部门牵头，而且要有学校、企业等实施主体的参与。但是目前我国绝大部分地方尚未达到这些要求。三是培训内容单一，重视技术培训，忽视思想培训。一些地方虽然已经开展了相关培训，但主要是针对新型职业农民的技能培训，缺乏政策法律等思想层面的内容，无法提供多样全面的新乡贤培训。四是新乡贤培训流于形式。新乡贤文化培育需要大力宣传，更要落到实处。对新乡贤进行培训就是落到实处的一种措施，但当前，很多地区新乡贤培训不是为了实际需要，而是为了应付上级检查，加之缺乏相应的监督制度，村民、新乡贤、地方政府之间缺乏相应的监督规范，各主体内部也缺乏相互监督，致使新乡贤培训出现走过场现象，培训中的形式主义色彩太强，背离了新乡贤培育的初衷，影响了新乡贤文化培育进程。

再次，新乡贤监督机制不完善。权力是一把双刃剑，用得好可以为人民服务，用得不好会损害人民的利益。传统精英理论认为，所有权力精英在一定的条件和环境下，都有可能转变为专制者，这主要取决于政治统治者为这些精英提供何种类型的制度。[1] 世界著名经济学家亚当·斯密的理性人假设认为："人的本性在于追求私利，以利己为原则。"目前我国新乡贤组织建设处于起步阶段，有不少新乡贤组织还没有建立起有效的监督机制，而缺乏必要的监督，就无法保障新乡贤队伍的纯洁性和先进性。诚然，新乡贤具有高尚的品德品质，愿意奉献家乡，他们参与乡村振兴的出发点都不是功利性的，但是，新乡贤首先是普通人，然后才是贤德之人，同时新乡贤也不是一成不变的，其道德品质也是处于不断变化之中的，因而面对利益诱惑，很容易因自身道德素质不强，走向假公济私，凭借自身优势侵占乡村利益，不仅发挥不出其促进乡村振兴

---

[1] 刘军宁：《共和·民主·宪政——自由主义思想研究》，上海三联书店，1998，第182-198页。

的积极作用，反而会损害乡村利益，阻碍乡村振兴进程。例如，曾经名噪一时的天津大邱庄"庄主"禹作敏就是一个典型。"大邱庄庄主"禹作敏，为大邱庄办了不少好事，正是在他的带领下，当时大邱庄作为中国最穷的村，很快成了名副其实的全国第一首富村，大邱庄也成为中国第一庄。禹作敏算得上是大邱庄的"新乡贤"，但随着声望的隆起，其私欲开始膨胀但又缺乏监督，致使其成为大邱庄叱咤风云的土皇帝、中国"当代教父"，最终蜕变成"伪乡贤"，走上犯罪道路，锒铛入狱。为防止此类现象发生，有必要建立完善的监督机制，通过外部监督来约束其作为普通人的"理性人"的"理性"。然而现实却是我国农村普遍还没有建立起对新乡贤的监督机制。对体制内的新乡贤虽有村民代表大会监督和专门机构监督，但这些监督形式的"形式"性过强，效果甚微；对于体制外的新乡贤则普遍没有强制要求接受监督，同时由于村民监督意识不强，因而对体制外新乡贤的监督作用微乎其微。不受监督或缺乏监督的新乡贤很容易迷失自我，最终蜕变为伪乡贤，成为乡村振兴的威胁。

最后，新乡贤激励机制不完善。激励是激发人的积极性的重要手段。新乡贤作为乡村的精英人才，能在多大程度上发挥出促进乡村振兴的作用，既取决于新乡贤的乡土情怀、自身能力等主观因素，又取决于乡村环境、外部激励等客观因素。但是到目前为止，我国还没有出台相关的激励机制去支持新乡贤参与乡村振兴，仅靠乡土情感维系和强烈社会责任感的鼓舞来动员新乡贤参与乡村振兴，显然缺乏足够吸引力，既无法保障新乡贤自身的应有利益，又无法留住新乡贤长期在乡村振兴中发挥作用。客观地说，返乡的新乡贤大都具有比较雄厚的经济基础，物质条件较好，基本不用考虑生存需要问题。他们来到乡村生活，参与乡村振兴工作，目的不是为了获取物质利益，而是为了报效家乡，造福桑梓，实现自身价值，获得父老乡亲们的认可，受到社会尊重。建立激励机制，满足新乡贤这些需要，就能激发其参与乡村振兴的热情。但目前，新乡贤激励机制尚未在我国普遍建立起来。新乡贤往往是以志愿者、村委编外人身份参与乡村振兴的，得不到认可和尊重，成就感不高、荣誉感不强，严重打击了新乡贤参与乡村振兴的积极性和主动性，自然也阻碍了以新乡贤为主体的新乡贤文化培育的进程。因为，一种文化要成为现象被人争相效仿，除了这种文化本身具备优秀文化特质外，还需要对其培育主体进行激励，以调动社会各界参与新乡贤文化建设的积极性、主动性和创造性。

第四章
乡村振兴背景下新乡贤文化培育的原则和措施

习近平总书记指出："农村是我国传统文明的发源地，乡土文化的根不能断，农村不能成为荒芜的农村、留守的农村、记忆中的故园。"[1]中共中央办公厅、国务院办公厅印发的《关于实施中华优秀传统文化传承发展工程的意见》明确指出："挖掘和保护乡土文化资源，建设新乡贤文化，培育和扶持乡村文化骨干，提升乡土文化内涵，形成良性乡村文化生态，让子孙后代记得住乡愁。"改革开放四十多年来，中国农村发生了翻天覆地的变化，农业生产逐步实现机械化、规模化和市场化，农民的物质生活得到了极大的改善。但是，农村文化建设"一手软"的现象依旧存在，农民的精神文化生活依旧相对贫乏。近些年来，虽说是作为农村优秀地域文化的新乡贤文化开始出现，甚至在个别地区已形成气候并初步显现出时代价值，但就全国来看，新乡贤文化仍属星星之火，远未形成燎原之势，亟须大力培育。新乡贤文化培育是一项系统工程，首先需要明确新乡贤文化培育的原则，然后探讨培育的对策措施。应当结合传统与现代两个维度，既坚持习近平新时代中国特色社会主义文化建设的方向原则，又守正创新、积极营造新乡贤文化培育和生长的乡土氛围；既注重根本的文化制度建设，又充分调动新乡贤的主观能动性；既要明确培育主体，又要正确引导培育对象，从多角度、多层面深入推进新乡贤文化培育工作，助力乡村实现真正的崛起和振兴。

一、乡村振兴背景下新乡贤文化培育的原则

培育新乡贤文化既要深入贯彻落实乡村振兴战略的总体要求，又要融入和践行社会主义核心价值观；既要发挥新乡贤奉献乡里的主观能动

---

[1] 本书编写组编著《党的二十大报告辅导读本》，人民出版社，2022，第191页。

性，又要坚持党在新乡贤文化培育中的领导核心地位；既要继承和弘扬见贤思齐、崇德向善的优秀传统文化，又要赋予乡贤文化新的时代内涵。

（一）坚持以社会主义核心价值观为统领

文化是意识形态的产物，最重要的是价值体系的构建。习近平总书记在党的十九大报告中指出："意识形态决定文化前进方向和发展道路。"[1]党的二十大报告则进一步指出："建设具有强大凝聚力和引领力的社会主义意识形态。""意识形态工作是为国家立心、为民族立魂的工作。""社会主义核心价值观是凝聚人心、汇聚民力的强大力量。"[2]社会主义意识形态的价值导向性引领文化前进方向和发展道路。社会主义核心价值观是社会主义核心价值体系的精神内核，是引领社会思潮、凝聚社会共识的主要力量，是反映全国各族人民共同认同的价值观"最大公约数"。培育新乡贤文化，要以社会主义核心价值观为统领，进一步加强农村精神文明建设，为乡村振兴提供强有力的价值支撑和精神动力。

习近平总书记指出："我们提出的社会主义核心价值观，把涉及国家、社会、公民的价值要求融为一体，既体现了社会主义本质要求，继承了中华优秀传统文化，也吸收了世界文明有益成果，体现了时代精神。"[3]兼容并蓄是社会主义核心价值观的内在特质，社会主义核心价值观传承了中华优秀传统文化与人类优秀文明成果，凝结了人类优秀价值，是对优秀传统文化的创造性转化和超越性升华。乡贤文化是某一地域中优秀文化的代表，无数地域与民族的优秀文化，正是中华优秀传统文化的重要构成部分；新乡贤文化是对传统乡贤文化的继承和发展，以新乡贤为基础，以德、贤、能、识为核心，是新时代中国特色社会主义先进文化的重要组成部分。从这个角度来说，新乡贤文化的价值导向与社会

---

[1] 本书编写组编著《党的十九大报告学习百问》，党建读物出版社，2017，第33页。

[2] 本书编写组编著《党的二十大报告辅导读本》，人民出版社，2022，第33页。

[3] 习近平：《青年要自觉践行社会主义核心价值观——在北京大学师生座谈会上的讲话（2014年5月4日）》，《人民日报》2014年5月5日。

主义核心价值观具有内在一致性。比如社会主义核心价值观中的"爱国、敬业、诚信、友善"等内容，是社会主义核心价值观在个人层面的基本规范和要求，而新乡贤文化中也包含着爱国、敬业、诚信、友善，它与社会主义核心价值观有着相同的终极追求。乡贤以道德文明和先进的社会理念引领乡间民众的精神方向，以传统的伦理文化、道德理念引导、影响和规范乡民的行为，这与"文明、和谐"的价值观相吻合。乡贤在乡间往往被视为公平正义的化身，他们以自己的威望和能力，参与调解家庭内部、邻里之间、村舍之间的矛盾纠纷，这对于维护法治和社会公平正义具有积极的作用。古人有"爱国始于爱乡，爱乡始于爱家，爱家始于爱身"的说法，乡贤大都有传统的"修身、齐家、治国、平天下"的人文情怀，他们热爱家乡、乐于奉献，家乡修桥铺路、婚丧嫁娶等公共事务中常有他们的身影，乡贤的爱乡即是爱国的具体化。乡贤的爱国，实际上都始于爱家乡。比如江南钱氏教育子孙"利在一身勿谋也，利在天下必谋之"，使得钱氏家族人才辈出，在近代中国更是出现了多位院士和名儒大家，这便是由家及国、家国情怀的真实写照。

"社会主义核心价值观在乡村地区的培育与践行，既关乎农民个体的道德观念与文化修养，又影响农村整体的精神风貌；既是乡村振兴战略的重要组成部分，也是提升乡村振兴战略实施成效与质量的关键。"[1] 培育新乡贤文化的过程就是在社会主义核心价值观的统领下，构建新乡贤文化的精神价值体系，推动社会主义核心价值观成为新乡贤文化的精神内核和价值基础的过程。坚持以社会主义核心价值观为统领，是凝聚人心、强本固基的基础工程，又是新时代新乡贤文化培育的应有之意，更是推动农村实现全面振兴的有力保障。

（二）坚持党在新乡贤文化培育中的领导核心地位

1954年，毛泽东同志在第一届全国人民代表大会上宣布："领导我

---

[1] 郑永扣、钟科代：《加强农村社会主义核心价值观建设是实施乡村振兴战略的重要任务》，《社会主义核心价值观研究》2021年第4期。

们事业的核心力量是中国共产党。"[1]新中国成立以来，中国"三农"工作之所以能取得非凡成就，最根本的原因是我们始终坚持了中国共产党的领导。"中国共产党是中国的最高政治领导力量，处于中国政治架构的顶端和政治运行的枢纽，是中国政治方向的引领者、政治体制的统领者、重大决策的决断者、国家治理的领导者。"[2]从建党之初到现在的实施乡村振兴战略，中国共产党始终把党的领导作为推动农村发展的基本原则，坚持党中央在农村工作中始终总揽全局及对农村各项工作的全面领导，保证农村改革发展沿着正确的方向前进。"中国特色社会主义制度能够集中力量办大事的关键就在于中国共产党的领导，党的领导在乡村治理中是整合各类治理资源、提高乡村治理效能的关键。"[3]2021年，习近平总书记在总结脱贫攻坚重大历史性成就时就指出："中国共产党具有无比坚强的领导力、组织力、执行力，是团结带领人民攻坚克难、开拓前进最可靠的领导力量。"脱贫攻坚的巨大成就也充分说明了坚持党的领导是脱贫攻坚最坚强的政治保证和组织保证。党历来高度重视农村文化建设，无论在思想道德培育、民俗文化保护方面，还是从精神文明建设、人民文化需求角度，党领导农村文化建设的成就都是显著的。"在培育新乡贤文化的同时将农村基层党组织建设贯穿其中，赋予新乡贤文化培育的时代特色，走出一条基层党建与新乡贤文化同向发力的新路径。一方面，坚持党建为魂，以高质量党建引领文化振兴，通过将党的领导贯穿到新乡贤文化工作全过程，确保新乡贤文化培育工作在基层党组织的指导下培育发展、深入推进。另一方面，坚持以群众为主体、以需求为导向，通过打造富有地域和时代特色的新乡贤文化品牌，凝聚发展动能、汇聚治理合力，使其服务于乡村振兴伟大实践，不断满足人

---

[1] 毛泽东：《中华人民共和国第一届全国人民代表大会第一次会议开幕词》，《人民日报》1954年9月16日。

[2] 何毅亭：《中国共产党的领导核心与创新理论》，《光明日报》2021年12月30日。

[3] 张以哲：《中国共产党百年乡村治理的内在逻辑及其现实启示》，《继续教育研究》2022年第2期。

民群众对美好生活的需要。"[1]

坚持党的领导,为新乡贤文化的培育创造优良环境。办好中国的事情,关键在党。从引导新乡贤回馈乡梓到新乡贤理事会的建设再到新乡贤典型的树立与表彰,党组织都发挥着核心领导作用。有的基层党组织积极与新乡贤沟通交流,营造新乡贤服务家乡的氛围环境,引领他们发挥先锋模范作用,为家乡发展献计献策;有的基层党组织对新乡贤群体进行细分,使新乡贤文化的培育更加规范合理;有的基层党组织选聘符合条件的新乡贤参与农村公共事务,优化基层自治的组织管理水平;有的基层党组织开展"双培"工程,把优秀的新乡贤发展成为党员,把农村党员培养成为乡村振兴的行家里手。比如,江西省新余市分宜县钤山镇探索出"党建·乡贤·群众"的乡村振兴新模式,通过党支部把外出新乡贤紧密联系起来,让新乡贤深切感受到家乡对他们的重视和关怀的同时又让新乡贤充分了解乡村振兴有关政策,积极配合村(社区)开展乡村振兴工作,使新乡贤在乡村振兴道路上充分发挥自己的本领,助力乡村振兴跑出了"加速度"。

坚持党的领导为新乡贤文化的培育指明发展方向。文化属于意识形态,新乡贤文化亦是如此,意识形态决定文化前进方向和发展道路。方向决定道路,道路决定命运。要使新乡贤文化的"软实力"变成乡村振兴的"硬支撑",就要坚持和加强党的全面领导。新乡贤文化源于人民群众,培育新乡贤文化的落脚点也是服务于人民群众,这与党的宗旨高度一致,坚持以人民为中心,使新乡贤文化服务人民、与人民共享。新乡贤文化培育还要充分彰显党对乡村振兴的总体要求,既符合乡村文化建设的发展方向,又体现乡村文化的内在特征。坚持和加强党的全面领导,不是抽象的,而是具体的。比如,新乡先进群体现象。自新中国成立以来新乡市涌现出了以史来贺、吴金印、刘志华等为代表的基层先进模范人物,他们是乡村致富的带头人,是凝聚力量的楷模,是新时代新

---

[1] 庞超、赵欢春:《推动新乡贤文化建设与乡村治理有机融合》,《经济日报》2020年12月9日。

乡贤的典型代表。他们体现了极富地域特色的新乡贤文化，也无一例外体现了坚持党的领导、坚持解放思想与实事求是的有机统一等党的一系列方针政策。再比如，福建省福清市在推动落实"党建引领、乡贤补位"模式的过程中，坚持完善乡贤补位的整体运行机制和体系，合理区分村党组织、村民委员会、乡贤促进会的职责定位，并对乡贤促进会参事方式、参事范围、参事规则等方面予以制度性的规范。福清市的经验充分说明了只有坚持党的全面领导，真正把基层党建的活力和优势转化为新乡贤文化发展的持久动力和实际成效，新乡贤促进会才能更加健康有序的运行，新乡贤才能真正成为助推基层治理的有益补充。

（三）坚持传承与创新相结合

乡贤文化是生长于中国农村的独具中国特色的地域文化。习近平总书记指出："农村是我国传统文明的发源地，乡土文化的根不能断，农村不能成为荒芜的农村、留守的农村、记忆中的故园。"[1] "农村优秀传统文化是我国农耕文明曾长期领先于世界的重要基因密码，也是新时代提振农村精气神的宝贵精神财富。"[2] 培育新乡贤文化，就是赓续优秀传统文化。新乡贤文化不是无本之木、无源之水，而是生长于传统乡贤文化之内，浸润于新时代中国特色社会主义文化氛围中的文化形态。新乡贤文化通过新乡贤日常生产生活中的嘉言懿行、乐善好施、团结互助引导乡邻、助力乡村振兴，既是乡村文化振兴的重要内容，又是乡村振兴的实际需求。"新乡贤文化的产生既顺应了优秀传统文化传承的要求，又顺应了人民群众全面建设小康社会的热切期盼，更加顺应了乡村政治、经济、文化全方位振兴的时代要求。"[3] 新乡贤文化本身是传承与创新的有机统一体，培育新乡贤文化既要弘扬优秀传统文化的精髓要义，又要满足人民群众对美好文化生活的需求，突出时代主题，进行创造性转化

---

[1] 本书编写组编著《党的二十大报告辅导读本》，人民出版社，2022，第191页。

[2] 胡春华：《建设宜居宜业和美乡村》，《人民日报》2022年11月15日。

[3] 刘社瑞：《乡村振兴战略中新乡贤文化建构研究》，湖南大学出版社，2020，第68页。

和创新性发展。传承，就是传递乡贤文化中崇德向善、泽被乡里的传统美德和古人善教化民、推己及人的治理乡村智慧；创新，就是在继承具有价值精华的优秀乡贤文化的基础上，积极吸收社会主义先进文化，使乡贤文化吐故纳新、焕发生机。

坚持传承与创新相结合，一方面要积极传承弘扬传统乡贤文化中崇德向善、泽被乡里的民族大义，充分吸收乡规民约、民风民俗、家风家训等乡村社会基层治理、人际交往中的有益成分；另一方面，积极融入社会主义核心价值观、乡村振兴、中国梦、自信自强等中国特色社会主义的文化要素，使传统文化基因与时代精神相结合。比如，四川省宜宾市将新乡贤分为传承家风家训、调解邻里纠纷、带领群众致富、引领文明新风四大类别，由各县（区）党委宣传部牵头，将各地优秀村干部、农村致富创业能手、道德模范、在外乡贤等收集造册，把"文乡贤""德乡贤"等作为榜样，通过发挥乡贤的示范和引领作用，达到以文化人、凝聚人心、经济发展和稳定和谐的效果。在新乡贤的推动下，各地采取"帮、促、育、联、激"五项举措（优惠政策"帮"、项目建设"促"、因材施教"育"、结对帮扶"联"、典型引导"激"），有效地激发了农村群众建设新农村的热情。

传承与创新相结合，一方面要保护好、传承好乡贤文化相关的各种文化遗产，做好传统宗祠、先贤故居的保护、修缮，整理好名士先贤的历史传说和文献典籍；另一方面做好传统文化资源的创造性转化，有条件的地区可以利用乡贤文化资源开展研学体验，成立乡贤文化研究基地和相关产业基地。比如，杭州市萧山区塔楼镇是一个有数千年耕读传家传统的山乡小镇，在历史上名人辈出、代有英才，从东晋舍宅为寺的名士许询，到明代医德崇高的医学家楼英，再到现代英烈之士楼曼文、俞金松等，先贤榜样培植了深厚的楼塔乡贤文化底蕴，塔楼镇在此基础上设立乡贤林、乡贤榜、乡贤墙，鼓励新乡贤反哺桑梓、泽被乡里、温暖故土；同时塔楼镇还打造新乡贤"青蓝接力"培育传承工程，依托新乡贤建设燕归俚·永兴书房、野孩子研学基地、慈孝堂康养村舍等乡村振兴项目，这些项目进一步推动了塔楼镇乡贤文化资源的整合升级，推动了新乡贤传承梯队的建设，加快了楼塔农文旅深度融合发展。

传承与创新相结合，一方面，要立足乡村实际，依据党的方针政策和国家法律法规，围绕社会秩序、公共道德、精神文明建设等方面的基本要求，不断修改、补充、完善现有的村规民约，使村规民约与新乡贤文化培育有机融合；另一方面，还要实现新乡贤文化与村规民约互为补充、相得益彰，发挥新乡贤文化在乡村建设中的引领、示范、凝聚的作用。比如，贵州省荔波县就充分发挥了新乡贤的影响力和号召力，倡导婚事简办、孝老敬亲、厚养俭葬，并让新乡贤参与制定村规民约，建立光荣榜、红黑榜等监察制度，在村民中产生了广泛的影响，实现了村规民约和新乡贤文化培育的与时俱进。

新乡贤是代有人才出，文化也具有动态性，新乡贤文化也是动态发展的。随着时代变革和社会发展，新的科学技术、新的发展理念、新的文化与思想等都为新乡贤文化不断注入新的血液和内涵。与历史同行，继往开来，传承且创新，新乡贤文化才能不断丰富发展，既体现厚重的文化滋养，又彰显鲜明的时代活力。

（四）坚持以人民为中心的工作导向

毛泽东同志在延安文艺座谈会上曾指出："为什么人的问题，是一个根本的问题，原则的问题。"[1]为了人民、依靠人民、服务人民是党领导文化建设的本质要求。新乡贤的主体是远离故土、心系家乡、反哺乡梓的人民；新乡贤文化最鲜活、最核心的要素也是人民；培育新乡贤文化最直接、最重要的目的是服务于人民。新乡贤文化的培育应把人民的需要作为重要驱动力，充分体现人民意志、人民心声、人民诉求。习近平总书记指出："人民是历史的创造者，是时代的雕塑者。一切优秀文艺工作者的艺术生命都源于人民，一切优秀文艺创作都为了人民。"[2]文化建设必须紧紧依靠人民，实现人人参与、人人建设、人人共享。新乡

---

[1]《毛泽东选集》（第三卷），人民出版社，1991，第857页。

[2] 中共中央文献研究室编《习近平关于社会主义文化建设论述摘编》，中央文献出版社，2017，第176页。

贤文化的培育亦是如此。

以人民为中心，要加强新乡贤文化主体的自身建设。新时代新乡贤群体多样多元，涵盖范围非常广泛，不仅包括乡村的致富模范和政治精英，还包括道德楷模、知识分子、非物质文化遗产传承人、科技人员以及热心于乡村公共事务的本土或在外的杰出人才等。新时代新乡贤主体日趋多元，但新乡贤的综合素养参差不齐、利益诉求各不相同，既有只问付出不求回报的新乡贤，也出现了追名逐利、沽名钓誉的"异化"现象，加强新乡贤主体的自身建设是新乡贤文化培育的重要问题。一要加强新乡贤的道德修养，使新乡贤正确处理好国家利益、人民利益和个人利益的关系，自觉投入乡村振兴的热土中，树立回报家乡无私奉献的精神追求，在面对金钱、权力等各种诱惑时候，能避免陷入逐名追利的怪圈。二是不断加强新乡贤理论学习，提升为民服务本领。组织引导新乡贤学习先进的理论、政策、经验和技术，让新乡贤深刻领会国家对"三农"问题的高度重视和大力支持，让他们对农村美、农业强、农民富的美好未来充满信心，提高他们主动作为的热情和意识，同时通过学习让新乡贤能运用新理论为农民解决生产、生活中的实际问题，提升为人民服务的本领和水平，为开展群众工作奠定坚实基础。

以人民为中心，实现新乡贤和人民群众的有机融合。习近平总书记曾强调："人民是历史的创造者，群众是真正的英雄。人民群众是我们力量的源泉。"[1] 新乡贤是地方精英、社会贤达，是乡村振兴不可或缺的重要人才。把新乡贤和乡村人民群众有机融合起来，凝聚团结一心的力量是乡贤文化培育的重要内容。新乡贤文化的培育、乡村振兴的实现不止需要新乡贤主体的发展壮大，更需要调动起当地人民群众和新乡贤的共同力量。一方面，要加强各经济组织、社会组织、文化组织等的建设和完善，搭建平台，积极引导新乡贤参与助学、助残、助医、助孤等公益慈善活动，组织具备一定经济实力、有较强管理才能或者高超技术能力的乡贤们利用自己的一技之长帮助或带领乡民们发家致富。另一方面，

---

[1] 习近平：《习近平谈治国理政》，外文出版社，2014，第5页。

要增强人民群众对新乡贤的认同感。地方政府可以通过多种方式、多个渠道宣传介绍新乡贤的高尚品质和善行义举，营造育乡贤、学乡贤、赞乡贤的良好氛围；还可以树立典型新乡贤，举办相关的讲座或交流互动，让新乡贤现身说法走进群众；此外，还可以通过表彰鼓励、评优评先等活动，对新乡贤给予相应的荣誉和奖励，肯定新乡贤的社会价值，发挥新乡贤的示范引领作用。同时还要扭转乡贤的"客体"观念，充分发挥其对乡村建设的主体意识，形成乡贤与乡民的共生融合。可按照"群众提名、乡贤评议、组织认定、公开表彰"流程选树"离土"及"在土"乡民认同的新乡贤。[1]

以人民为中心，要将以德感人与以文育人结合起来。新乡贤文化是新乡贤凭借自身的言行举止、道德品质、能力素养等特质参与乡村治理，由新乡贤群体的高尚品德、嘉言懿行所演化而生成的文化形态。以德感人就是要发挥新乡贤崇德向善、见贤思齐的作用，以礼服人、以情感人，形成涵养民风、凝聚民心、引领风尚的新乡贤文化。比如，河南省清丰县，是中国孝道文化之乡，也是全国唯一一个以孝子名字命名的县城。清丰县一直延续着以张清丰为代表的孝道文化，县委通过定期举办"道德讲堂"，每年在全县范围内开展"孝老爱亲"道德模范评选活动，用群众身边看得见、摸得着、学得到的先进典型，推动崇德向善良好风尚的形成，崇尚孝道、行孝敬老的乡贤文化在清丰县经久不衰、历久弥新。以文育人就是要发挥新乡贤积极进取、爱国爱家、回馈乡梓的作用，由新乡贤的行为举止、人生态度所形成的教化乡民、泽被乡里的文化形态。新乡贤通过在经济上支持家乡建设，在社会生活中参与家乡事务，在先进文化上传播教化等方式垂范乡里、形成广泛而深刻的文化影响力。同时，随着社会的发展，越来越多的新乡贤有知识、懂技术、会管理、能营销，成为乡村道德教化、文化发展和公益事业的主推力量，也极大拓展了新乡贤文化的智力贡献。

---

[1] 陈婉馨、苏全有：《建立健全新乡贤参与乡村治理机制——以新乡先进群体为例》，《学习论坛》2018年第2期。

（五）坚持社会效益与经济效益相统一，更加注重社会效益

乡村振兴中的新乡贤有不同的类型，有在农村经济发展中发挥重要作用的"经营型乡贤"，有帮助农民解决种植养殖等生产生活问题的"技能型乡贤"，有致力乡村公益建设的"公益型乡贤"，有为乡村振兴提供正确价值引导和巨大精神动力的"文化型乡贤"，有积极参与乡村基层社会需要组织管理的"治理型乡贤"。新乡贤文化在乡村振兴中的引领和凝聚作用具体表现在五个方面：一是助力乡村经济快速发展，二是营造乡村干事创业的软环境，三是以新乡贤率先垂范教化育人，四是倡导文明乡风、助力乡村治理，五是繁荣乡村文化、增强文化自信。从新乡贤的类型和新乡贤文化引领和凝聚具体表现可以看出，新乡贤文化正是以精神和道义的力量凝聚乡邻、敦风化俗、整合利益，发展出在新时代下适应乡村发展的共享价值规范和行动准则，有利于把乡土中国打造成道德共同体、情感共同体和命运共同体。新乡贤文化为乡村经济发展注入活力，更为乡村振兴铸魂育人，新乡贤文化的社会效益和经济效益是文化所蕴含的基本功能，是新乡贤文化培育的一体两面。

新乡贤文化的培育，要坚持社会效益与经济效益相统一，且更加注重社会效益。要把握好意识形态属性和产业属性、社会效益和经济效益的关系，坚持社会主义先进文化前进方向，把社会效益放在首位。新乡贤文化的经济效益和社会效益并不孤立冲突而是辩证统一的。中国特色社会主义进入新时代，文化已经成为衡量人民幸福指数的重要尺度，成为提高人民生活质量的关键因素。对于今天的乡村发展而言，经济建设成果突出，群众的物质生活水平节节攀升，温饱越来越不是什么问题，并且还有富余的经济实力去追求更高层次的生活需要。随着农村生活水平的不断提升，乡村振兴的总体要求也发展成为五个不同但是层层相连的方面，是乡村的全面振兴。乡村对于文化建设、精神文明的要求也越来越高，要着力把握好新乡贤文化发展过程中的社会效益方向，不能以经济效益为唯一导向，更不能以牺牲社会效益去换取经济效益，要顺应群众文化生活需要，以新乡贤文化不断丰富群众的精神世界。新乡贤文化的培育质量，更是社会效益的集中体现，要把握新乡贤文化的发展方向，使新乡贤文化不断创新，散发发展活力，朝着繁荣有序的方向发展。

新乡贤文化的培育，在于激发乡村振兴的内生动力，凝聚乡村振兴的各方力量，催生乡村发展的强大动能，实现乡村从"物"到"人"的全面现代化。我国的社会制度属性与执政党的最高宗旨决定了文化建设的最终目的是"促进满足人民文化需求和增强人民精神力量相统一，推进社会主义文化强国建设"。乡贤文化培育的最终目的是满足广大农民的文化需求，农民群众是新乡贤文化的创造者、参与者，也是最终受益者，新乡贤文化是为了让农民生活得更好，这就是其社会效益；而经济效益则是实现社会效益的手段，手段必须服从目的。当经济效益与社会效益发生冲突时，经济效益要服从社会效益，市场价值要服从社会价值。

二、乡村振兴背景下新乡贤文化培育的措施

从党的十九大提出"产业兴旺、生态宜居、乡风文明、治理有效、生活富裕"的乡村振兴战略总要求，到党的二十大提出"全面推进乡村振兴""建设宜居宜业和美乡村"，我们党都将"三农"问题当作"国之大者"，看作是事关国计民生的根本性问题。习近平总书记提出"五级书记"抓"乡村振兴"，更是表明了我们党高度重视"三农"工作的态度。实施乡村振兴战略，"推进宜居宜业和美乡村建设，必须坚持物质文明和精神文明一起抓，把我国农耕文明优秀遗产和现代文明要素结合起来，赋予新的时代内涵，让我国历史悠久的农耕文明在新时代展现其魅力和风采，进一步改善农民精神风貌，提高乡村社会文明程度"[1]。而乡贤文化是我国特有的农耕文明的精华，新乡贤文化则是传统乡贤文化在新时代的传承、创新和发展。由此可见，培育新乡贤文化的重要性不言而喻。那么，怎样才能更好地培育新乡贤文化呢？培育新乡贤文化，首先需要解决思想问题，走出认识误区，为新乡贤文化培育奠定心理认知基础；其次需要各级党委政府的高度重视，积极探索新乡贤文化培育的有效路径和切实可行的实施方案；再次需要社会各界的广泛关注和支持，为新

---

[1] 胡春华：《建设宜居宜业和美乡村》，《人民日报》2022年11月15日。

乡贤文化培育创造良好环境；最后需要新乡贤在新乡贤文化培育和发展中自觉加强自身道德修养，提高自身的文化水平和知识能力，把加强新乡贤文化培育和发展作为自己的目标任务。

（一）走出认知误区，为新乡贤文化培育奠定心理认知基础

在新乡贤文化培育面临的诸多障碍因素中，人的因素是首要因素。无论是新乡贤本身，还是村民和村干部，对新乡贤都一定程度存在着认知误区。思想是行动的先导。因此，必须首先解决思想认识问题，把握好思想观念这个总开关，廓清迷雾，走出认知误区，为新乡贤文化培育奠定心理认知基础。

首先从新乡贤本身看。一要端正加入新乡贤队伍的动机。反哺家乡、奉献乡民，为乡村振兴贡献自己的力量，应是新乡贤的初心和使命，决不能夹带私心杂念，打着乡贤的幌子牟取私利，更不能损害村民利益而异化为伪乡贤。二要认清自己的角色定位，摆正自己的位置。要明确在乡村振兴进程中广大农民始终是主体力量，发挥着主体作用；村"两委"是领导力量，发挥领导作用；而新乡贤则是不可或缺的重要力量，发挥着不可替代的辅助作用。因此，新乡贤在参与乡村振兴中要摆正位置，做到"参与"而不是"主导"，"补位"而不是"越位"，尤其需要强调的是，新乡贤与村"两委"之间是"辅"和"主"的关系、"谋"和"断"的关系。新乡贤是在村"两委"的领导下开展工作的，新乡贤只是基层政府的帮手，决不能撇开村"两委"另搞一套，更不能凌驾于村"两委"之上。三要克服畏难情绪，积极投身乡村振兴中来。诚然，今日之乡村与城市相比仍然显得落后，但与往日的乡村相比，已发生了翻天覆地的变化，物质生活条件已大为改善，基本的生活条件已经具备，因此，作为具有远见卓识和崇高人生价值追求的新乡贤，应放弃城市生活的优越感，克服乡村生活的重重困难，克服畏难情绪，积极投身到乡村振兴中来，为尽快改变乡村落后状况、早日实现农业农村现代化出力流汗，为反哺桑梓贡献自己的力量。

其次，从村民来看。一要了解新乡贤及其独特优势。新乡贤是相对于旧乡贤而言的，是近些年才出现的新概念，虽然理论界对新乡贤这一

概念还没有统一的说法，但是其共同之处在于都首先强调"贤"，即品德高尚、能力突出、有奉献精神，为特定乡村的公益事业做出过重要贡献。新乡贤具有独特优势：相对于旧乡贤，新乡贤具有主体多元优势和思想先进优势；相对于乡村精英，新乡贤具有情感在乡优势和民众认可优势；相对于普通村民，新乡贤具有才能优势和资源优势。二要平等对待每一位新乡贤。乡贤来源较广，类型较多，各有所长，但都能对乡村振兴起到推动作用，都能对乡村社会发展做出自己的贡献。这就要求广大村民要克服功利化心态和"短视"行为，克服重"官乡贤"和"富乡贤"，轻"德乡贤"和"文乡贤"的心理。要开阔眼界，平等对待每位新乡贤，毕竟他们都对乡村振兴做出了贡献，只是贡献的领域不同罢了。三要理解新乡贤。乡贤意味着奉献，意味着"反哺"。新乡贤放弃舒适的城市生活，心甘情愿到乡村"吃苦"，积极参与乡村振兴，目的就是反哺家乡，报答父老乡亲的养育之恩，实现自己人生的价值。因此，作为村民不应该"以小人之心度君子之腹"，不应该对新乡贤参与乡村振兴的动机持怀疑甚至排斥的态度，应该学会换位思考，理解新乡贤的心理和选择，毕竟，新乡贤只做好事、不做坏事，只做有利于对乡村振兴的事，不做损害村民利益的事，对村民只有好处，没有坏处。

再次，从村干部来看。一要看到新乡贤的长处和好处。通俗地说，新乡贤是难得的德才兼备之人，他们有德、有才、有财、有资源、有人脉、有见识、有奉献精神，口碑好、威信高，他们说话群众愿意听，能在村干部与村民之间架起沟通的桥梁，便于弥合干群分歧，缓解对立情绪，增进干群互信，他们能解决村干部解决不了的很多困难和问题，能为乡村振兴做出独特的贡献，乡村振兴离不开新乡贤作用的充分发挥。二要善待和礼遇新乡贤。新乡贤回村参与乡村振兴，多是出于乡情激励和反哺之情，只奉献不索取，有力出力，有钱出钱，有智出智，毫无功利之心。他们多是成功人士，什么都不缺，早已过上幸福生活。他们放着好日子不过，回村来过苦日子，目的就是回馈乡亲，实现人生价值，带动村民实现共同富裕，让乡亲们摆脱苦日子，早日过上好日子。他们是乡村振兴的助推力量，是村干部的好参谋、好帮手，村干部没有理由不善待和礼遇新乡贤。三要站位高远、心胸开阔，主动征求新乡贤的意见，切实解决新乡贤文化培育中遇到的各种困难和问题，让新乡贤在乡村振兴的舞台上尽情施展才华。作为乡村振兴的重要组成部分离不开精英治理。村"两委"成员作为体制内精英是乡村治理的主体和领导力量，而包括新乡贤在内的社会精英则属于体制外精英，是乡村治理的助手和辅助力量。两类精英各有所长，作为村干部应站位高远、开阔胸怀，学会取长补短，充分发挥新乡贤的作用。要知道，与村干部相比，新乡贤具有明显优势，他们中有退休的官员、知识分子、外出经商务工的成功人士，他们有德、有才、见识广、有威望、有奉献精神。他们因心系家乡发展而返乡参与乡村振兴，出发点都不是功利性的，他们是无私奉献者，他们不会也没必要在家乡父老乡亲那里争权夺利。因此，作为体制内精英的村干部应站位高些，站在全村角度而非个人角度来看待新乡贤，他们是为全体村民谋利益的，这与作为村干部的职责是一致的，况且他们的到来也不会对村干部利益带来损害，他们是村干部的参谋和助手，是来帮助村干部一起推动乡村振兴的。不存在谁代替谁问题，少了任何一方都是缺憾，真不用对新乡贤处处设防，更不必担心"抢班夺权"，应卸下心理包袱，放宽心胸，热烈拥抱新乡贤，同新乡贤一道在乡村振兴的大舞台上比翼齐飞、施展才华，为早日实现乡村振兴的共同目标不懈奋斗。

（二）明确新乡贤文化培育主体

积极推进社会主义先进文化建设是地方党委政府的职责所在，新乡贤文化属于积极向上的社会主义先进文化的一个重要组成部分，由此可见，地方党委政府是新乡贤文化培育的主体。各级地方党委政府要发挥好在新乡贤文化培育中的主导作用，调动各方面的积极性，重视典型的示范引领作用，使新乡贤文化真正融入乡村千家万户生活的方方面面，发挥新乡贤文化在实现乡村振兴中的强大精神文化作用。

1. 党的领导是关键

习近平总书记在党的十九大报告中指出："党政军民学，东西南北中，党是领导一切的。"[1] 中国特色社会主义制度具有多方面的显著优势，其中中国共产党领导是最大的政治优势，是其他方面优势得以存在和发挥作用的根本保证。习近平总书记深刻指出："中国特色社会主义最本质的特征是中国共产党领导，中国特色社会主义制度的最大优势是中国共产党领导。"[2] 毛泽东同志说过，领导我们事业的核心力量是中国共产党。邓小平同志也曾说过，办好中国的事情，关键在党。同样的道理，乡村振兴关键在党，乡村振兴背景下新乡贤培育工作能否取得成效关键也在党。中国共产党是中国的执政党，只有全党高度重视新乡贤文化培育工作，并将这种思想上的重视转化为切实的行动，采取切实措施，才能搞好新乡贤文化培育工作。重视培育新乡贤和新乡贤文化，重视发挥新乡贤和新乡贤文化在乡村振兴中的重要作用，是乡村振兴战略和进入新时代以来中央一号文件明确的政策指向。习近平总书记强调，把实施乡村振兴战略摆在优先位置，党政一把手是第一责任人，坚持"五级书记"抓"乡村振兴"，让乡村振兴成为全党全社会的共同行动。乡村振兴，人才是关键。培育新乡贤就是培育人才，培育新乡贤文化能更好地培育新乡贤，培育新乡贤是为实现乡村振兴提供人才支撑的前提和基础，因此，各级党委政府必须高度重视新乡贤文化培育工作，必须坚持和加强党对新乡贤文化培育的领导。当然，加强党在新乡贤文化培育中的领导，不是空洞的、抽象的，而是要在各方面各环节落实起来、体现出来。

一要坚持把党的领导贯穿于新乡贤文化培育工作的始终，牢牢把握新乡贤文化培育和新乡贤组织发展的正确方向。二要通过吸纳新乡贤加入党组织来强化党对新乡贤工作的领导。通过吸纳符合条件的新乡贤入党，能够丰富党的构成成分、扩大党的影响力、强化党在农村的领导地位，保证新乡贤文化培育工作沿着正确方向前进。三要切实加强党对新乡贤文化培育工作的领导，实施新乡贤文化培育"一把手工程"。党政

---

[1] 本书编写组编著《党的十九大报告学习辅导读本》，党建读物出版社，2017，第16页。

[2] 本书编写组编著《党的二十大报告辅导读本》，党建读物出版社，2022，第5页。

一把手是第一责任人,要实施新乡贤文化培育工作监督管理责任制,把服务新乡贤文化培育任务落实到领导班子成员头上;要量化新乡贤文化培育工作成效,并纳入地方领导班子成员考核内容。这是"五级书记"抓"乡村振兴"的必然要求,只有这样才能把新乡贤文化培育工作落到实处。四要提高认识,从乡村全面振兴和民族伟大复兴的高度来理解新乡贤文化培育的重要意义,搞好顶层设计,把新乡贤文化培育工作提上议事日程,纳入各级党委总体工作部署,纳入相关部门的工作计划,纳入"大党建"目标责任制,融入当地农村文化建设的过程中,纳入相关责任主体的考核内容,并承担起指导、规划、协调新乡贤文化培育和发展的责任。为此,一方面,要因地制宜地制定新乡贤文化培育的指导性规划,将新乡贤文化培育纳入乡村社会发展的总体规划和农村文化建设的专项规划当中,要有文化发展的专项资金,配备文化建设的专业人员,与乡村振兴战略的推进形成同频共振。另一方面,在新乡贤文化培育和发展过程中,不能单打独斗,需要协调各方力量有效参与,才能保证新乡贤文化的培育落到实处、顺利推进。要从系统工程的角度考虑,着力构建以各级党委政府为主导,社会共建、各部门合作、群众广泛参与的新乡贤文化培育体系。还要结合实际,开展各具特色的新乡贤文化培育活动,弘扬新乡贤精神,发挥新乡贤文化的影响力和感召力,满足当地群众的精神文化需求,有力推动新乡贤文化培育进程。比如杭州市拱墅区把党建统领贯穿新乡贤工作始终,建立起以街道、社区党组织为核心,新乡贤联谊组织为补充,居民群众广泛参与的工作模式。拱墅区党委出台了《中共拱墅区委关于开展新乡贤工作的意见》等文件,创新推出新乡贤联谊组织会长单位执行人工作制度,探索基层党委政府与新乡贤代表人士的联谊交友和协商制度,依托辖区党建、宣传等阵地,发动新乡贤参与辖区经济发展、基层治理等中心工作。为了畅通渠道、同奔共富,拱墅区下辖的街道社区两级党群服务中心、文化家园、运河"同心荟"等组织,定期开展创业沙龙、融资路演、业务咨询等市场化惠企惠民服务,让每个新乡贤原本独立的"朋友圈"相互联系、沟通、交流,画出更大的同心圆,通过行业领军人才,为专业人才提供良好的创新创业资源。

2. 地方政府要大力扶持新乡贤文化培育工作

繁荣发展农村文化，促进农村社会主义精神文明建设，是地方政府的重要职责，而新乡贤文化是农村文化的重要组成部分，又是社会主义先进文化的重要组成部分，因而地方政府要将其纳入村公共文化服务体系，加大对新乡贤文化培育的各项投入。

第一，要加大对新乡贤文化培育的资金支持力度，确保财政投入稳定、长效。稳定长效的财政投入是新乡贤文化培育和发展的重要物质支撑。只有财力投入到位，才能确保有足够的人力、物力和财力支撑。各地基层政府要在党的领导下，根据乡村振兴战略总要求，听取农民的意见和建议，结合当地实际情况，因地制宜制定新乡贤文化培育策略和实施方案，为新乡贤文化培育和发展提供指导思想、前进方向、行动指南。各级地方政府不仅是规划的制定者，还是规划执行的主导者，引导和督促新乡贤文化培育各主体严格按照规划进行建设，这样才能促进新乡贤文化有序、有效地培育和发展。为此，一要加大对新乡贤文化建设的"硬件"资金投入。"硬件"主要是文化基础设施，包括文化广场、新乡贤文化展览馆、新乡贤联谊平台等。完善文化基础设施、加大对新乡贤文化培育和发展的投入，也是乡村振兴战略的必然要求，一方面能改善农村文化环境、促进新乡贤文化发展；另一方面还能有效提高新乡贤回归的数量和质量，培育出更多更好的新乡贤文化主体。要定期更新乡村阅览室图书杂志，使新乡贤文化有机融入乡村振兴。二要加大对新乡贤文化培育和发展的"软件"资金投入。围绕培育新乡贤文化开展各项活动，召开新乡贤大会，利用微信、微博、抖音、快手等自媒体平台宣传新乡贤文化。比如宣传当地新乡贤政策，宣传新乡贤事迹，弘扬新乡贤精神，还可以适时发布家乡变化的视频，宣传家乡的美好生活，引导新乡贤关注家乡发展。开展这些活动，当然需要资金投入。因此，应加大这方面的资金投入。浙江省委、省政府办公厅2020年7月印发了《关于发挥新乡贤在助推乡村振兴战略中积极作用的指导意见》，提出大力实施青年和乡贤回村行动，实施乡贤回归工程。根据浙江省委"两进两回"行动意见，丽水市委成立了市新时代乡贤工作领导小组，制定出台《丽水市新乡贤工作领导小组工作规则》《丽水市新时代乡贤工作领导小组成员单位职责分工》等实施文件，并将新乡贤工作纳入统战工作考核体系，形成统战部门牵头抓总，各成员单位各司其职的工作局面。丽水下辖各县（市、区）也相继出台专门文件、工作方案、建立组织，形成了条抓块统的工作合力。丽水市的善治善为，吸引了大量侨胞、在外的企业家、专家学者等新乡贤回乡返乡创业兴业，推动人才、智力、资金、项目回溯回流，让新乡贤真正成为实施乡村振兴、助力共同富裕的新引擎、新动力。

第二，要完善新乡贤回归的保障措施，解除其后顾之忧。经济发展与人才聚集是互为因果的关系，正是由于农村经济发展缓慢、基础设施落后，才导致农村人才流向城市，乡村日益"空心化"；而乡村人才外流，不仅导致乡村发展缓慢，而且又使乡村发展后续乏力。这便陷入了城乡发展的怪圈，形成恶性循环，也造成外来新乡贤极少、本地新乡贤内生主体来源匮乏的局面。可见，要吸引新乡贤回归乡村，必须完善新乡贤回归的保障措施，解除其后顾之忧。

首先，完善乡村基础设施，为新乡贤提供便利的生活条件保障。完善的新乡贤回归保障机制，是新乡贤文化培育和发展的重要一环。唯有建立健全新乡贤回归保障机制、完善配套设施，新乡贤才愿意回归乡村、扎根乡村、服务农村，进而振兴乡村。地方政府要积极探索新乡贤返乡的可行路径，高度重视乡村基础设施建设，要以美丽乡村建设为契机，推进城乡公共服务均等化。比如，在"村村通"工程取得辉煌成就的基础上，进一步加大财政投入力度，加强农村公共道路建设，提高农村道路交通便捷度。

其次，完善新乡贤回归的各项保障措施，在乡贤返乡建房、项目回归、办学办医等方面出台特殊优惠政策。如针对新乡贤回归项目，可在审批、用地、财税、金融等方面给予政策优惠，必要时可采取"一事一议"政策，服务新乡贤项目回归。

再次，解决回归新乡贤在住房、就医等方面的难题，解除其后顾之忧。如果说加强乡村基础设施建设是为了筑巢引凤，那么我们更应该注重解决引来"凤凰"的实际生活困难问题。针对外来新乡贤没有住房问题，地方基层政府可以从以下几点考虑：一是可以将闲置不用的村委会房屋利用起来，供外来新乡贤居住；二是允许农民自愿将宅基地使用权有偿转让给还乡人员；三是政府提供部分财政资金支持，鼓励当地农民将闲置住房腾出来，以友好价格租赁给新乡贤居住。针对新乡贤就医难的问题，要改善乡村医疗卫生体系，完善乡村公共卫生设施，通过以城带乡提高乡村医疗服务水平。以此解除新乡贤的后顾之忧，为新乡贤发挥作用创造条件、铺平道路，为新乡贤"回得来""留得住"，发挥好作用，提供物质保障。

在地方政府大力扶持新乡贤文化培育工作上，浙江省衢州市给我们树立了典范。衢州市从政策支撑、系统服务、平台支持等三个方面为新乡贤回归做出了诸多探索与创新。在政策支撑上，出台专项文件明确要"优化新乡贤回归服务措施，探索出台激励新乡贤创业、安居、回归、融资等方面的优惠政策，帮助新乡贤解决住房、就医、子女入学等具体问题，努力为新乡贤发挥作用解除后顾之忧"；在系统服务上，实施礼贤通回归服务工程，从远程视讯、健康关爱、子女就学、项目代办、创业融资、结对联谊、文化宣传、热线服务等八个方面，以系统化暖心服务举措促进更多新乡贤回归聚力；在平台建设上，衢州统战微信公众号已开辟"礼贤通"网上集成办事服务专栏，联合市民政局、市招商局、市金控集团等十多家单位，共同推出"新乡贤社团组织登记注册""招商引资服务""申请创业发展基金"等多元一体的数字化服务平台；在资金支持上，衢州市金控集团推出以新乡贤为服务对象的信保产品，具体包括小微企业类、个人经营性类、乡村振兴类三款特色产品，担保额度最高达到1000万元。

3. 激发农民参与新乡贤文化培育的积极性

农民是新乡贤文化培育的直接参与者和受益者，激发农民参与新乡贤文化培育的积极性，不仅十分必要，而且十分重要。广大农民不仅是农村的主体和主人，而且是乡村振兴的主体，更是新乡贤文化培育的重要主体。只有激发起广大农民参与新乡贤文化培育的积极性，让广大农民真正参与到新乡贤文化培育过程中，才能唤醒民众对新乡贤的认知，增强对新乡贤文化的社会认同；让农民群众深入了解新乡贤文化的精神内涵，才能有效发挥新乡贤文化在乡村振兴中的示范引导作用和鼓励激励作用。

首先，要准确把握农民所盼，这是做好新乡贤文化培育工作的前提。马克思说过："人们奋斗所争取的一切，都同他们的利益有关。"[1] 切实保障农民利益，是农民认同新乡贤文化的前提。因此，要准确把握农民的所思所盼，在切实保障农民利益的前提下，开展对农民的思想教育，这是促进农民在思想上充分认识新乡贤文化重要性的前提和保证。一方面，切实发挥新乡贤奋进向上、回馈乡梓的重要作用，通过新乡贤的杠杆作用，撬动资源、资金与技术，带领农民就业、创业、增收，让农民切身感受到新乡贤文化培育带来的实实在在好处；另一方面，要发挥新乡贤见贤思齐、崇德向善的榜样力量，通过新乡贤正直守信、公道正派的言行举止教育引导广大农民树立正确的价值观念。新乡贤本身所具备的优秀品质和感人效应，能在民众间起到典型引领、示范带动的作用。比如浙江省绍兴市上虞区由乡贤出资的公益基金达到180多个，涉及文化、教育、养老等领域，本金总额达18亿元。上虞区通过对新乡贤事迹和新乡贤精神的宣传，调动了广大新乡贤回乡创业的热情，激发了乡贤们投资回报家乡的积极性，并为家乡建设出谋划策。已故国家科委原秘书长、全国星火计划原总指挥吴武封生前热心支持家乡乡镇企业发展，帮助上虞科技项目建设，助推上虞工业经济转型升级；已故著名导演谢晋，生前长期为上虞发展宣传推介，每年回上虞都为家乡发展出谋划策，当得知家乡为旅游业难以发展犯难时，就请来韩美林设计了体量为中国第一的"舜耕象群雕"，成为上虞城市的标志性雕塑，上虞旅游业的突破口由此打开，为当地发展带来了巨大效益。

其次，要通过农民容易接受、喜闻乐见的形式调动其参与新乡贤文

---

[1]《马克思恩格斯全集》（第一卷），人民出版社，1956，第82页。

化培育的积极性。一要广泛发动,让群众了解新乡贤文化。新乡贤文化有其新特点、新优势、新作为,要让群众真正了解到新乡贤文化"新"在哪里?为什么"新"?能够带来什么?要避免对农民进行枯燥的理论训导,可以用大众化、通俗化、故事化、数字化的语言文字和图片视频对新乡贤文化进行宣传推广,这样不仅可以让群众直观全面地熟悉新乡贤文化,还可以丰富群众的文化生活,使新乡贤文化润物无声,达到人人皆知新乡贤、人人敬重新乡贤、人人争做新乡贤的效果,进而提升农民对新乡贤文化的思想认同、心理认同和情感认同。比如,杭州市萧山区塔楼镇在微信公众号中刊载"统战百年·贤话乡里"专栏,对新乡贤典型事迹进行系列报道,还在党的二十大召开之际,发布名为《追光者》的新乡贤宣传片,受到很多年轻人的喜爱,取得良好的社会效应。二要尊重民意,选好新乡贤。新乡贤来自群众、为了群众,选贤任能的过程本身就是文化氛围营造的过程。在推荐、选聘新乡贤的过程中,要充分尊重群众,让群众深度参与,感受到新乡贤文化和自己息息相关,选出来的新乡贤既代表群众,又能为了群众有所作为。比如农村地区选出来的红白理事会的执事,既敢于主持公道、扶正祛邪,又能为百姓排忧解难,在百姓心中享有崇高威望,对当地优良民风民俗的形成具有相当大的影响力。三要发挥榜样作用,用好新乡贤。要充分发挥致富能人、技术能手、文化名流等新乡贤在同奔共富、产业振兴、乡风文明、邻里和睦等方面的积极作用,让更多的群众参与其中、身临其境地了解新乡贤的高贵品质和新乡贤文化的内涵意蕴。四要树立典范,颂扬新乡贤。通过树立典型和颂扬典范等形式,大力宣传新乡贤,教育引导群众,要让群众知道,只要通过努力,"人人皆可成为新乡贤"。比如,浙江省金华市浦江县花桥乡就开展了新乡贤培育"青禾计划",通过联络、荣誉、激励、结对等方法,从大学生群体中发掘、培育人才,培养一批"沉得下、留得住、用得上"的青年人才,引导其成长发展、建功立业,为花桥乡村振兴和基层治理贡献力量,也让更多"想干事、能干事"的花桥籍新乡贤发挥作用,有事可干、有力可出,从而助推花桥乡经济高质量发展。

（三）找准新乡贤文化培育对象

新乡贤是新乡贤文化的承载者，是新乡贤文化的培育对象。2018年中央一号文件提出："要建立有效激励机制，以乡情乡愁为纽带，吸引支持企业家、党政干部、专家学者、医生教师、规划师、建筑师、律师、技能人才等，通过下乡担任志愿者、投资兴业、包村包项目、行医办学、捐资捐物、法律服务等方式服务乡村振兴事业。"这为新乡贤对象的培育划定了基本范围，新乡贤既有基层干部、经济能人，又有普通乡民、地方长者；既有"在乡"新乡贤，又有"离乡"新乡贤。

1. 拓宽新乡贤来源

国务院参事室研究员、中国农业经济学会副会长刘奇同志认为，新乡贤包括五类人员："一是离退休人员叶落归根，二是大学生村官，三是城归农民工，四是接受优秀家风家教熏陶的世家大族名门望族的后裔，五是新富贤能者。"[1] 由此可见，新乡贤的来源不仅仅局限于"在乡"或"返乡"的新乡贤，那些在外不能返乡但心系乡村发展的人以及外来奉献乡村建设乡村的人都是新乡贤的主力军。首先，"不在场"的新乡贤是新乡贤的重要组成部分。"随着改革开放的推进，部分从农村'流出'的青壮年在城市已经崭露头角或功成名就，他们的工作、人脉、资源都在城市，暂时无法返乡，但他们能为家乡建设招商引资、建言献策。只要是从乡村走出去的人员，无论从事哪种职业，无论是否返乡，只要愿意并有能力为乡村作出贡献，都是新乡贤成员的重要来源。"[2] 可见，应将城市作为新乡贤培育的重点区域，在城市为农村培育新乡贤。其次，"舶来"新乡贤也是新乡贤的重要组成部分。乡村振兴战略全面实施后，一些非本土的外来投资者，在当地投资兴办企业、成立合作社、发展乡村旅游等，为当地百姓提供就业和创业机会，他们是乡村振兴的重要力

---

[1] 张玉玲、李慧：《乡贤 乡土 乡愁：探寻乡村振兴的文化力量》，《光明日报》2017年11月30日。

[2] 吴立衡：《乡村振兴战略背景下新乡贤文化建设研究》，硕士学位论文，吉首大学，2020，第33页。

量之一，也是新乡贤的一个重要来源。当然，那些出生地不在本村的大学生村官等也属于"舶来"新乡贤的重要来源。新时代要不断拓展新乡贤的来源，为新乡贤提供源源不断的后备力量。

此外，除了德乡贤、富乡贤外，还要注重经营型、技术型、治理型、公益型、文化型等不同类型新乡贤的引入，利用他们各自的优势，为乡村振兴注入源源不断的动力。

2. 打造新乡贤团体

新乡贤返乡的根本依靠在于"在乡性"，"情感在乡"新乡贤便会主动返乡参与乡村振兴。因此，必须加强与新乡贤的联络，强化与新乡贤的情感维系，使新乡贤情感长期在乡。同时，从单个新乡贤到新乡贤群体的转变能为新乡贤文化培育和发展提供更为牢固的人才支撑。只有加强新乡贤团体建设，加强新乡贤文化主体之间的联络和沟通，才能实现从新乡贤个体到群体的转变，发挥新乡贤文化主体的群体效应。

首先，建立新乡贤信息库。培育新乡贤和新乡贤文化，必须摸清新乡贤底数，建立新乡贤信息数据库。信息时代，信息是做好各项工作的前提，建立新乡贤信息数据库已成为培育新乡贤文化的基础性工作。目前，在城镇化浪潮冲击下，乡村人才外流严重，因而在新乡贤群体中"不在场"新乡贤居于主体地位，占大多数。"不在场"新乡贤成长于家乡，成就于城市，分布于城市的不同领域，为了打破"不在场"新乡贤离开家乡、远走他乡之后就不再与乡亲联系，造成乡贤资源浪费的状况，地方政府必须出面，建立新乡贤联络制度，搭建与新乡贤联系的平台，加强"不在场"新乡贤同家乡的联系和沟通，吸引更多新乡贤加入新乡贤组织。可以以村为单位，全面摸排掌握新乡贤底数，建立新乡贤动态信息库，充分挖掘新乡贤人士资源，盘活新乡贤人才；构建全县（乡）一体化的新乡贤信息网络，通过走访确认新乡贤不同特长，建立新乡贤团体组织的目录库，并通过县乡村不同的行政级别绘制新乡贤信息地图，实现新乡贤信息线上的统一化管理。比如，广东省清远市清新区利用互联网建立"三库一平台"，即外出人才数据库、雁归人员创业就业数据库、招商项目数据库、乡村人才资源信息平台，实现乡村人才与市场无缝对接，还统筹建立乡贤人才服务专员制度，设立区"雁归工程"服务中心，建立服务站，在广州、深圳设立联络站，为新乡贤提供政策咨询、职称申报、项目申报、融资对接、业务办理等服务，初步建立农村人才服务体系。

其次，搭建新乡贤网络联系平台。当前，新乡贤的分布状况是"不在场"新乡贤较多且分散于各地。针对这一实际，要借助现代科技手段特别是便利的通信技术，通过线上线下相结合的形式建立常态化联络平台，强化新乡贤的情感维系。从线下方面看，可以通过乡贤联谊会等开展不同形式的活动，实现同"不在场"新乡贤的"零距离"接触和互动交流，以激发新乡贤反哺家乡的赤子之情。从线上方面看，信息技术的快速发展为线上沟通提供了方便，通过"互联网＋"的思维畅通新乡贤之间的联络，通过固定的微信群、QQ群等平台，推动区域内新乡贤信息资源共享，尤其是推动占新乡贤大多数的"不在乡"的新乡贤共同关注家乡的建设。此外，对于在乡年老的不会使用网络技术的新乡贤，要积极搭建以村、镇为依托的新乡贤联络站点，确保新乡贤之间的信息畅通，统筹利用新乡贤资源。

再次，打造新乡贤群体，提高组织化程度。可以根据新乡贤人熟、地熟、事熟、政策熟等优势，以"政治上有觉悟、德行上有口碑、社会上有影响"为导向，甄选新乡贤代表成立乡贤代表团，通过定期邀请参与座谈会交流、圆桌议事会等方式，引导新乡贤代表参与基层社会治理，充分发挥新乡贤的智慧和力量，积极建言献策，当好助推乡村振兴的智囊员、矛盾纠纷的调解员、家乡发展的宣传员，以"群贤治理"模式促进基层治理水平提升，助力乡村振兴。

（四）营造新乡贤文化培育氛围

良好的社会氛围、乡村治理氛围，是培育新乡贤文化的重要条件，不仅能有效彰显新乡贤文化的精神内涵，激发新乡贤服务家乡、反哺家乡、回馈家乡的热情，还能引领民风民俗，加深村民对新乡贤文化的了解和认同。因此，必须加强新乡贤文化宣传，营造新乡贤文化培育的良好氛围，通过颂"古贤"、传"今贤"、育"新贤"，在全社会形成爱乡贤、敬乡贤、学乡贤的良好社会氛围,为新乡贤文化培育创造有利环境。

1. 因地制宜,挖掘乡贤文化资源

新乡贤文化是对传统乡贤文化的传承和发展,而传统乡贤文化是我国乡村社会特有的本土文化,是我国优秀传统文化的重要组成部分。在中国特色社会主义进入新时代的今天,我们要传承好、发展好乡贤文化,深入挖掘乡贤文化资源,着力实现传统乡贤文化与新乡贤文化的有效对接,形成有利于新乡贤培育和发展的文化氛围。"培育新乡贤文化更意味着对乡村社会本土文化观念的尊重、培育与引领,只有这样,才有可能形成乡贤得以生长的文化土壤。"[1]为了给新乡贤文化培育营造良好氛围,必须大力弘扬传统乡贤文化。为此,要加强对传统乡贤文化的挖掘和研究。乡贤文化是我国的优秀传统文化,是我们的国粹,但是近代以后,乡贤文化消失殆尽、走向没落。而作为传统乡贤文化重塑和再造的新乡贤文化是近些年才兴起的,依然势单力薄,亟须大力弘扬。这就要求我们按照习近平总书记的指示来做:"把保护传承和开发利用有机结合起来,把我国农耕文明优秀遗产和现代文明要素结合起来,赋予新的时代内涵。"[2]

一要成立新乡贤文化研究会。以新乡贤文化研究会为平台,坚持"古贤先哲策今人"的理念,深入挖掘、保护、传承和研究乡贤资源,有效开发利用乡贤文化资源,从而吸引和凝聚新乡贤。乡贤资源是优秀传统文化中的宝贵资源,有物质形态和非物质形态之分,乡贤资源具有广泛的影响力和凝聚力,通过保护、挖掘、研究和弘扬乡贤文化资源,可以将资源转化为一种社会力量,为新乡贤文化培育营造良好氛围。乡贤历史遗迹是新乡贤文化存续和发展的土壤,也是激发民众乡土情怀、弘扬新乡贤文化必须依托的宝贵文化资源。要从"人、物、精神"三个层面对乡贤文化进行挖掘、整理和研究,以弘扬古贤精神、以古示今。当然,

---

[1] 刘伟、严红枫、叶辉等:《乡贤回乡,重构传统乡村文化——浙江"乡贤文化"与乡村治理的采访和思考》,《光明日报》2014年7月2日。

[2] 《中央农村工作会议在北京举行》,《人民日报》2017年12月30日。

尊重和挖掘乡贤文化并不意味着全盘接受，而是要有针对性地加以甄别和引领，营造出新乡贤文化培育的良好文化氛围。

二要编纂乡贤志。乡贤志既是承载乡贤智慧的工具和载体，又承载着今人对古贤的尊重和敬仰。而把新乡贤参与乡村振兴的事迹用文字记载下来，不仅便于广泛传颂、赢得人们的敬仰，而且还能为人们提供经验借鉴，充分发挥新乡贤助乡育人功能。

三要打造乡贤文化景观。可以打造乡贤景观带，把乡贤文化元素融入建筑、旅游景点、公共场所设计中，彰显地方乡贤文化特色；可以建设乡贤文化群雕，潜移默化地教育和熏陶村民；可以塑造乡贤品牌，开发旅游，扩大乡贤文化的影响范围。例如，河南省巩义市竹林镇的长寿山旅游景区就专门设置了一个长廊，上面张贴的就是本县古今乡贤的照片和事迹，收到了很好的宣传效果。

四要丰富宣传载体，让新乡贤文化进入各类公共场所。如开展"乡贤进礼堂""乡贤进校园""乡贤进图书馆""乡贤进家庭"等活动，让乡贤事迹家喻户晓，营造尊乡贤、颂乡贤、学乡贤的浓厚氛围。

目前我国不少农村仍保留有祠堂家庙，祠堂家庙是传统乡贤文化的典型载体，其中承载的家风、家训、家规等文化内容，以及往圣先贤的思想品格和先进事迹，这些都有着直观的教育意义，实践性很强。农村地区要因地制宜，对以物质、非物质形态存在的优秀传统乡贤文化加以整理、保护和弘扬，使其发挥其应有的作用。比如，浙江省金华市浦江县郑宅镇的郑义门：郑氏族人出则为官清正，造福一方；归则和睦乡邻，反哺桑梓。明太祖朱元璋钦封郑义门为"江南第一家"，郑义门创建并倡导的"以德正心、以礼修身、以法齐家、以义济世"的儒学伦理教育和孝义家风，堪称古代家族文化的典范。郑宅镇党委政府除了注重对郑义门历史古建筑的保护，更注重对郑义门乡贤精神的整理、保存和弘扬，同时郑宅镇还及时将家乡改革发展的新业绩、新面貌通过各种途径向在外新乡贤传播展示，增强新乡贤对家乡的归属感和自豪感。

地方政府还可以把当今优秀新乡贤的事迹、行为、做法、贡献汇编成册，讲好新乡贤故事、感悟新乡贤魅力、宣传新乡贤精神，充分发挥新乡贤的榜样示范作用，让广大群众思想上向新乡贤看齐、行为上向新乡贤靠近，争做时代新乡贤。比如，近两年浙江省委统战部联合省委宣传部、省农业农村厅多次举办年度"最美浙江人·最美乡贤"学习宣传活动，选出全省助力产业兴旺、文化建设、乡村治理、生态宜居、公益慈善等方面有突出贡献的典范新乡贤，将典范新乡贤的颁奖词和感人事迹通过电视台和网络新闻客户端等平台进行直播，在海内外产生了很大影响，不仅在全社会塑造了道德榜样，而且鼓舞了在外新乡贤报效家乡、投身公益的热情和信心。通过这些活动的开展，广大群众对新乡贤文化有了更深刻、更准确的理解，他们纷纷以新乡贤为榜样，积极投身新乡贤文化培育和发展的大潮中，为乡村全面振兴贡献自己的力量。

2. 优化文化环境，激发情感认同

乡村的民风民俗、人文风貌和文化氛围都是培育新乡贤文化重要的环境因素。随着城镇化的快速推进和市场经济的快速发展，农民的物质生活水平得到显著提高，但是乡村文化发展却面临前所未有的挑战。正如武汉大学中国乡村治理研究中心主任何雪峰教授所言："当前农村存在的主要问题不是农民收入太低、劳动太重，而是消费不合理、闲暇无意义，是社会关系的失衡，是基本价值的失准，是文化的失调。"一方面，农村人口流动频繁，一些承载乡愁记忆的文化生活和风俗习惯正在逐渐消失；另一方面，功利主义、享乐主义、金钱至上、奢靡攀比的不良风气在农村肆虐盛行，甚至在甘肃某村竟然出现了给猪办满月酒的怪现象。因此，要优化创新乡村文化环境，以乡情乡愁为纽带，以乡村振兴为契机，吸引更多新乡贤支持乡村建设，实现乡村高质量发展。

首先，政府应着手整治农村出现的文化失调、道德失范现象，引导民风民俗，丰富农村文化生活，使农村文化积极向上、饱含活力。针对农村攀比浪费、厚葬薄养、封建迷信等乱象，建立由政府主导、村委督办、群众参与的文化整治机制，推进农村移风易俗行动，倡导正确的价值取向，对不正之风坚决肃清，对陈规陋习严厉整治，肃清农村封建文化、迷信文化、糟粕文化的遗毒，提升民众对不良文化的辨别力、防御力、抵制力，营造健康向上的农村文化生态，打造适宜新乡贤文化扎根生长的文化土壤。比如，陕西省渭南市一些农村地区由村委牵头，切合实际地制定、修改本村的各种"过事"章程，明确"过事"的规模、程序、酒席安排，特别规定亲戚、朋友、邻里的"随礼"标准，提倡新事新办、简办，倡导农民群众继续发扬勤俭节约、勤俭持家、量力而行的光荣传统，对各种攀比奢靡浪费行为，不效仿、不羡慕、不追捧。

其次，打造以"乡愁记忆"为主题的乡村意象，激发新乡贤的情感共鸣。乡愁乡情凝聚着人们对故乡人情、风俗、山水、老物件等的集体追思，饱含丰富的地方历史人文信息。正因为乡愁乡情留住了集体记忆，进而滋养出深厚的家国情怀。一方面，基层政府可以通过载体活化乡愁，比如，对于农村标志性的建筑、街道、景观进行修葺完善，营造农村生产生活的历史场景，让乡愁有"乡"可寻，引发新乡贤的情感记忆，加深他们对家乡的深厚感情。另一方面，强化乡愁教育，涵育农村学子的乡土情怀，增强新乡贤服务家乡、贡献家乡的意识，使他们在人生有为、事业有成之后依然不忘故土、反哺桑梓。故乡是割不断的根，乡情是永不褪色的情。儿时的记忆永志难忘，并时常回味。因此，乡情乡愁教育要从娃娃抓起，乡村的中小学不应只单一地强调学校的常规知识教育，还应强化乡情乡愁教育，通过开设集地方民情民俗、地域风情、乡贤文化等为一体的专门课程来培育农村学子的乡情意识、强化乡情纽带，在农村学子幼小的心灵里撒下乡情乡愁的种子，激发他们对家乡的情感认同，以便日后成为新乡贤时不忘故土、反哺桑梓，避免沦为长在乡村、安于城市的"两面人"。

再次，加强新乡贤文化宣传，营造新乡贤文化培育的良好氛围。舆论宣传都能对社会发展产生巨大影响，我党十分重视舆论的导向作用。新乡贤文化要真正得到广大民众的认同，就必须广泛开展舆论宣传。同时，加强对新乡贤文化的宣传，是文化自信的表现。要利用多种媒体加强新乡贤文化宣传工作，弘扬新乡贤时代精神，以便增强全社会对新乡贤的社会认同，通过颂"古贤"、传"今贤"、育"新贤"，在全社会形成爱乡贤、敬乡贤、学乡贤的良好社会氛围。

（五）创新新乡贤文化培育载体

任何文化都不能脱离载体而单独存在，新乡贤文化也是如此。新乡贤文化内容的呈现、精神的表达、传播的途径等，都离不开载体。新乡贤文化的载体是指在进行新乡贤文化培育过程中承载和传递新乡贤文化内容和信息，能为新乡贤或新乡贤文化培育者所使用，且新乡贤文化培育者与受众可借此相互作用、双边互动，从而实现新乡贤文化培育目标的媒介和工具。科学把握、合理选择新乡贤文化培育载体，是加强新时代新乡贤文化培育的一个重要方面。乡村振兴战略背景下，新乡贤主体多元化，新乡贤文化多元化。这就要求我们创新新乡贤文化培育载体，实现新乡贤文化载体多样化、规范化、现代化，建立新乡贤文化"线上+线下"服务平台，扩大新乡贤文化的影响力和渗透力，共同促进新乡贤文化的培育、发展和传播。

1. 构建多样化载体，多渠道培育新乡贤文化

首先，要善用"活"载体。新乡贤是新乡贤文化内容的主要承载者，是"活"的新乡贤文化载体。新乡贤在乡村振兴中用自己的行动直观地诠释了爱国爱家、崇德向善、尊老爱老等中华优秀传统文化，他们"用自己的嘉言懿行生动地传播着新乡贤文化，相比传统物质载体更具影响力和感染力。培育和发展新乡贤，一方面壮大了新乡贤队伍，增加了传播新乡贤文化载体的数量；另一方面丰富了新乡贤文化的内容，还可以提高新乡贤文化传播的质量，让新乡贤文化在村民的生活中看得见、摸得着，更容易被村民认同和接受"[1]。

其次，要引入现代多元载体。实施乡村振兴战略给乡村文化发展带来了新机遇和新挑战，面对机遇和挑战，乡村文化载体需要与时俱进，引入现代载体是时代的需要。现代载体的引入可以弥补传统载体延后性、单一性等不足，通过网络建立新乡贤文化"线上+线下"服务平台，是载体多样化的必然要求。乡村振兴与大数据的融合是时代发展的必然趋势。网络、手机、电脑的普及，让农民获取文化信息的渠道多元化、速

---

[1] 吴立衡：《乡村振兴战略背景下新乡贤文化建设研究》，硕士学位论文，吉首大学，2020，第35页。

度迅速化、方式便捷化，以互联网为依托的新兴媒体正成为村民获取文化信息的重要来源。构建新乡贤文化培育的线上平台，能充分发挥网络新媒体在宣传上更加及时、覆盖面更加广、传播内容更加生动有趣的优势。线上平台还可以设置在线交流区域，实现新乡贤与村民的及时互动，使传播的效果最大化。充分利用现代载体的独特优势，把现代载体打造成反映民声民情的新平台、群贤沟通交流的新渠道，从而更好地培育新乡贤文化。比如，浙江省浦江县在2018年研发并上线了浦江县乡贤信息管理系统，将散落的乡贤信息进行了排摸归整，共录入新乡贤5700多人，极大地调动了本地新乡贤、外出新乡贤和流入新乡贤反哺家乡，有效促进了浦江经济社会的发展。

再次，用好民间自组织载体。一是利用乡村自有的民俗艺人和文化团体，围绕新乡贤文化培育，开展丰富多彩、群众喜闻乐见的艺术创作、表演和宣传，让更多的人了解新乡贤、学习新乡贤、争当新乡贤。二是引导新乡贤自主成立新乡贤理事会、新乡贤工作室等组织。新乡贤可以运用非行政手段，有效调节邻里关系、缓和干群关系，同时新乡贤还可以现身说法，在乡村开展道德讲堂、致富讲堂等教育活动，用身边事、身边人教育村民、引导村民，营造浓厚的"知新乡贤、学新乡贤"的新乡贤文化培育氛围，逐步增强村民对新乡贤、新乡贤文化的情感认同，规范新乡贤服务乡村振兴的行为方式，充分发挥新乡贤文化在乡村振兴中的积极作用，推动新乡贤文化入心、入脑，使新乡贤文化蔚然成风，更好融入村民生活。比如，杭州市上城区就建有不同的新乡贤工作室，有的新乡贤工作室可以开展创业讲座，有的新乡贤工作室提供免费的法律咨询活动。参加不同的工作室，有50多名新乡贤深度参与，利用自身的丰富资源和优势奉献社会，受到了周边群众的热烈赞誉。

2. 推进新乡贤文化培育载体规范化，确保新乡贤文化培育有序进行

载体的多元化可以有效整合农村地区的文化资源，弘扬新乡贤文化蕴含的价值。创新新乡贤文化培育载体的同时需要使其载体规范化，进而保证新乡贤文化培育有序进行。

首先，规范以新乡贤为中心的社会组织。在乡村振兴战略的感召下，各地新乡贤积极响应党的号召，纷纷回故乡建设。"新乡贤利用自身的威望、优势成立各种组织，通过新乡贤组织推进乡村振兴的相关工作。村落理事有效地解决了项目落地的最后一公里难题。"[1]而要确保各项工作有序进行，就需要规范以新乡贤为中心的组织，确保新乡贤文化培育始终沿着正确的方向进行。为此，一要设立明确的新乡贤标准，制定新乡贤准入制度和评定程序，把好新乡贤"入口"关，严防"伪乡贤"混进新乡贤队伍，从源头上确保新乡贤质量，进而确保新乡贤文化质量。二要制定并规范新乡贤组织运行的各种规章制度，用制度管人管事，确保新乡贤文化培育工作有序进行。不少新乡贤文化发展水平较高的地区就对新乡贤的组织、阵地、队伍规范化建设提出了具体要求，要求所有乡镇新乡贤联谊组织和村级乡贤理事会建设实现全覆盖，所有乡镇乡贤馆建设实现全覆盖，建立新乡贤综合评价体系，抓好新乡贤的规范化、常态化管理。

其次，要规范网络载体的运用。"随着网络扶贫工程的推进，网络走入农村千家万户。乡村振兴战略背景下，新乡贤文化借助现代载体的迅速、便捷、开放得到广泛传播和弘扬，但就是在这种开放、共享的环境下，一些错误思潮、文化垃圾也涌入农村。这就要求规范新乡贤文化现代载体的管理和运行，才能保障新乡贤文化培育始终沿着中国特色社会主义先进文化的前进方向。现代载体的管理规范化，需要建设一支负责任的现代载体运营专业队伍，实现专业的事情交给专门的人做；制定现代载体宣传推广新乡贤文化的具体规章制度，确保各项宣传工作能及时、有序地开展。因网络具有虚拟性、自由性，要运用好现代传媒载体这把双刃剑，就要严格规范现代载体运行计划，避免存在潜在的安全隐患。规范新乡贤文化的宣传内容、要求、方式，发挥好现代载体运营专业队伍在建设信息传播中'守门人'和信息迷雾中'导盲犬'的作用，

---

[1] 龙斧、高万芹：《农村公共品供给中的民主治理机制》，《湖北社会科学》2016年第11期。

保证新乡贤文化依法建设、依规建设，使现代载体真正成为弘扬新乡贤文化的重要渠道和路径。"[1]

3. 善用现代化载体，增强新乡贤文化培育成效

实施乡村振兴的目标是实现农业、农村、农民的现代化，"三农"现代化进程的推进，要求农村文化载体也要现代化，才能满足时代需要。新乡贤文化载体既要创新传统文化载体，扬长避短使其现代化，又要充分结合现代科学信息技术，发挥好网络媒体、手机媒体、数字电视等新媒体的作用。

首先，推进传统载体现代化。在信息化的新时代，传统载体要想不遭淘汰，就必须跟上时代步伐，及时用信息化来武装，并及时更新所承载的内容。广播电视、文化墙、农家书屋等都是传统媒体，要想在信息化背景下使它们依旧发挥好在新乡贤文化培育中的作用，就要对它们进行再包装。鉴于这些传统载体形式固定不易变通，因而我们可以把再包装的重点放在其所承载的内容上，使其承载的新乡贤文化内容实现现代化。如依托农家书屋，可以开展读书分享活动，让新乡贤带领村民学习中央一号文件、学习党的二十大报告、学习习近平新时代中国特色社会主义思想等，提高村民的思想文化水平；也可以利用农家书屋开展新乡贤故事和身边好人好事宣讲、法律法规知识讲座和农业知识讲座等，丰富村民的精神文化生活。创新传统载体，以潜移默化的方式把新乡贤文化融入村民的日常生活中，使村民在潜移默化中受到熏陶。

其次，推广利用新载体。进入信息化时代，新媒体不断涌现，互联网媒体已进入寻常百姓家，就连贫困村通宽带的比例也已达到86%。但是互联网在乡村发挥的实际作用还很不理想，远远满足不了农民的文化需求。原因在于大部分村民对电脑的运营还不熟练，只是停留在不懂或只会最基本的操作水平上。这就要求我们必须把乡村振兴与网络大数据紧密融合起来，建设一支网络新媒体队伍，通过网络新媒体加强对新乡

---

[1] 吴立衡：《乡村振兴战略背景下新乡贤文化建设研究》，硕士学位论文，吉首大学，2020，第36页。

贤文化传播。新乡贤中的电脑达人可以组成这支队伍。这支队伍既可以充分利用网络新媒体的优势，及时对身边的好人好事进行报道宣传，把家乡的变化和取得的成绩及时分享给在外新乡贤，在弘扬新乡贤文化的同时，还能为新乡贤文化培育提供源源不断的后备人才。新乡贤还要加强对村民进行电脑技能的培训，以提高村民的思想文化水平和电脑技能。这样既能拉近与村民的距离，又能获得村民的认同。还要加强对这支新乡贤网络队伍的专业培训，让他们能结合当地实际情况，及时、有效地进行新乡贤文化的弘扬和传播，实现与传统载体的无缝对接，提高新乡贤文化的影响力。

再次，加强网络新媒体传播内容建设。新乡贤文化传播方式的现代化，要求传播内容也要与时俱进。要丰富新乡贤文化的内容。用通俗易懂的语言，灵活多样的传播方式，对新乡贤文化进行深入浅出的解读和阐释，让人民群众能对新乡贤文化做到深刻理解、高度认同、达成共识。目前农村的网络硬件设备基本完善，但软件设施远远落后。因此，要强化软件设施建设，充分利用微信公众号、微博、QQ 群等媒体、社交平台，用生动的故事告诉村民：什么是新乡贤？新乡贤有什么作用？什么是新乡贤文化？培育新乡贤文化有什么重要意义？以此来增强村民对新乡贤文化的认同感，坚定对乡村文化的自信心。要确保新乡贤文化内容的合法性，在利用网络为村民提供信息服务的同时，还要始终保持内容的真实性、报道的客观性、传送的及时性，不能传播道听途说的内容，更不能传播谣言。要进行正确的舆情引导，让村民树立正确的世界观、人生观和价值观，使网络新媒体真正成为培育和弘扬新乡贤文化的重要载体和渠道。

（六）加强教育培训，提高新乡贤素质

习近平总书记说，榜样的力量是无穷的。新乡贤文化是一种榜样文化，新乡贤的一言一行影响着村民对新乡贤文化的认同程度和接受程度。"打铁必须自身硬"。要更好发挥新乡贤在参与乡村振兴中的特殊作用，就要实施教育培训，以提升新乡贤整体素质，增强新乡贤服务乡村振兴的本领，促进新乡贤文化培育。

1. 强化乡愁教育，增强新乡贤反哺意识

"问渠哪得清如许，为有源头活水来。"从总体上看，参与乡村振兴的新乡贤虽不一定居住于乡村，但多是本土子孙，因此，一个地方培育人才的多少直接决定新乡贤参与乡村振兴的规模和成效。而人才培养靠教育，通过教育能提高普通民众的综合素质，为新乡贤文化培育提供优质的人才储备。况且，一个地方想要有更多的新乡贤反哺乡土，最好的方法就是重视教育，培育更多人才。但现存的一个突出问题是，大多数以农村教育为跳板走出农村的乡土精英在有所作为后很少回归乡村，更谈不上致力于乡村振兴了。这也说明，农村教育实际上是在为城市培养人才，农村教育的成果最终被城镇居民享有了。这就需要我们做到以下两点：一要强化农村学校的乡情乡愁教育、涵育农村学子的乡土情怀，增强他们为家乡服务的意识，使他们日后在事业有成之后不忘故土、反哺桑梓。农村中小学教育要突出教育内容上的特色，在强调学校常规知识教育的同时还应强化乡情乡愁教育。通过开设乡土民情、乡风民俗、乡贤文化等课程，培育他们的乡情意识和争做新乡贤的志向，避免沦为长在乡村、安于城市的"两面人"。二要增强情感熏陶，强化新乡贤反哺意识。要以乡情乡愁为纽带，强化情感熏陶，以故土情唤起新乡贤对家乡的眷恋，强化反哺意识，增强对家乡的归属感和责任感，将心动变为行动，积极投身于乡村振兴的伟大实践中，培育新乡贤文化。

2. 强化新乡贤思想道德政治素养教育培训

新乡贤首先应是品德高尚之人，新乡贤群体蕴含丰富的道德力量，他们是道德教化的引领者，是积极正面的社会形象，新乡贤甚至是新时代道德的化身。但是，现实中部分新乡贤的道德修养是不足的，况且一个人的思想道德也不是一成不变的，过去德行卓著，并不能确保将来依然如此，新乡贤的堕落也是有可能的，一些名噪一时的新乡贤由于道德堕落最终异化为"劣绅"甚至成为罪犯，就是最好的说明。因此，除了新乡贤自身要加强德行修炼外，还需要基层党政组织对新乡贤进行有效的组织引导和教育培训，必须高度重视并不断强化新乡贤思想道德政治素质教育，建立定期培训机制。

首先，要建立新乡贤培训机构。可以由县委组织部、统战部、民政局等牵头，组建新乡贤骨干培训学校；也可以依托县委党校、社会主义学院、新型职业农民培训学校等开展新乡贤培训工作，举办新乡贤培训班，开设相应的课程。特别是要充分发挥各级地方党校（行政学院）在思想道德政治素养培训方面的优势，将新乡贤纳入党校（行政学院）培训班次，开设针对性较强的课程，提高新乡贤的思想道德素养，以此提高民众对新乡贤的认同感，促进新乡贤文化培育进程。

其次，由基层政府牵头，定期举办思想政治培训宣讲会，提升新乡贤政策认知水平，增强政策理解力和执行力，全面掌握乡村振兴方针政策，找准新乡贤角色定位，明确村民利益主体地位、村"两委"的领导地位和新乡贤的辅助地位。帮助新乡贤正确处理好国家利益、人民利益与个人利益的关系，使新乡贤自发投入乡村振兴实践中，树立起自觉为村民无私奉献的精神和意识，在面对各种诱惑时，避免陷入逐名追利的怪圈。

再次，开展时事政治教育。目前我国农村正处于巩固拓展脱贫攻坚成果同乡村振兴有效衔接期，急需更多新乡贤投身于乡村振兴中去。开展这样的教育，有助于激发新乡贤的社会责任感；同时也可让新乡贤结合自身实践，介绍促进乡村振兴的经验，并进行新乡贤之间的交流，这样有助于提高新乡贤的知识水平和荣誉感。

最后，加强道德和法律知识培训。"新乡贤就是一个标杆、一面旗帜、一种追求，他们用自己的言行诠释了社会主义核心价值观。提高他们的道德修养，就是间接增强了新乡贤文化的吸引力，有利于深化村民对新乡贤文化的理解和认同。"[1] 新乡贤是村民的榜样，他们的一言一行都对村民具有示范教化作用，因此，新乡贤具备较高的道德和法律素养显得十分重要。加强新乡贤道德与法律知识教育培训，正确理解德治与法治的关系，强化法治意识，谨防以德代法，用道德和法律规范新乡贤自身

---

[1] 吴立衡：《乡村振兴战略背景下新乡贤文化建设研究》，硕士学位论文，吉首大学，2020，第34页。

的言行，有利于树立规则意识，匡正社会风尚，有效预防不良社会现象的发生。

3. 强化新乡贤业务技能教育培训

开展新乡贤业务技能培训是培育新乡贤文化的重要一环。新乡贤来自各行各业，人员构成复杂，且各有特长，有不少还是各自所在领域的专家。但是他们所掌握的知识、经验、技能不一定完全适用于当地农村，加之，乡村振兴内容涉及方方面面。为了更好发挥新乡贤的作用，必须有针对性地开展业务技能教育培训，以此提升新乡贤参与乡村振兴的能力，同时为壮大新乡贤队伍奠定基础。

首先要明确教育培训主体，形成多元参与机制。提升新乡贤素质是培育新乡贤文化这一系统工程的重要一环，是一项重要的公益事业，必须引起地方党委政府的高度重视，必须明确政府的责任主体地位，建立以政府为主体、多元参与的培训机制。政府应为新乡贤培训提供人力、物力和财力保障，同时吸引社会力量加入其中，形成多元参与机制。例如，可以采取政府发放"培训卷"的方式，吸引当地的学校、企业为新乡贤提供具体的业务技能培训，还可以将新乡贤派送到相关高等院校进行专业技能培训。

其次要分门别类进行，丰富教育培训内容。乡村振兴涉及内容非常广泛，涵盖农村经济、政治、文化、社会、生态等各个领域，这就要求我们在进行新乡贤技能教育培训时要分门别类，增强针对性，丰富培训内容。如农林牧副渔是农村的传统主体行业，这就要求我们开展这些行业的科技技能教育培训，使新乡贤更好地掌握种植养殖方面的实用技术与方法。这就要求我们引导新乡贤结合本地资源和区位优势，因地制宜地调整农村经济结构，以市场为导向，生产适销对路的产品，拓宽农民的增收渠道。当然，还应根据乡风文明建设、美丽乡村建设、乡村社会治理的需要，分门别类地进行教育和培训，以此提升新乡贤的综合素质，为新乡贤助力乡村振兴保驾护航。

4. 学习新乡贤文化培育先进地区的经验

学习新乡贤文化发展先进地区的新乡贤文化培育经验，不仅可以促进本地新乡贤文化培育工作,而且能给本地新乡贤提供学习外地新乡贤的机会,能提升本地新乡贤自身的素质。从全国来看,虽说是新乡贤文化才刚刚兴起,尚未形成"燎原之势",但在一些新乡贤文化起步较早的地区已经积累了一些新乡贤文化培育的成功经验。为了少走弯路,发挥榜样的示范带头作用,提高新乡贤文化培训成效,各地可以积极学习借鉴新乡贤文化发展先进地区的培训经验。各地可以由地方党委政府牵头,由新乡贤管理机构出面,组织包括新乡贤在内的相关人员学习新乡贤文化发展先进地区的新乡贤文化培育经验。既可以采取"走出去"的方式,到新乡贤文化培育先进地区现场取经,又可以采取"请进来"的办法,邀请新乡贤文化培育先进地区的相关人员到受邀地传经送宝。

(七)建立健全新乡贤文化培育机制

邓小平同志曾经指出:"制度问题更带有根本性、全局性、稳定性和长期性。"[1]制度建设是根本性的建设。培育新乡贤文化离不开完善的制度保障体系,这是新乡贤文化长期可持续发展的基础。健全新乡贤文化的培育机制,使制度安排行之有效,才能够构建系统完备、操作有力、影响深远的新乡贤文化体系。

1. 赋予新乡贤合法身份

就目前新乡贤的合法性来看,从国家到地方政府都还没有出台针对新乡贤的规范性法律政策文件,新乡贤的身份角色十分尴尬,严重影响了新乡贤培育和新乡贤参与乡村振兴的进程。因此,必须加快相关法律制度建设,将"新乡贤的角色定位和助力乡村振兴的权限边界必须要并入法治化的轨道上,借此新乡贤得到相关法律法规支持,并得到村民认可。政府应该从立法层面为新乡贤提供法律依据,使其参与乡村振兴的身份和权力有据可依。因为如今新乡贤参与乡村振兴缺乏一套成熟程序,所以其长期由于没有法律上的合法身份或法人资格而受到压制"[2]。2021

---

[1]《邓小平文选》(第二卷),人民出版社,1994,第333页。

[2] 刘伟安:《新乡贤引进因素分析及政策研究》,硕士学位论文,河北农业大学,2020,第28页。

年6月1日开始实施的《中华人民共和国乡村振兴促进法》中第三章是《人才支撑》，提出"培养本土人才，引导城市人才下乡，推动专业人才服务乡村，促进农业农村人才队伍建设"。虽然这些规定较为笼统，但是能为各地立法提供一定的法律依据。因此，地方政府可以"依据相关法律规定和其他地区成功经验，制定相关规章，例如允许新乡贤组织集体申报一个合法的组织身份，新乡贤以组织身份助力乡村振兴，摆脱新乡贤参与乡村振兴时没有合法身份的尴尬情境"[1]。具体来说，一是像一般的民间社团一样，把符合条件的新乡贤组织通过民政部门登记为合法社会组织。应当明确新乡贤组织的法律属性，即新乡贤组织是自发性的民间组织，必须在国家法律和政策规定的范围内开展活动。二是修订完善《中华人民共和国村民委员会组织法》，增设有关新乡贤组织的法律法规。如"基层方面还可以通过制定村规民约来明确新乡贤的角色定位和权限边界，并建立健全对新乡贤的约束、监督机制，对新乡贤参与方式、参与内容等方面进行明确规范，从而构建新乡贤的法理性权威。"[2]

2. 建立新乡贤组织和新乡贤组织管理机构

组织的力量是强大的。然而，新乡贤是个新生事物，绝大部分地区都还没有建立起新乡贤的正式组织，新乡贤分布零散化，单打独斗特征明显，致使新乡贤参与乡村振兴实效大打折扣，也严重影响着更多更高质量新乡贤的培育，阻碍了新乡贤文化的培育进程。因此，必须强化新乡贤组织建设，为新乡贤文化培育和发展提供载体支撑，实现新乡贤参与乡村振兴从个体化到组织化、从散漫化到制度化、从虚名化到场地化。同时，建立针对新乡贤组织的专门管理机构，以保障新乡贤组织健康运行。

首先，建立新乡贤组织。新乡贤作用的发挥和新乡贤文化的培育都

---

[1] 刘伟安：《新乡贤引进因素分析及政策研究》，硕士学位论文，河北农业大学，2020，第28-29页。

[2] 刘伟安：《新乡贤引进因素分析及政策研究》，硕士学位论文，河北农业大学，2020，第29页。

离不开新乡贤正式组织的支撑。要在地方党委政府领导下,成立正式的新乡贤组织,并在新乡贤组织内部设立党的组织,确保党对新乡贤组织的领导,新乡贤组织负责处理新乡贤日常事务。目前,新乡贤组织的架构没有统一格式,各地应当根据实际情况,因地制宜地组建新乡贤组织。从级别上看,县、乡、村三级应根据实际,分别分层分类推进,成立乡贤理事会、乡贤参事会、乡贤工作室等,使分散的新乡贤有个家,找到参加组织的归属感,既能将分散的力量凝聚起来,形成气候,增强影响力和战斗力,又能营造出新乡贤文化培育的氛围,培育出更多新乡贤,激发起更多新乡贤参与乡村振兴的积极性。从类别上看,应根据主要工作内容和发展目标成立不同类型的新乡贤组织。在乡村振兴背景下,可以根据新乡贤组织不同成员的个人特长和乡村振兴涉及的方方面面,设置不同的小组,如乡风文明督导组、矛盾纠纷调解组、农业技术能手组等,不断充实新乡贤组织类型。

其次,县乡两级政府可以成立专门的新乡贤管理机构,以正规化的流程和规范化的模式,负责为新乡贤回归铺路搭桥和日常管理。新乡贤是新事物,不少地方新乡贤发展还处于萌芽阶段,还未形成气候,因而对新乡贤的管理,有的地方还未提上日程,有的地方对新乡贤的管理显得有些混乱。目前我国一些新乡贤文化发展水平较高的地区基本都有负责新乡贤工作的官方机构,但有些地方将管理新乡贤的职能放在统战部、宣传部或政协,有的则将其放在招商局或人社局,等等,不一而足。进入新时代,新乡贤队伍日渐壮大,强化对新乡贤的统一管理应提上议事日程。因此我们认为,县乡两级应成立专门的新乡贤管理机构,作为官方机构,县里设立"招贤局",乡镇则设立相应的对口机构,由这个机构全面负责新乡贤日常培育和管理。"招贤局"则与组织部、文教局等一起,制定新乡贤文化培育的规章制度,确定各自在新乡贤文化培育中的责任。研究拓宽各主体参与新乡贤文化培育的渠道、促进新乡贤组织的完善,让新乡贤组织科学有序地参与本地区新乡贤文化培育和发展工作。村级则设立专门的新乡贤自组织——新乡贤理事会,作为民间组织负责新乡贤自身管理工作,并以社会组织(团体)形式参与乡村治理和乡村振兴。

再次，建立新乡贤组织机构的协同治理机制。将零散的新乡贤资源整合起来，建立从县（区）级、乡（镇）级到村级的系统规范的新乡贤组织，有效推动新乡贤治理工作。有针对性地对新乡贤组织机构设置规章制度，在法律范围内制定与本地区经济文化发展相适应的新乡贤组织的规章制度。规章制度的内容应包括：对本地区新乡贤进行合理科学的界定、新乡贤组织协商议事的权力、落实其参与乡村经济建设、提供公共服务、参与乡村治理的职能以及新乡贤参与乡村振兴的具体过程和监督机制等，使得各主体各司其职，建立乡村治理的联动治理模式。总体来说，通过为新乡贤文化培育提供制度保障，以制度推动文明治村，推动各主体在乡村振兴中共同发挥作用。

3. 建立健全新乡贤选拔培育机制

各级各类新乡贤组织的建立为新乡贤文化培育提供了平台，但要培育出更多更好的新乡贤，还要加强新乡贤队伍建设，完善新乡贤组织运行的相关机制。

首先，必须做好新乡贤培育工作。有一种观点认为："新乡贤本身是业已存在，而不是需要培育的，也不是培育所能造就的。"[1] 对此，我们不敢苟同。我们知道，新乡贤是人才，而人才是需要培养的，所谓的"天才"是不存在的，因此，一个人必须经过培育才能成为新乡贤。同时，虽然要成为新乡贤，首先自身必须德才兼备，但是要知道，一个人德才兼备的品质和素质的形成是需要培养的。更何况，"德"和"才"内涵和标准既不是一成不变的，又具有主观色彩，一个人要获得"新乡贤"称号，既需要大众的主观认可，更需要政府的资格认证。也就是说，"新乡贤"荣誉的获得是主观因素与客观因素共同作用的结果，不是某个"乡贤"自己所能决定的。地方政府要根据乡村全面振兴的需要来确定"新乡贤"的构成要件和标准，并有针对性地进行培育和选拔，以培育出契

---

[1] 胡鹏辉、高继波：《新乡贤：内涵、作用与偏误规避》，《南京农业大学学报（社会科学版）》2017年第1期。

合乡村振兴需要的新乡贤。实际上，新乡贤培育是要贯穿"新乡贤"一生的：在成为"新乡贤"之前，需要培育；在成为"新乡贤"之后仍然需要继续培育，这样才能保证新乡贤不褪色、不变质。培育新乡贤，首先要确立新乡贤的"标准"，做到因地制宜"选乡贤"、因材施用"聘乡贤"、因势利导"育乡贤"，确保新乡贤既具备服务乡村振兴的能力，又具备较高的道德品质和政治素质，能够有效发挥其作用。要培育新乡贤，既可以将新乡贤培育纳入各级地方党校（行政学院）培训范围，也可以成立专门的新乡贤培训学校，还可以由相关机构举办短期培训班来培训新乡贤。

其次，必须制定科学的新乡贤甄选标准，做好新乡贤选拔工作。要想加入新乡贤组织，必须符合新乡贤标准。制定新乡贤甄选标准是新乡贤培育的基础，甄选标准制定的科学与否直接决定着新乡贤培育质量的高低，因此，必须对新乡贤标准、推选程序、职责任务、活动方式都要做出科学规定，从源头上把好新乡贤质量关。鉴于新乡贤组织也是一种公益性民间组织，因而在成立前，不妨学习借鉴其他社会组织的成功经验，同时广泛征求村民关于新乡贤选拔标准的意见，再经过深入分析、广泛酝酿，确定新乡贤的选拔标准。当然，新乡贤选拔标准不是一成不变的，还要根据实践中发现的问题及时修正完善选拔标准。制定新乡贤标准是一个非常复杂的事情，很难对其进行量化，但是，新乡贤是传统乡贤的传承与重塑，因此，要以传统乡贤的选择标准为参照，首先就要强调"贤"，必须首先符合道德高尚、社会责任感强、有奉献精神等基本要求。固然，新乡贤都属于精英，都是成功人士，但是并非所有精英和成功人士都能入选新乡贤。成功人士中为富不仁者、道德败坏者大有人在。因此，新乡贤遴选过程中首先要考虑的是道德高尚这一必备条件，然后才去考量其他因素。新乡贤都是德才兼备之人，但德才兼备德为先。德才兼备只是总的要求，各地应结合实际、依据不同类型的新乡贤组织，进一步细化选拔标准，体现出选拔的科学性和公平性，只有经过严格甄别推选出的新乡贤才有公信力，群众才认可，而新乡贤甄选的过程也正是新乡贤文化培育的过程。

再次,做好"优秀新乡贤"评选工作。要对新乡贤参与乡村振兴工作展开村民认可度调查,以服务乡村振兴为评估目标,对新乡贤的"德""才"等方面进行客观评价,评选出"优秀新乡贤"。实际上,评选"优秀新乡贤"的过程,也是对新乡贤的培育过程。基于新乡贤参与乡村振兴的公益性质,应该将新乡贤在乡村振兴中所做出的社会贡献作为评价新乡贤工作的重要标准,为"优秀新乡贤"颁发荣誉证书。这样可以提升新乡贤参与乡村振兴的荣誉感、成就感和积极性,进而推进新乡贤文化培育工作。

4. 建立健全新乡贤文化培育的激励机制

激励被管理学家认为是世界上最有效的法则。建立健全新乡贤文化培育的激励机制,可以吸引更多新乡贤加入乡村振兴的队伍中,激发新乡贤的主观能动性,提升自豪感,最大限度地发挥新乡贤在乡村振兴中的作用,实现新乡贤文化内涵式发展。

首先,建立新乡贤回乡的激励机制。乡村振兴关键在人才,人才问题是乡村振兴成败的关键问题,但人才缺失已成为阻碍乡村振兴的瓶颈。目前,我国农村人才流失严重,农村"空心化"趋势明显,新乡贤文化培育仅仅依靠乡村本土新乡贤的力量是远远不够的,还必须汇聚"离土"新乡贤和"舶来"新乡贤的力量。因此,要建立健全新乡贤回乡的激励机制,筑牢新乡贤文化培育和发展的基础。各地方政府要根据当地特点和现实情况,出台相应的激励"离土"新乡贤返乡政策,营造有利于新乡贤回乡的良好社会生态。可以实施农村大学生培养计划、"候鸟"回迁、筑巢引凤归等工程,对于有才能有志向回村创业的青年及大学生人才,通过精简审批、精细服务、政策优惠、支持创业,使其在思想上有归属感,热爱家乡的热土,更具有责任感和使命感。比如,杭州市萧山区新街街道非常注重完善新乡贤创业保障链建设,专门成立了新乡贤返乡专班,对返乡创业的新乡贤人士实行"一对一"精准服务,并制定了一系列新乡贤回归奖励补助政策。在项目场地保障、金融服务优化、税费负担减轻等方面推出优惠措施,对为新街引入项目、人才,提供技术支持的新乡贤人士予以适当奖励。此外,"可以通过开通新乡贤回乡创业绿色通道,简化公司证照办理流程、优先提供免息银行贷款服务、主动提供创业指导、技术帮扶等多方面的利好政策,真正实现新乡贤回得来,留得住,生活得好,建设一支永不离开的新乡贤文化建设队伍,进而实现人才振兴"[1]。

其次,建立健全激发新乡贤作用发挥的激励机制。恩格斯指出:"人不仅为生存而斗争,而且为享受,为增加自己的享受而斗争。"[2] 马克思认为,人的自我实现是物质、文化和精神三种享受有机结合,并在人自身得到全面发展的同时,发挥和实现自身价值。因此,要建立健全激励新乡贤发挥能动作用的机制,促进新乡贤文化培育健康持续进行。

一要健全人文关怀机制,切实解决新乡贤面临的实际困难和问题。要定期走访慰问新乡贤,了解他们的生活、工作情况,帮助他们解决遇到的实际困难和问题,促使新乡贤由"客体"向"主体"转化,使他们产生在乡村长期居住、建设乡村的热情。当前尤其要解决好回乡新乡贤普遍面临的"医"食住行等问题。回乡新乡贤生于农村,长于城市,他们的社会福利保障都在城市,当他们返乡时却不能享有村民同等的公共服务。返乡新乡贤和普通民众一样,也面临吃饭、住房、医疗等问题,这些问题能否妥善解决,将决定新乡贤的去留。如果连基本的住房和医疗卫生条件都保证不了,新乡贤即使有助力乡村振兴的一腔热忱,也会在这些简陋条件面前打退堂鼓。留人关键在于留心,为此,必须体现人文关怀,切实解决好回乡新乡贤的住房、就医等现实问题,解决新乡贤的后顾之忧,为新乡贤充分发挥作用创造条件、铺平道路。

二要建立健全以精神激励为主物质激励为辅,精神激励同物质激励相结合的新乡贤激励机制。新乡贤是特殊人才,本身具有成熟性,个人发展比较完善,一般都具有比较充裕的物质财富,一般不会计较投身乡村振兴中的报酬问题。同时,乡村经济依然落后,也不可能为新乡贤提

---

[1] 吴立衡:《乡村振兴战略背景下新乡贤文化建设研究》,硕士学位论文,吉首大学,2020,第38页。

[2] 《马克思恩格斯全集》(第三十四卷),人民出版社,1962,第163页。

供丰厚的报酬。更何况,今日之中国农村仍是个"熟人社会",人们仍然非常重视"名声","留个好名声"不仅是村民的价值追求,更是新乡贤的价值追求。从心理期盼看,在物质需求得到满足后,他们更看重名誉感和价值感的获得与满足,他们主要追求的是个人价值的实现,物质激励对他们不具有强大的吸引力。这正是马斯洛需求层次理论的具体体现。因此,要建立健全以精神激励为主物质激励为辅、精神激励同物质激励相结合的新乡贤激励机制,把对新乡贤的精神激励放在首位,更多地侧重于对新乡贤精神层面的满足和奖励。因此,要适应村民和新乡贤追求"名声"的共同心理,采取多种精神激励方式来激励新乡贤,提升"新乡贤"身份的感召力、荣誉感和自豪感。如开展新乡贤宣传、开展最美新乡贤、优秀新乡贤等评选活动,对贡献突出的新乡贤进行表彰和荣誉激励。还可以对新乡贤实行政治激励。比如,推荐优秀乡贤为党代表候选人、人大代表候选人、政协委员;再比如,可以把符合条件的新乡贤充实到村"两委"班子中或给予他们"名誉村长"等职务。新乡贤是人才,整体素质较高,他们的价值追求是多层次的,能带领村民实现乡村振兴是新乡贤实现自身价值的重要体现,这对新乡贤来说也是一种激励,而加入村"两委"则能给予新乡贤施展才华、实现自身价值的平台。同时,在乡村基层组织面临困境的当下,鼓励符合条件的新乡贤依照正常程序加入村"两委",能提高村"两委"的素质、增强村"两委"的凝聚力和战斗力。可见,无论是对新乡贤来说,还是对乡村来说,鼓励新乡贤加入"两委",可谓是"两全其美"的办法。当然,对于不愿直接加入村"两委"但影响力较大的新乡贤,可以给予"名誉村长"等职务,这对新乡贤也是一种激励。当然,坚持精神激励为主,并不意味着完全排斥物质激励,相反,给予新乡贤适当的物质激励,也能激发新乡贤工作的创造性和积极性。

5. 建立健全新乡贤文化培育的保障机制

建立健全新乡贤文化培育经费保障机制、制度保障机制和法律保障机制,为新乡贤文化培育和可持续发展提供资金、制度和法律保障。

首先,建立健全新乡贤文化培育的经费保障机制。"巧妇难为无米之炊。"农村文化建设离不开必要的经费投入，新乡贤文化培育同样必须有经费作保障。要将新乡贤文化的基础设施建设经费、人力资源经费、活动经费等提前做好预算，并纳入财政预算，使经费预算和新乡贤文化培育结合起来，才能更好地进行新乡贤文化基础设施配备。拓宽经费来源，地方政府要增加对新乡贤文化培育和发展资金的投入，同时尽量整合新乡贤、村民、村里文化建设宣传经费。要规范新乡贤文化培育的经费使用，做到资金专户、专账、专人管理，定期公开经费收支情况，提高经费使用效率，建好新乡贤文化培育阵地。

其次，完善新乡贤文化培育的制度保障。新乡贤文化培育是一个系统的、长期的过程，必须要有制度作保障，通过制度来进行管理。可以从完善新乡贤文化的参与制度、监督制度两个方面入手。

其一，建立健全新乡贤培育的参与制度。要在遵循文化发展规律的前提下，建立健全新乡贤文化培育的参与制度，拓宽新乡贤参与渠道，明确参与方法，明确各个主体的权利、义务和责任，用制度保障各个培育主体在新乡贤文化培育中的权利受保障。做到行为有约束，责任能落实。

其二，建立健全新乡贤文化培育的监督制度。建立健全新乡贤监督机制能够促进新乡贤组织有效开展工作，做到职责分明、民主决策、公开透明，对防范新乡贤异化起着十分重要的作用。为此，一要建立健全基层监督体制。通过制定制度，明确新乡贤的职责与地位、权利与义务，充分发挥村"两委"作为基层党政组织领导主体的监督作用，防止出现"强人治村"。二要发挥村民的监督作用。村民是农村和村民自治的主体，新乡贤文化是一种成长于乡土的文化，因此，要高度重视发挥村民的监督主体作用。要拓宽村民参与监督的渠道，建立举报制度，有效保障村民监督权。同时，也要强化对村民的法制教育，提高村民的自治意识、权利意识和监督意识，提高村民参与公共事务的能力和热情，为新乡贤构建一个严密的监督网络，督促新乡贤在新乡贤文化培育中有所为有所不为，防止胡作非为，防止发生损害村民利益的行为。三要强化新乡贤自我监督和自我完善。在新乡贤组织内部，新乡贤之间交流沟通、协调互助频繁，进行相互监督也更有效。同时，新乡贤个体要注重提高自身素质、强化社会责任，培育自律意识，牢记初心使命，践行社会主义核心价值观，加强自我修炼、塑造完美人格，争做优秀新乡贤。四要强化监督考核结果的运用，清除"伪乡贤"。监督的过程也是发现问题的过程，一旦发现新乡贤存在异化的证据，就要采取相应措施，严惩不贷，取消其"新乡贤"称号，清除出新乡贤队伍，从而确保新乡贤组织的纯洁性、先进性和新乡贤荣誉称号的崇高性。

再次，建立健全新乡贤文化培育的法律保障机制。在依法治国全面推进的新时代，传统自治、德治的乡村逐渐向法治乡村转变，乡村振兴也在依法推进。在强调大力发展文化软实力的今天，建立和完善相关文化法律体系显得尤为重要。要保障新乡贤文化培育始终沿着社会主义先进文化方向前进，充分发挥出新乡贤文化的作用，强化法律保障是根本。但目前我国还没有出台针对新乡贤的规范性法律政策文件，新乡贤的身份角色十分尴尬，严重影响了新乡贤文化培育和新乡贤参与乡村振兴的进程。因此，必须加快有关新乡贤文化培育的法律制度建设。"新乡贤文化是一种乡土文化，制定法律制度时要考虑新乡贤的多元化主体，乡村文化现状，村民、政府等因素，从顶层设计高度制定适用的法律制度。用法律强化新乡贤文化建设在乡村振兴中的重要地位，提高村民对新乡贤文化的认同感"[1]，推进新乡贤文化培育。比如，首先要赋予作为新乡贤文化主体的新乡贤的合法身份，把符合条件的新乡贤组织通过民政部门登记为合法社会组织。明确新乡贤组织的法律属性，即新乡贤组织是自发性的民间组织，必须在国家法律和政策规定的范围内开展活动。只有明确了新乡贤及其组织的合法身份，才能为新乡贤文化培育提供法律基础和保障。

6. 建立健全新乡贤文化培育的评价机制

新乡贤文化培育既要重过程，也要看结果。构建评价标准合理化、

---

[1] 吴立衡：《乡村振兴战略背景下新乡贤文化建设研究》，硕士学位论文，吉首大学，2020，第40页。

综合化的评价机制，对培育新乡贤文化，繁荣乡村文化至关重要。

首先，要建立健全新乡贤文化培育的评价标准。新乡贤文化作为新时代应运而生的一种新文化，正处在培育和发展的初级阶段。特别是乡村振兴战略提出后，全国各地掀起了新乡贤文化培育热潮。但培育的成效到底如何？这就要求我们根据具体的评价标准来衡量，为此，要建立具有系统性、实用性、持续性的新乡贤文化培育评价标准。新乡贤文化本身具有系统性，评价标准要从各个层面、多个维度，过程与结果相统一，完整而又全面的评价、分析新乡贤文化培育的整个过程。评价要注重实用性，评价的目的是了解新乡贤文化培育取得的成就和存在的不足，为继续培育新乡贤文化提供指导。要遵循文化发展规律，运用定量分析与定性分析相结合的方式，结合当地地域特点、经济发展情况、新乡贤的特点等，以便能准确评定新乡贤文化培育的实际效果。评价要注重持续性。新乡贤文化培育是一个长期过程，随着乡村振兴的持续推进和村民生活水平的不断提高，不同阶段对新乡贤文化培育的需求也不一样。这就要求我们在保持评价标准的系统性、实用性的同时，要与时俱进地优化评价标准，评价结果才具有借鉴和参考意义。

其次，构建新乡贤文化培育的评价体系。建立健全新乡贤文化培育的综合评价体系，形成全面、综合的评价结果，才能为新乡贤文化培育提供精准指导。建立健全新乡贤文化培育评价体系是为了获得真实的阶段性培育成果，发现存在的问题，为进一步培育新乡贤文化提供科学借鉴和精准指导。因此，要构建多元主体参与的评价模式与实行多种评价方式相结合的评价体系。新乡贤文化培育是由政府主导，新乡贤、村民积极参与的过程，对新乡贤文化培育的评价，不仅仅是政府的事情，还要引导新乡贤、村民积极参与评价，因为村民和新乡贤既是新乡贤文化的培育者，同时又是新乡贤文化培育的受益者，因而他们对新乡贤文化培育的状况最为了解，最有发言权，他们的评价最为客观真实。他们客观公正、实事求是的评价是新乡贤文化培育评价结果的重要组成部分。另外，新乡贤文化评价方式还要多样化。一是新乡贤自评。新乡贤对自身在培育中存在的不足和优势进行总结，以便在以后的新乡贤文化培育工作中扬长避短。二是新乡贤互评。新乡贤之间交往较多,开展新乡贤文化培育经验交流会、讨论会等,进行新乡贤之间的互评,可以破解"不识庐山真面目,只缘身在此山中"的困惑,促进新乡贤的健康成长。三是村民参评。村民是新乡贤文化培育成果的最直接感受者,通过发放问卷、访谈等方式获取新乡贤文化培育的现实效果,能为未来新乡贤文化培育提供参考。四是政府综合测评。政府相关部门要在综合新乡贤和村民的评价结果后,进行最终的绩效考评,为新乡贤文化培育制定长远规划、资金投入、政策扶持等提供参考。

再次,将新乡贤文化培育的评价结果运用于相关责任主体的考核之中,激发相关责任主体培育新乡贤文化的责任感和积极性。新乡贤文化是富有中国特色的农村先进文化,是社会主义先进文化的重要组成部分,培育新乡贤文化不仅是社会主义文化建设的重要内容,而且是新时代我国乡村文化建设的重要途径和促进乡村全面振兴的文化支撑。可见,培育新乡贤文化意义十分重大。但新乡贤文化是新事物,目前新乡贤文化培育仍面临不少困难和问题,必须引起各相关培育主体特别是各级地方党委政府的高度重视。而要提高地方党委政府对新乡贤文化培育的重视程度,强化考核、把对新乡贤文化培育的评价结果纳入考核内容,不失为最有效的办法。我们知道,多年来,包括农村文化建设在内的我国文化建设"一手软"的问题一直存在,这与文化建设成效不可能"立竿见影"有关,也与我们很少将文化建设考核结果纳入工作考核体系有关。实际上,只有将文化建设成效纳入考核体系,并将考核结果同相关部门和人员的切身利益挂起钩来,才能收到"倒逼"效果,才能引起相关部门和人员的高度重视,才能激发出他们进行文化建设的主动性和积极性。强化考核,将新乡贤文化培育的评价结果运用于相关责任主体的考核之中,也是这个道理。因此,必须将新乡贤文化培育的评价结果运用于相关责任主体的考核之中,激发相关责任主体特别是地方党委政府培育新乡贤文化的责任感和积极性,进而促进新乡贤文化培育工作顺利进行并取得良好成效。

参考文献

一、著作类

1. 费孝通：《乡土中国》，北京大学出版社，2012。

2. 费孝通：《乡土重建》，岳麓书社，2012。

3. 费孝通：《中国士绅》，生活·读书·新知三联书店，2009。

4. 费孝通、吴晗等：《皇权与绅权》，生活·读书·新知三联书店，2013。

5. 梁漱溟：《乡村建设理论》，上海人民出版社，2011。

6. 张仲礼：《中国绅士研究》，上海人民出版社，2019。

7. 秦晖：《传统十论——本土社会的制度、文化及其变革》，复旦大学出版社，2003。

8. 袁灿兴：《中国乡贤》，新星出版社，2015。

9. 邓辉、陈伟：《乡贤文化的前世今生》，湘潭大学出版社，2016。

10. 刘社瑞：《乡村振兴战略中新乡贤文化建构研究》，湖南大学出版社，2020。

二、期刊论文类

1. 胡鹏辉、高继波：《新乡贤：内涵、作用与偏误规避》，《南京农业大学学报（社会科学版）》2017年第1期。

2. 李芬芬、陈稀奏：《新乡贤研究的文献综述》，《衡阳师范学院学报》2018年第1期。

3. 萧子扬、马恩泽：《乡村振兴战略背景下的新乡贤研究：一项文献综述)》,《世界农业》2018年第12期。

4. 谭星驰、贺子瑜:《新时代背景下新乡贤文献综述》,《农村经济与科技》2021年第2期。

5. 赵亚楠:《乡村振兴背景下新乡贤参与农村基层治理研究述评》,《河南科技学院学报》2019年第7期。

6. 钱静、马俊哲:《国内新乡贤文化研究综述》,《北京农业职业学院学报》2016年第4期。

7. 段妍智、董嫚嫚:《新乡贤助力乡村振兴研究评述》,《现代商贸工业》2020年第1期。

8. 张兆成:《论传统乡贤与现代新乡贤的内涵界定与社会功能》,《江苏师范大学学报（哲学社会科学版）》2016年第4期。

9. 李晓斐:《当代乡贤：地方精英抑或民间权威》,《华南农业大学学报（社会科学版）》2016年第4期。

10. 萧子扬、黄超:《新乡贤：后乡土中国农村脱贫与乡村振兴的社会知觉表征》,《农业经济》2018年第1期。

11. 李秀芸、杨雪英、李义良:《比较语境下新乡贤内涵之探讨》,《江苏海洋大学学报（人文社会科学版）》2020年第3期。

12. 吴灿:《从乡绅到新乡贤》,《文史知识》2016年第6期。

13. 黄彦弘:《乡贤精神的继替》,《文史知识》2016年第6期。

14. 任九光:《"乡贤"的历史发展与近代突变——兼论新乡贤建设应汲取的历史经验教训》,《教育文化论坛》2016年第3期。

15. 邝良锋、程同顺:《新乡贤生成困境解析——基于农业后生产论的演变逻辑》,《天津行政学院学报》2017年第3期。

16. 张祝平:《新乡贤的成长与民间信仰的重塑》,《宁夏社会科学》2018年第5期。

17. 苏志豪:《新乡贤回嵌乡土的动力机理、阶段过程和功能发挥路径》,《理论导刊》2020年第12期。

18. 张兴宇:《礼俗化：新乡贤的组织方式及其文化逻辑》,《民俗研究》2020年第3期。

19. 李思琪：《新乡贤：价值、祛弊与发展路径》，《国家治理》2018年第3期。

20. 周耀杭、刘义强：《新农村建设中的新乡贤：价值与限度》，《广西大学学报（哲学社会科学版）》2018年第1期。

21. 杨军：《新乡贤在培育社会主义核心价值观中载体作用探究》，《文化学刊》2015年第3期。

22. 张露露、任中平：《乡贤理事会对我国农村治理能力现代化的推进——以广东省浮云市为例》，《南阳师范学院学报（社会科学版）》2015年第8期。

23. 付翠莲：《我国乡村治理模式的变迁、困境与内生权威嵌入的新乡贤治理》，《地方治理研究》2016年第1期。

24. 王文峰：《"新乡贤"在乡村治理中的作用、困境及对策研究》，《未来与发展》2016年第8期。

25. 陈婉馨、苏全有：《建立健全新乡贤参与乡村治理机制——以新乡先进群体为例》，《学习论坛》2018年第2期。

26. 夏红莉：《"新乡贤"与健全自治、法治、德治相结合的乡村治理体系》，《湖南省社会主义学院学报》2018年第3期。

27. 付翠莲：《乡村振兴视域下新乡贤推进乡村软治理的路径研究》，《求实》2019年第4期。

28. 刘同君、王蕾：《论新乡贤在新时代乡村治理中的角色功能》，《学习与探索》2019年第11期。

29. 舒隽：《乡村治理变迁与新乡贤的当代表达》，《浙江工商大学学报》2018年第5期。

30. 匡立波、熊敏秀、周双娥：《乡村振兴战略下乡贤治理的历史传承与当代建构——兼对长沙市"新乡贤"评选的思考》，《周口师范学院学报》2018年第6期。

31. 吴莉娅：《新乡贤在乡村振兴中的作用机制研究》，《中国特色社会主义研究》2018年第6期。

32. 张福如：《论乡贤资源的有效运用——以实施乡村振兴战略为视

角》,《岭南学刊》2018年第2期。

33. 孙迪亮、宋晓蓓:《试论新乡贤对乡村振兴的作用机理》,《桂海论丛》2018年第3期。

34. 高万芹:《新乡贤在乡村振兴中的角色和参与路径研究》,《贵州大学学报(社会科学版)》2018年第3期。

35. 高万芹:《乡村振兴进程中新乡贤的类型界定、功能实践与阻力机制》,《天津行政学院学报》2019年第5期。

36. 唐任伍、孟娜、刘洋:《关系型社会资本:"新乡贤"对乡村振兴战略实施的推动》,《治理现代化研究》2021年第1期。

37. 吴晓燕、赵普兵:《回归与重塑:乡村振兴中的乡贤参与》,《理论探讨》2019年第4期。

38. 郭立、廖胜华:《试论现代乡贤在乡村振兴中的功能作用》,《新西部》2018年第1期。

39. 夏红莉:《新乡贤与新时代乡村振兴》,《内蒙古电大学刊》2018年第2期。

40. 付翠莲、张慧:《"动员—自发"逻辑转换下新乡贤助推乡村振兴的内在机理与路径》,《行政论坛》2021年第1期。

41. 钱再见、汪家焰:《"人才下乡":新乡贤助力乡村振兴的人才流入机制研究——基于江苏省L市G区的调研分析》,《中国行政管理》2019年第2期。

42. 张紧跟:《延揽乡贤:乡村振兴中基层党组织带头人建设的新思路》,《中共福建省委党校学报》2019年第6期。

43. 杨帅、李敏、刘淑兰:《培育新乡贤:乡村基层党组织带头人的新选择》,《云南农业大学学报(社会科学)》2021年第3期。

44. 张新文、高啸:《乡村振兴战略下的新乡贤治村:何以可能与何以可为》,《武汉科技大学学报(社会科学版)》2019年第4期。

45. 黄爱教:《新乡贤助推乡村振兴的政策空间、阻碍因素及对策》,《理论月刊》2019年第1期。

46. 王健康:《新乡贤与实施乡村振兴战略——基于文化传承及制度

创新的双重思考》,《前进》2019年第2期。

47. 吴晨晟、张志胜:《新乡贤助推乡村人才振兴的动力系统分析——基于社会资本理论视角》,《北京化工大学学报(社会科学版)》2020年第1期。

48. 龚丽兰、郑永君:《培育"新乡贤":乡村振兴内生主体基础的构建机制》,《中国农村观察》2019年第6期。

49. 杨筱柏、赵霞:《简析传统乡贤的自治能力及现代新乡贤的培育》,《社科从横》2018年第5期。

50. 张露露、任中平:《乡村治理视阈下现代乡贤培育和发展探讨》,《广州大学学报(社会科学版)》2016年第8期。

51. 李建柱:《如何培育"新乡贤"》,《唯实》2017年第3期。

52. 李晓斐:《当代乡贤:理论、实践与培育》,《理论月刊》2018年第2期。

53. 韦幼玲、刘海仁、史兵方:《乡村振兴战略背景下民族地区农村新乡贤培育对策研究——基于广西百都乡农村新乡贤的调查》,《广西民族研究》2018年第6期。

54. 邹心平:《乡村的封闭性及其对新乡贤培育的阻碍》,《农业经济》2018年第6期。

55. 许欢科、滕俊磊:《乡村振兴中新乡贤培育的障碍及其对策》,《南京邮电大学学报(社会科学版)》2019年第1期。

56. 李毅:《培育契合乡村振兴的新乡贤》,《人民论坛》2019年第1期。

57. 应小丽:《乡村振兴中新乡贤的培育及其整合效应——以浙江省绍兴地区为例》,《探索》2019年第2期。

58. 王彩霞、王培培:《新乡贤:角色期待、实践要求与培育路径》,《南京邮电大学学报(社会科学版)》2021年第4期。

59. 钱念孙:《乡贤文化为什么与我们渐行渐远》,《学术界》2016年第3期。

60. 宋圭武:《乡村振兴与新乡贤文化建设》,《学习论坛》2018年第3期。

61. 王国灿、金洁霞：《乡贤文化是乡村振兴的重要软实力》，《人文天下》2018年第9期。

62. 何婷婷、杜凯：《新乡贤文化对乡村文化建设的影响》，《党政干部学刊》2019年第7期。

63. 贺皓亮、李后卿：《以乡贤文化助推乡村振兴》，《党政干部论坛》2018年第9期。

64. 薛正昌：《宁夏乡贤文化与乡村振兴研究》，《宁夏大学学报（人文社会科学版）》2018年第5期。

65. 刘德萍：《传承乡贤文化为实施乡村振兴战略凝聚力量》，《社科纵横》2018年第9期。

66. 王亚民：《现代乡贤文化的认同、培育与乡村振兴》，《晋阳学刊》2019年第6期。

67. 吴奶金、杨雅莉、陈高威、刘飞翔：《新乡贤文化促进乡村治理转型研究》，《农业科学研究》2018年第1期。

68. 杨军：《"乡贤文化"在推进践行社会主义核心价值观中的作用探究》，《西安文理学院学报（社会科学版）》2015年第2期。

69. 王晖、王小艳：《弘扬"新乡贤文化"，涵养社会主义核心价值观》，《咸阳师范学院学报》2018年第4期。

70. 季中扬、师慧：《新乡贤文化建设中的传承与创新》，《江苏社会科学》2018年第1期。

71. 朱毅峰：《乡村振兴视野下乡贤文化的传承与转化》，《浙江师范大学学报（社会科学版）》2019年第3期。

72. 黄璐，张自艳：《乡贤文化的历史流变与新乡贤文化的当代价值探究》，《文化创新比较研究》2019年第3期。

73. 张百顺、王美喆：《"在场"抑或"缺场"：乡村振兴愿景下乡贤文化的创新开发研究》，《中北大学学报（社会科学版）》2019年第5期。

74. 白现军：《乡村振兴战略下的乡贤文化传承与创新》，《北京社会科学》2021年第12期。

75. 陈明胜、庞超：《传统乡贤文化断层与新时代乡贤文化培育刍议》,《理论与评论》2019年第2期。

76. 邓坚:《乡村振兴战略背景下新乡贤文化建设的困境与途径》,《学术论坛》2018年第3期。

77. 宫麟丰:《乡村振兴战略视域下的乡贤文化培育路径探究》,《农村科学实验》2020年第7期。

78. 朱艳琳、谢乾丰:《乡村振兴战略视域下新乡贤文化的培育和建设研究——以吉安市为研究对象》,《老区建设》2020年第10期。

79. 梁爱强:《乡村治理视域下新乡贤文化的培育》,《经济研究导刊》2021年第11期。

80. 尹露:《乡村振兴背景下新乡贤文化培育研究》,《安徽农业科学》2021年第23期。

三、报纸文章类

1. 王先明:《"新乡贤"的历史传承与当代建构》,《光明日报》2014年8月20日。

2. 许思文:《凝聚乡贤力量 推动乡村复兴》,《新华日报》2017年9月27日。

3. 王如忠:《乡村振兴呼唤新乡贤》,《解放日报》2019年6月25日。

4. 马元平:《乡村振兴须注重培育新乡贤队伍》,《陕西日报》2018年10月29日。

5. 林黎明:《新时代乡村振兴中的新乡贤培育》,《温州日报》2018年9月3日。

6. 王康艺、江于夫、钱振宵:《澄清对乡贤的认识误区》,《浙江日报》2018年3月27日。

7. 王小梅:《新乡贤文化与新农村建设——贵州学者畅谈乡贤文化的现代价值》,《贵州日报》2016年6月3日。

8. 赵德明:《培育新乡贤文化要处理好"四大关系"》,《重庆日报》2016年6月16日。

9. 徐友才：《让乡贤文化成为乡村振兴新动能》，《河南日报》2018年4月17日。

四、学位论文类

1. 李丹：《新乡贤文化研究》，大连：辽宁师范大学硕士学位论文，2017年。

2. 边春慧：《新乡贤文化研究》，温州大学硕士学位论文，2018年。

3. 赵鹏：《乡村振兴战略背景下新乡贤文化培育研究》，云南师范大学硕士学位论文，2019年。

4. 丁婕：《新乡贤文化培育研究》，河南财经政法大学硕士学位论文，2020年。

5. 雷洁琳：《乡村振兴视域下新乡贤文化培育研究》，河南科技大学硕士学位论文，2019年。

6. 李枢纽：《当代乡贤文化及其培育路径研究》，长沙理工大学硕士学位论文，2016年。

7. 李欣泽：《"三治融合"视域下成都T街道新乡贤文化的培育研究》，重庆大学硕士学位论文，2020年。

8. 强娇娇：《我国乡风文明建设中乡贤文化的传承与建构》，西华大学硕士学位论文，2017年。

9. 倪清：《城镇化背景下福建乡贤文化资源的保护和利用研究》，福建农林大学硕士学位论文，2017年。

10. 张雯婧：《新乡贤文化的时代价值及其发展》，浙江理工大学硕士学位论文，2018年。

11. 张智慧：《新乡市新乡贤文化推进乡村治理研究》，西南大学硕士学位论文，2019年。

12. 贾西涛：《新乡贤文化助力乡村振兴的困境及对策研究——以南阳市卧龙区潦河坡镇为例》，华北水利水电大学硕士学位论文，2022年。

13. 李白：《论乡贤文化建设——基于宁乡县的调查研究》，湖南师范大学硕士学位论文，2017年。

14. 徐丹：《中国新乡贤文化建设研究》，湖南工业大学硕士学位论文，2018年。

15. 卢利萍：《乡村振兴战略背景下新乡贤文化建设研究》，河南理工大学硕士学位论文，2017年。

16. 王敏静：《兴平市新乡贤文化建设研究》，西安理工大学硕士学位论文，2019年。

17. 唐敏：《乡村振兴战略下新乡贤文化建设研究——以重庆市永川为例》，西华师范大学硕士学位论文，2020年。

18. 吴立衡：《乡村振兴战略背景下新乡贤文化建设研究》，吉首大学硕士学位论文，2020年。

19. 王虹：《新乡贤文化仪式传播研究》，湖南大学硕士学位论文，2020年。

20. 刘子勤：《乡村振兴战略下新乡贤文化建构路径研究》，湖南大学硕士学位论文，2021年。

21. 刘彧冰：《乡村振兴战略中新乡贤文化建构模式研究》，湖南大学硕士学位论文，2021年。

22. 谢惠莹：《乡村振兴战略下新乡贤文化协同传播模式研究》，湖南大学硕士学位论文，2021年。

23. 陈然：《新乡贤文化传播路径研究》，湖南大学硕士学位论文，2021年。

24. 毛言：《新乡贤文化可视化传播研究》，湖南大学硕士学位论文，2021年。

25. 戴璐：《受众视角下新乡贤文化传播策略研究》，湖南大学硕士学位论文，2021年。

26. 林喜竹：《农村社会治理中新乡贤培育研究》，河南师范大学硕士学位论文，2017年。

27. 刘龙花：《村民自治中的新乡贤培育问题研究》，中国矿业大学硕士学位论文，2018年。

28. 袁慧：《乡村振兴战略背景下新乡贤培育的研究》，西华大学硕士学位论文，2019年。

29. 程小芬：《乡村振兴视阈下新乡贤培育研究》，长安大学硕士学位论文，2020年。

30. 薛星：《乡村治理体系现代化背景下新乡贤培育研究——以山西省Y市为例》，山西财经大学硕士学位论文，2021年。

31. 陈晓林：《乡村人才振兴视阈下新乡贤的培育研究——以重庆市奉节县为例》，重庆医科大学硕士学位论文，2022年。

32. 蒋杰：《新乡贤与当代中国乡村建设研究》，重庆交通大学硕士学位论文，2018年。

33. 董蜀：《新乡贤在乡村振兴中的作用研究》，浙江海洋大学硕士学位论文，2020年。

34. 璩甜甜：《新乡贤参与乡村振兴实践研究——基于安徽省潜山县源潭镇的个案分析》，西华师范大学硕士学位论文，2019年。

35. 陈梦琳：《新乡贤在乡村文化建设中的参与度及其影响因素分析——以晋江市为例》，福建农林大学硕士学位论文，2019年。

36. 刘阁：《政治文化视角下的乡贤治理研究》，南京师范大学硕士学位论文，2018年。

37. 曾素勤：《乡村振兴战略背景下的新乡贤角色和作用研究》，江西师范大学硕士学位论文，2020年。

38. 刘俊巧：《新乡贤在乡村治理中的作用研究——以山西省R村为例》，山西大学硕士学位论文，2017年。

39. 刘远剑：《新乡贤在乡村治理中的作用研究——以重庆市垫江县安全村为例》，重庆三峡学院硕士学位论文，2020年。

40. 韩佳书：《新乡贤在乡村治理中的作用及其实现路径研究》，郑州大学硕士学位论文，2020年。

41. 陈稀奏：《新乡贤参与乡村矛盾纠纷调解的价值及实现路径》，湘潭大学硕士学位论文，2020年。

42. 陈晔：《新乡贤组织参与乡村治理的角色构建与机理分析——以福建省泉州市新乡贤组织为例》，福建农林大学硕士学位论文，2018年。

43. 赵士朋：《新乡贤在乡村社会主义核心价值观培育中的作用研究》，河北工业大学硕士学位论文，2017年。

44. 宋晓蓓：《新乡贤助力农村道德建设研究》，曲阜师范大学硕士学位论文，2018年。

45. 杨行：《角色理论视域下新乡贤参与乡风文明建设研究——以河南T镇为个案》，河南师范大学硕士学位论文，2019年。

46. 林美辰：《转型期乡贤引领文明乡风的塑造研究——以福建为例》，福建农林大学硕士学位论文，2017年。

47. 刘伟安：《新乡贤引进因素分析及政策研究》，河北农业大学硕士学位论文，2021年。

48. 杨群：《乡村振兴中新乡贤的作用发挥机制研究》，贵州大学硕士学位论文，2022年。